国家社会科学基金教育学青年项目
"多平台、跨学科、聚类化、重创造的中小学机器
（CCA130133）成果

中小学
机器人教育的
理论与实践

钟柏昌　著

科学出版社
北　京

内 容 简 介

本书首先梳理我国中小学机器人教育发展的现状，在此基础上提出推动机器人普及教育的若干策略；然后从知识内容维度和物化成果维度出发提出四类机器人教学模式，基于课程开发实践介绍了初中和高中两册机器人教材的编写思路和内容框架，采用个案研究总结两所中学开展机器人与创客教育的校本经验，基于实践探索展示并反思四类优秀教学案例；最后基于上述理论、经验和教学案例，介绍两项代表性的教学实验及其结果。

本书对有志于从事中小学机器人与创客教育研究与实践的学者、学生、中小学教育工作者有重要参考价值，对从事机器人与创客教育市场开发的相关企业亦有重要参考价值。

图书在版编目（CIP）数据

中小学机器人教育的理论与实践 / 钟柏昌著. —北京：科学出版社，2016.11
  ISBN 978-7-03-050821-8

Ⅰ.①中…　Ⅱ.①钟…　Ⅲ.①机器人技术-教学研究-中小学
Ⅳ.①G633.932

中国版本图书馆 CIP 数据核字（2016）第 289051 号

责任编辑：朱丽娜 / 责任校对：钟　洋
责任印制：赵　博 / 封面设计：楠竹文化
联系电话：010-64033934
电子邮箱：edu-psy@mail.sciencep.com

科 学 出 版 社 出版
北京东黄城根北街 16 号
邮政编码：100717
http://www.sciencep.com

北京虎彩文化传播有限公司 印刷
科学出版社发行　各地新华书店经销
*
2016 年 11 月第　一　版　开本：720×1000　B5
2024 年 1 月第二次印刷　印张：16 1/8
字数：289 000

定价：79.00 元

（如有印装质量问题，我社负责调换）

自序：用爱拥抱机器人教育的春天

在这美美的季节，在翘首以待高中新课程标准发布的时刻，让我们用爱拥抱机器人教育的春暖花开。

为什么要说爱呢？因为爱意味着无私，意味着抛弃功利杂念，意味着打破陈规追求真善美，更意味着理解与包容，追寻机器人教育的本真价值。

如何爱？理解爱！

不要只爱竞赛，我们要爱普及，因为"有教无类，生而平等"。竞赛模式是一种高投入低收益的教育，不是普及教育之路，相反它是普及教育的拦路虎。走出竞赛模式的怪圈，才能迎来普及教育的春天。我们不仅需要理解机器人教育对全体学生创新实践能力培养的"普世价值"，更需要对教育公平持以不懈追求。当然，我们并不必排斥普及教育基础上的合理竞赛，但不可本末倒置。

不要只爱品牌，我们要爱开源，因为"开其源，而时斟酌焉"。机器人之于普及教育的意义不仅在于学校"买得起"，更在于"用得好"。尽管开源机器人与某些高端机器人品牌存在一定性能上的差距，但就适应普及教育需要而言并无二致。事实上，也正因为价格低廉，我们才能放手让学生大胆摆弄而非小心翼翼地保护。

不要只爱教学，我们要爱造物，因为"学而时习①之，不亦说乎"。机器人教育如同创客教育一样，究其根本是一种跨学科的工程教育，是以工程问题的解决为中心。只有这样，学生才能体会知识的力量与价值，获得学习的愉悦与成就感。

---

① 按南怀瑾先生注释，"习"应理解为"践习"，而非"复习""练习"。

遗憾的是，我们选用的一些机器人产品，其结构和配件常常是固定的，学生无需做工程层面的设计。

不要只爱知识，我们要爱思想，因为"开物成务，冒天下之道"。当前的机器人课程，缺乏体系、缺乏衔接，更缺乏灵魂——学科思想的提炼。机器人教育不是为了培养新科技的操作者，而是旨在通过内涵建设，使之能够培养出具有"开物成务"智慧的新生代公民。

不要只爱技术，我们更要爱整个世界，因为"五行相生，以成万物"。世界是一个整体，不只有技术，还有 STEAM①。我们需要它把学生学习到的零碎知识与机械工程经验转变成一个探究世界相互联系的不同侧面的过程，获得设计能力、合作能力、问题解决能力和实践创新能力的综合提升。

爱，为机器人教育的明天，不为跟风，也不为猎杀应试教育那个"病毒"。

（原文刊于《中国信息技术教育》2016 年第 6 期）

---

①　STEAM 是 Science（科学）、Technology（技术）、Engineering（工程）、Arts（艺术）、Maths（数学）的缩写，作为一种现代教育理念，它更注重学生应用知识创造出能够应用于真实生活的内容。

前　言

本书是笔者主持的国家社会科学基金教育学青年项目"多平台、跨学科、聚类化、重创造的中小学机器人教育研究"（批准号CCA130133）的最终成果，汇集了项目立项以来关于这一选题的主要思考和研究进展。

本书共分为六章，第一章通过问卷调查等梳理我国中小学机器人教育发展的现状，分析存在的问题和建议，并围绕教育装备、教育目标、教育内容、教学方法等四个主要方面，提出推动机器人普及教育的若干策略；第二章从知识内容维度（学科本位与学科整合）和物化成果维度（自主控制与联机交互）出发，厘清实验模拟型教学、趣味交互型教学、科学探究型教学和发明创造型教学四类教学模式，认为创客教育可以作为机器教育的一种新模式，与发明创造型教学本质相通；第三章将视野转向中小学机器人课程的开发实践，介绍笔者主编的初中和高中两册机器人教材的编写思路和内容框架；第四章介绍开展机器人普及教育卓有成效的无锡市南长实验中学和温州中学的实践经验；第五章集中展示笔者在浙江温州和江苏无锡等地开展机器人教学实验过程中设计和开发的部分优秀教学案例，并按主题分为智能风扇类、小车驱动类、科学探究类和趣味互动类等四个类别，基本覆盖了前述四类教学模式；第六章介绍在前述理念和教学案例的基础上，在中学开展的两项机器人教学实验及结果。

本书虽署名为我个人，实际上是团队成员共同努力的成果，团队成员都是我的研究生，包括张禄、张丽芳、刘正云、张洁、张敬云、韩蕾、闫妮等，其中大部分成员已经毕业走向工作岗位。他们被誉为国内第一批以机器人普及教育和创客教育为研究方向的研究生，在经历了 2~3 年不等的学习、研究和实践锻炼，已然成为中小学开展机器人和创客教育的骨干力量。他们为本书的研究提供了很多实践层面的启迪，笔者以他们为荣。

本书适合作为教育技术学专业学生了解中小学机器人教育状况和开展相关研究的入门书籍，也适合作为一线教师开展机器人教育和创客教育的指导用书。

本书虽名为专著，实为我们前期粗浅研究工作的一个小结，不揣粗陋，付诸印刷，希望得到读者的批评指正。关于中小学机器人和创客教育的研究和推动工作，是本团队将付之长期努力的一个方向，课题虽然结项了，后继的研究工作还将继续，我们期待不久的将来，能够推出更具深度的研究成果以回馈关心和关注我们的领导和同仁。

钟柏昌

2016 年 10 月 20 日

目 录

第一章
中小学机器人教育的现状与挑战

我国中小学机器人教育起步较晚，不过十余年的时间，而真正开展较大规模机器人进课堂的普及教育实践，大概也只有五六年的时间，发展历史非常短暂。客观说，国内中小学机器人教育，竞赛模式依然占据主导地位。即使在经济发达地区，中小学机器人教育的普及率依然很低。多数开展机器人普及教育的学校，也往往局限于1~2个班级规模的校本选修课，类似无锡市南长实验中学那样全面开课的案例甚是鲜见。与之形成鲜明对比的是，校外机器人培训市场却异常火爆。例如，笔者针对南京市主城区作的一个市场调研发现，主城区内有青少年机器人培训机构将近40家，年培训人数超过1.5万人次，要远远大于校内教育规模。可以说，中小学机器人相关学科建设和经验积累都不尽完善，面临诸多挑战，同时也获得了较好的发展机遇，需要在把握现状的基础上持续前进。

第一节　中小学机器人教育的现状调查与分析

近年来，随着国家基础教育新课程改革的不断深入实施，我国中小学机器人教育有了较快发展，其教育价值已逐步获得社会的认可，特别是《国家中长期教育改革和发展规划纲要（2010—2020年）》将培养学生的创新能力提升到了国家战略的高度，为中小学机器人教育的开展普及提供了新的契机。最近被社会各界广泛关注的创客空间与创客教育，其基本内容也是围绕机器人的设计与创作展开的，从而为中小学机器人教育提供了新的发展平台和外在动力。但是，作为一种具有鲜明时代色彩和技术特点的教育模块，以课程为载体开展机器人普及教育进展如何？面临何种困难？将走向何方？目前依然缺少相关的研究和统计数据。鉴于此，我们以中国教育技术协会信息技术教育专业委员会主办的第二届全国中小学机器人教学展评活动（2014 年 5 月 23～25 日）为契机，在活动现场对来自全国各地的中小学信息技术教师和教研员进行了专门的问卷调查，试图就上述问题作出一些解答。需要特别说明的是，该问卷调查主要针对以课程方式开展的机器人普及教育，并不关注以机器人竞赛或课外兴趣小组方式开展的精英取向的机器人教育。

一、问卷设计与调查概况

为获得较为真实的一手数据，我们在问卷调查框架的设计方面，主要围绕机器人教学的现状、教师对机器人教学的认知两个方面展开，具体内容涉及六个部分：教师的基本情况、教师对机器人进课堂的态度、机器人教学的基本情况、学生对机器人的态度、教师对所用机器人的态度、对中小学机器人进课堂的意见和建议。问卷初稿设计始于 2013 年首届全国中小学机器人教学展评活动，后经多位专家的审阅修订，形成了多个版本，并经过了小范围试测，在确定所有问题不存在疑义的情况下形成最终的实测问卷。

问卷调查主要面向一线信息技术教师和部分教研员，调查对象为参与 2014 年 5 月第二届全国中小学机器人教学展评活动的教师代表，主要来自安徽、北京、广东、黑龙江、湖北、吉林、江苏、山东、四川、天津、浙江等地，总参会教师代表约 350 名，主要为小学和初中教师。此次调查共发放问卷 250 份（因同质化问题，未参与调查活动的为 100 多位嘉兴市教师代表），收回问卷 245 份（其中教师 215 份、教研员 30 份），有效问卷 210 份（其中教师 182 份、教研员 28 份）。教师基本情况如表 1-1 所示。

表 1-1   教师（不含教研员）的基本情况

项目		人数/人	占比/%
性别	男	121	66.5
	女	61	33.5
学校位置	城市	105	57.7
	县城	39	21.4
	乡镇	38	20.9
学段	小学	89	48.9
	初中	73	40.1
	高中	20	11.0

续表

项目		人数/人	占比/%
当前从事机器人 教育教学	是	135	74.2
	否	47	25.8
教师专业背景	信息技术相关	143	78.6
	其他专业	39	21.4

性别比例体现了参加此次活动的教师代表的整体性别情况,男性教师约为女性教师的 2 倍,表明性别差异较为突出,如何吸引和促进更多的女性教师参与到机器人的普及教育中来还有很长的路要走。值得注意的是,有相当一部分乡镇学校的教师代表参会,他们对机器人教育的关注,将是未来落实机器人普及教育的关键一环,让乡镇和农村学生也有机会接触机器人技术是体现教育公平的一个重要方面。调查对象中也有一部分教师尚未在自己的学校开展机器人教育教学(含机器人竞赛或兴趣小组辅导)工作,但也积极参与了此次活动,有理由认为这些教师将成为机器人普及教育的潜在力量。

教师的专业背景显示,78.6%的教师有信息技术相关专业的背景(包括计算机、信息技术、教育技术、电子技术),尽管有 21.4%的教师毕业于教育管理、初等教育、小学教育、中文、数学、管理、国际贸易等其他专业,但相对整个信息技术教师群体而言,专业对口的情况较好。例如,根据 2009 年北京市教育科学研究院的调查表明[1][2],小学信息技术教师中第一学历为信息技术相关专业的教师仅占 12%,第二学历与信息技术相关的也只占到 33%,而初中信息技术教师约为 71%;又如,嘉兴市教育科学研究院 2010 年的调查显示,该市信息技术相关专业毕业的小学信息技术教师仅占 14.6%,而初中信息技术教师为 79%。[3]

二、调查结果分析

(一)机器人进课堂成为一种期待,需要在困境中勇往直前

我国中小学机器人教育并非肇始于最近几年,有关机器人教育的实践可以追

---

[1]　北京教育科学研究院基础教育教学研究中心. 北京市信息技术学科八年级教师调查报告[R]. 北京:北京教育科学研究院基础教育教学研究中心,2009.

[2]　北京教育科学研究院基础教育教学研究中心. 北京市信息技术学科五年级教师调查报告[R]. 北京:北京教育科学研究院基础教育教学研究中心,2009.

[3]　浙江省嘉兴市教育科学研究院. 嘉兴市 2010 年小学信息技术学科教学质量专项抽测与调研报告[R]. 嘉兴:浙江省嘉兴市教育科学研究院,2010.

溯到 2000 年，北京市景山学校以科研课题的形式将机器人教育纳入信息技术课程中，在国内率先开展了中小学机器人课程教学。2001 年，上海市西南位育中学、卢湾高级中学等学校开始以"校本课程"形式进行机器人普及教育的探索和尝试。[1]随后，越来越多的学校开始了各具特色的机器人校本教育课程的实践探索[2][3][4]，但从整体而言，国内基础教育领域有关机器人教育的现状，竞赛模式或兴趣小组模式依然占据绝对的主导地位，真正能接触到机器人的学生和教师相当少。这不仅浪费了教育资源，也有违教育公平。那么，机器人是否应该以课程的形式开设以便广大学生都有学习的机会？或言之，机器人是否应该进入课堂？我们需要倾听教师们的心声。

调查发现（表 1-2），认为每个学生都有必要（或非常必要）学习机器人课程的教师占被调查教师总数的 83.8%，这可以作为上述问题的有力回应。也有相当一部分老师担心机器人进课堂的可行性，在影响机器人进课堂的主要障碍中，79.5%的教师认为机器人价格高，其次就是缺乏国家政策和课程标准（占 51.4%）。笔者认为这两个因素最为关键，前者涉及经济层面，后者涉及政策层面，如果能解决好这两个问题，则相应的师资、课时和领导的重视程度都会发生质的变化。就机器人价格而言，随着近几年教育机器人产品的不断丰富和升级换代，实际上各大品牌机器人的价格都有大幅度的下降，大部分厂家都有每套 1000～3000 元的教育机器人产品。这对于某些经济条件较好的学校而言，已经有条件购买设备建设满足课堂教学的机器人实验室了，而对于那些经费不够充裕的学校，流行的开源机器人 Arduino 也提供了非常好的选择。例如，我们在温州中学开展的机器人教学实验，采用的就是开源机器人套件，基础套件每个价格约为 500 元，购置 20套即可满足开班需要，而且可以充分利用现有的计算机机房，无需建设专门的机器人实验室[5]。相对而言，政策层面的问题已成为限制机器人普及教育的瓶颈。由于缺乏小学和初中学段的技术课程国家标准，机器人课程的定位、目标、内容、评价、课时都缺乏依据。当前一些学校开展的机器人进课堂的教学尝试，部分依赖于该省的省级课程纲要（如江苏），更多的是以校本课程的方式开展，地方和学校的重视程度不够，开课的规范性不足。

---

① 张国民，张剑平. 我国基础教育中机器人教育的现状与对策研究[J]. 现代教育技术，2008（5）：92-94.
② 王小根，等. 基于"任务驱动"的小学机器人教育校本课程开发[J]. 电化教育研究，2010（6）：100-106.
③ 曾祥潘. 步入开源硬件智能机器人教育时代[J]. 中小学信息技术教育，2012（1）：76-78.
④ 张嘉志，王同聚. 3D 仿真虚拟机器人——普及机器人教育的新途径[J]. 中小学信息技术教育，2010（6）：95-96.
⑤ 钟柏昌. "四位一体"的中小学机器人教育框架设计[J]. 教育研究与评论（技术教育），2014（4）：52-58.

表 1-2 对机器人进课堂的态度

项目			人数/人	占比/%
每个学生都学习机器人课程		非常必要	57	27.1
		有必要	119	56.7
		无所谓	14	6.7
		不太必要	20	9.5
		完全没必要	0	0
影响机器人进课堂的主要障碍		机器人价格高	167	79.5
		缺乏国家政策和课程标准	108	51.4
		缺乏师资	84	40.0
		缺乏课时	82	39.0
		校领导不重视	73	34.8
		其他	6	2.9
机器人课程开设方式		选修课	142	67.6
		必修课	61	29.1
		其他（如兴趣小组、社团）	7	3.3

在机器人课程开设方式方面，68.6%的教师认为应该以选修课的方式开设，也有 29.5%的老师认为应该以必修课的方式开设。正如前述机器人进课堂可能面临的诸种困难一样，现阶段要普及机器人教育，统一用必修课的形式开展也许并非明智之举，尽管我们认为五年以后必修课也完全可能成为一种选择。当前的情况总是让人联想起 20 世纪 80 年代人们对大规模开设信息技术课程的态度：缺乏自信和前瞻性。无论如何，鼓励有条件的地方积极尝试是必然的选择，无论选修还是必修。[①]

（二）开课起点建议为四五年级和七年级，每学段宜开设一学期

调查显示（表 1-3），在适合开设机器人课程的起始年级中，选择四年级或五年级的小学教师占总数的 71.4%，而初中阶段，观点比较一致，选择七年级（初中一年级）的教师占 80.4%。

表 1-3 适合开设机器人课程的起始年级调查

项目			人数/人	占比/%
适合开设机器人课程的起始年级	小学	一年级	2	3.2
		二年级	0	0
		三年级	12	19.2
		四年级	22	34.9
		五年级	23	36.5
		六年级	4	6.4

---

① 钟柏昌. 中小学普及机器人教育可行吗[J]. 中小学信息技术教育，2014（1）：41.

续表

项目			人数/人	占比/%
适合开设机器人课程的 起始年级	初中	七年级	41	80.4
		八年级	9	17.7
		九年级	1	2.0

注：本表仅针对有机器人教学或竞赛辅导经验的教师，两个学段共 114 人作答。

　　在课时量方面，教师们的观点存在很大的分歧，如表 1-4 所示。小学段，选择最多的是 9～12 课时和 17 课时，均占总数的 28.6%；初中段，选择最多的是 17 课时，占总数的 45.1%；高中段，选择最多的是 34 课时，占总数的 50%。从课程开设的可操作性来看，义务教育阶段以每周 1 课时连续开设一个学期计算，总有效课时约为 17 课时，即小学段和初中段以各开设 1 个学期的机器人课程为主流意见；而高中段以每周 2 课时连续开设 1 个学期计算，总有效课时约为 34 课时，与高中技术课程标准中简易机器人模块 2 个学分的规定一致。

表 1-4　机器人课程的课时量调查

项目			人数/人	占比/%
机器人课程的课时量	小学	5～8 课时	5	7.9
		9～12 课时	18	28.6
		17 课时	18	28.6
		34 课时	14	22.2
		51 课时	8	12.7
	初中	5-8 课时	5	9.8
		9～12 课时	10	19.6
		17 课时	23	45.1
		34 课时	12	23.5
		51 课时	1	2.0
	高中	9～12 课时	1	10.0
		17 课时	4	40.0
		34 课时	5	50.0

注：本表仅针对有机器人教学或竞赛辅导经验的教师，三个学段共 124 人作答。

（三）机器人教学缺乏积淀，虽有尝试但尚待规范和改进

　　关于机器人教学层面的调查，主要涉及教材、教学方法、小组规模和教学评价，如表 1-5 所示。从教材方面看，由于大部分学校的机器人课程是以校本课程方式开设，故使用的教材多以自编教材（54.2%）为主或没有教材（占 18%）。也有 26.8%的教师使用了统一采购的教材，但通过访谈发现，所谓统一采购的教材也多是机器人厂家编写的类似产品说明书式的教材，缺乏精心的设计，有别于一

般意义上的课堂教材。显然，这是缺乏课程标准的一种必然反映。

表 1-5　机器人教学问题调查

项目		人数/人	占比/%
上课使用的教材	自编教材	39	54.2
	统一采购的教材	20	27.8
	没有教材	13	18.0
机器人教学中采用的教学方法	任务驱动法	51	70.8
	讲授演示法	48	66.7
	讲练结合法	38	52.8
	实验法	21	29.2
	项目教学法	18	25.0
共用一套机器人的学生数量	1 人	7	9.7
	2 人	31	43.1
	3 人	10	13.9
	4 人	16	22.2
	≥5 人	8	11.1
机器人课程的评价方式	以平时上课表现为依据	51	70.8
	以作品为依据	46	63.9
	以竞赛成绩为依据	22	30.6
	以书面考试为依据	3	4.2
	其他	1	1.4

注：本表仅针对有机器人课堂教学经验的教师，共有 72 人作答。

在教学方法层面，使用任务驱动法、讲授演示法、讲练结合法的教师分别占教师总数的 70.8%、66.7%、52.8%，此三种方法亦是普通信息技术课堂所惯用的教学方法，但是机器人教学毕竟有其鲜明的特点。事实上，国外所广泛应用于机器人教学的方法是项目教学法和实验法，项目教学法（project-based education）被很多教育者认为是非常适用于机器人教育的方法[1]，因其常常需要学生合作设计、构造和操控机器人项目作品（collaborate in the project）[2]，但在调查中，这两种方法的选用率分别为 25% 和 29.2%。

有关多少学生共用一台机器人，有 79.2% 的教师选择了 2～4 人。对于机器人课程，必须强调的是，人手一台机器人设备并非理想情况，国外学者强调采用项目教学法的一个重要原因就在于强调学生的小组合作学习。已有研究表明，从合作解决问题的角度看，4 人一个小组是推荐的小组规模，2 人一组或 3 人一组学生

---

① Beer R，Chiel H，Drushel R. Using Autonomous Robotics to Teach Science and Engineering[J]. Communications of the ACM，1999，42(5)：85-92.

② Khanlari A. Effects of Robotics on 21st Century Skills[J]. European Scientific Journal，2013，9（27）：26-36.

的参与性较低[①]。因此，从这个意义上说，机器人学习的小组成员控制在 2～3 人最为适宜。

从教学评价角度看，以平时上课表现（过程性评价）和作品评价（总结性评价）为主流，分别占 70.8%和 63.9%，只是上课表现究竟包括哪些内容不得而知；也有涉及竞赛成绩和书面考试等评价方式，但并无特别的评价方式出现。

整体而言，有关机器人的教学实践尚处于尝试摸索的初级阶段，虽然形成了一定的规模，但相关经验的积累和课程化建设依然有很大的提升空间，同样也亟待相关政策的指导规范。

（四）学生有喜欢机器人课程的充足理由，但教师需要提供充分指导

机器人教学当然离不开学生的积极参与，那么，学生对学习机器人的兴趣、倾向和存在的障碍究竟如何？尽管本研究并没有直接调查学生，但是我们从教师的回答中依然可以找到一些可供参考的信息（表 1-6）。

表 1-6　学生对学习机器人的兴趣、倾向和障碍

项目		人数/人	占比/%
学生对机器人课的兴趣程度	非常感兴趣	38	52.8
	比较感兴趣	29	40.3
	一般	5	6.9
	不太感兴趣	0	0
	没有兴趣	0	0
学生喜欢学习机器人的主要侧面	喜欢编写程序与调试机器人	44	61.1
	喜欢探究机器人的硬件组装	37	51.4
	喜欢探究机器人的功能	32	44.4
	喜欢创造有智能的人造物	21	29.2
	其他	2	2.8
学生学习机器人遇到的主要障碍	程序设计	40	55.6
	机器人创意设计	28	38.9
	机器人调试	13	18.1
	机器人工作原理的理解	13	18.1
	机器人造型设计	6	8.3

注：本表仅针对有机器人课堂教学经验的教师，共有 72 人作答。

从学习兴趣的角度，如同我们的预期一样，有 93.1%的教师认为学生对机器人感兴趣。这一调查结果很容易让人联想到有关中小学生对信息技术课的欢迎态度，例如，在 2012 年广东省教研室组织的全省信息技术教师问卷调查显示，63%

---

① Johnson D W & Roger T J. Making cooperative learning work[J]. Theory into Practice，1999，38（2）：67-73.

的初中信息技术教师认为超过 90%的初中生对信息技术课感兴趣[1]，81%的小学信息技术教师认为超过 90%的小学生对信息技术课感兴趣[2]。不过，学生对信息技术课程感兴趣，历来被人诟病为仅仅是因为有机会上网或玩游戏。但是，机器人课程不一样，学生们并没有时间来做与学习无关的事情，因为有太多吸引他们学习的内容，他们喜欢上机器人课主要表现在如下几个方面：61.1%的教师认为学生喜欢的是编写程序与调试机器人，51.4%的教师认为学生更喜欢探究机器人的硬件组装，44.4%的教师认为学生喜欢探究机器人的功能，29.2%的教师认为学生喜欢创造有智能的人造物。

当然，机器人涉及多门学科知识，侧重动手实践能力，因此学习过程充满挑战性。整体而言，学生在学习机器人方面所遇到的障碍由大到小分别为：程序设计（占 55.6%）、机器人创意设计（占 38.9%）、机器人调试（占 18.1%）、机器人工作原理的理解（占 18.1%）、机器人造型设计（占 8.3%）。可见，程序设计和创意设计是教师在教学过程中需要特别注意的两个方面，前者涉及与程序设计课程的衔接问题，后者涉及学生创造能力培养这一课程目标的达成问题。就各地开设机器人课程的基本做法而言，通常都有程序设计课程作为先导课程，但是 55.6%的教师认为学生的程序设计存在困难，表明在程序设计的先导课程当中还缺乏程序设计基本思想和方法的训练，缺乏对编程知识和技能的可迁移性的引导。还需要说明的是，有关机器人的造型设计，实际上需要有较高的设计素养，有颇高的难度，之所以选择这一项的人数少，大抵是因为所采用的机器人设备通常都是定型产品，或在教学活动中有现成的造型示例，学生只需要作局部调整，这种状况实际上制约了学生创造能力的培养。

（五）应充分利用既有计算机教室，选用低成本的机器人品牌

机器人教育是否需要建设专门的实验室？从普及教育的角度看，能否充分利用现有的计算机机房？这是一个非常现实的问题，直接关系到是否需要追加大量的建设经费。显然，不同的机器人品牌对教学场所的要求是不一样的，调查显示（表1-7），使用乐高机器人的教师中有 88.2%在专门的机器人实验室内进行教学，而且使用乐高机器人的教师中有 94.1%的人认为机器人教学需要专门的实验室，

---

[1] 广东省教育研究院教学教材研究室. 广东省初中信息技术蓝皮书[R]. 广州：广东省教育研究院教学教材研究室，2012.

[2] 广东省教育研究院教学教材研究室. 广东省小学信息技术蓝皮书[R]. 广州：广东省教育研究院教学教材研究室，2012.

可见乐高机器人非常依赖专门的机器人实验室。相对而言，使用中鸣、纳英特、紫光和诺宝等品牌机器人的教师中这一比例有所降低，分别为 61.5%、37.5%、50.0%和 50.0%，但是认为需要专门实验室的教师也分别高达 92.3%、75.0%、75.0%和 100%，可见，整体而言，这些品牌机器人对机器人实验室的依赖性较强。与之相反，目前日渐受到一线教师欢迎的 Arduino 开源机器人，不仅价格低廉，而且可以很方便地利用既有计算机房开展教学，在被调查的使用 Arduino 机器人教学的教师中，均没有建设专门的机器人实验室，同时有 80.0%的教师认为将来也没有必要使用专门的机器人实验室。

表 1-7　机器人教学环境调查

项目		占选用相应品牌机器人的比例/%						
		乐高	中鸣	纳英特	紫光	诺宝	开源	其他
上课环境	专门实验室	88.2	61.5	37.5	50	50	0	60
	计算机机房	0	38.5	62.5	50	50	60	30
	兴趣活动中心	11.8	0	0	0	0	40	10
是否需要配置专门的实验室	非常必要	70.6	53.8	75	25	75	0	60
	有必要	23.5	38.5	0	50	25	20	30
	无所谓	5.9	7.7	25	0	0	40	0
	不太必要	0	0	0	25	0	40	10
	没有必要	0	0	0	0	0	0	0

注："其他"包括 BDS、VEX、RoboRAVE、好小子、特里斯、未来伙伴、智慧天下等品牌，因选用率较低，未作专门统计。

在适合课堂普及教学的机器人价格的调查中，我们采用的是填写价格的方式获取调查数据，然后将所填数据归一整理成 7 个价格档次，如表 1-8 所示。在被调查的 91 人中，认为适合课堂普及教学的机器人价格在 1000 元左右及以下的占总数的 65.9%，2000 元左右及以下的占总数的 86.8%，可见这两个价格档位具有较佳的现实可行性，相关价位的机器人品牌最有可能占据更大的基础教育市场份额。

表 1-8　适合课堂普及教学的机器人价格

项目		人数/人	占被调查总数的比例/%
适合课堂普及教学的机器人价格	300 元以下	15	16.5
	500 元左右	16	17.5
	800 元左右	3	3.3
	1000 元左右	26	28.6
	1500 元左右	5	5.5
	2000 元左右	14	15.4
	3000 元以上	12	13.2

（六）教育机器人市场正在形成，产品质量和市场格局有待变化

作为一个随机的抽样，我们要求当前从事机器人教学的教师回答其所选用的机器人品牌，统计表明，目前市场占有率较高的有乐高、中鸣、纳英特和 Arduino，分别占 25.7%、19.7%、12.1%、7.6%（表 1-9）。我们期待随着相关技术的不断发展，Arduino 等低成本机器人的市场份额能逐步扩大。

表 1-9　教师对所用机器人的满意度

项目		占被调查教师总数的比例/%	对当前使用的机器人满意度/%				
			很满意	较满意	一般	不太满意	很不满意
当前上课使用的机器人品牌	乐高	25.7	52.9	47.1	0	0	0
	中鸣	19.7	15.4	30.8	38.4	15.4	0
	纳英特	12.1	0	62.5	37.5	0	0
	Arduino 开源机器人	7.6	20.0	80.0	0	0	0
	紫光	6.1	0	0	100	0	0
	诺宝	6.1	25.0	0	50.0	0	25.0
	萝卜圈仿真机器人	7.5	0	60.0	40.0	0	0
	其他	15.2	30.0	40.0	10.0	20.0	0

注：“其他”包括 BDS、VEX、RobRAVE、好小子、特里斯、未来伙伴、智慧天下等品牌，因选用率低，未作专门统计。

教师对其当前使用的机器人的满意度调查中，使用乐高和开源机器人的教师对机器人的满意率均为 100%，使用纳英特和仿真机器人的教师对机器人的满意率也分别占到 62.5%和 60.0%，而其他品牌的满意率较低。通过开放式问题的调查发现，使用乐高和开源机器人的教师之所以满意，主要原因集中在以下几个方面：机器人套件有配套教材，且质量较好；机器人套件配件丰富，能满足学生的创意需要；机器人套件的接口、组件设计较好，便于搭建各种造型；机器人套件材质好，不易损坏；机器人套件中的编程环境易于使用。使用中鸣、诺宝和紫光的教师不太满意的原因与上述指标正好相反。可见，这几个方面的质量指标是机器人厂商需要重点关照的方面。

三、建议与对策

多数被调查者对机器人普及教育充满期待，在调查中也有不少教师和教研员提出了自己的一些意见和建议，结合上述调查结果，笔者认为要在中小学普及机

器人教育，如下几个方面值得关注。

（一）做好顶层设计，建立课程体系

机器人教育，如果只依靠竞赛或兴趣小组的方式，可能永远只能局限在少数学校的少数学生中。在当前的教育体制下，机器人课堂的普及，必须在国家课程体系中占有一席之地。比如说，在信息技术课程中作为一个重要的组成模块，在时间序列上形成小学、初中、高中相互衔接的机器人课程体系；在横向联系上，与程序设计、物理、数学、通用技术等课程内容合理整合、相互支持。可见，这里牵涉到机器人普及教育的顶层设计问题，顶层设计好，才能规范课程开设的目标、内容、课时、教材、师资等与课程配套的相关要素，否则，正如调查中所反映出来的问题，如课程内容五花八门、学段之间衔接不畅、教师缺少专业培训、教材质量缺乏保障等无法得到有效改善。

（二）开展课程研究，探索有效教学

机器人课程究竟可以给学生带来何种基础教育价值？已有研究普遍认为，机器人有着广泛和重要的教育价值。例如，Khanlari 指出机器人是改进 21 世纪技能（21st century skills）的有效工具，有利培养学生的创新能力、合作能力、自主学习能力、交流能力、社会和跨文化技能、社会责任感。[1]McGill 的研究则表明，机器人课程能够对学生学习编程产生积极影响。[2]又如，梁耀东的研究表明，机器人课程有利于小学生数学的学习。[3]显然，这些研究结论都令人鼓舞。但是，从课程核心思想的角度，基础教育的机器人课程究竟应该包含哪些重要思想，应该传递给学生何种思维品质？已有研究并不充分或太过宏观。另外，教学方法方面，尽管项目教学法是一种可取的方法，但是因课程性质的差异，机器人课程中的项目教学与一般意义上的或其他课程中使用的项目教学必然有所不同。例如，从动手操作的角度看，如何在项目中进行分工协作，如何让小组成员都得到合理的锻炼，如何合理安排课时经历一个较为完整的项目设计过程，都缺乏细致的研究和成功的经验。

---

① 　Khanlari A. Effects of Robotics on 21st Century Skills[J]. European Scientific Journal，2013，9（27）：26-36.

② 　McGill M M. Learning to program with personal robots: Influences on student motivation[J]. ACM Transactions On Computing Education，2012，12（1）：1-32.

③ 　梁耀东.乐高机器人在国小数学教学的应用[D]. 屏东："国立"屏东教育大学硕士学位论文，2010：38.

（三）加强源头培养，强化教师培训

相比传统信息技术课程，机器人课程对教师的要求更高，不仅体现在对机器人本体知识的掌握方面，而且体现在教学方法的差异上。更重要的是，机器人课程是一种典型的综合课程而非学科本位的课程，需要卷入 STEM/STEAM（Science、Technology、Engineering、Arts、Mathematics）等多门课程知识，而且，它还是创客教育的主要阵地，需要教师自身具有一定的创意设计和整合能力，对教师的素质要求要高于传统的信息技术课程，对于当下的信息技术教师而言，颇具挑战性。此外，对口培养信息技术教师的大学专业，如教育技术、计算机技术、信息技术等相关专业通常都没有设置机器人专业课程，这些毕业生缺乏机器人方面的专业培养与训练，在他们从事中小学机器人课程教学时，又缺少专业的职前培训，常常只能通过自学才来获得必要的知识和技能，直接影响了机器人课程的师资力量和质量。因此，一方面需要呼吁相关高校专业能在课程方案设置方面作出适当调整，满足基础教育的新需求；另一方面，基层教育部门应该联合高校力量和企业力量，提供针对性的机器人师资培训，为机器人课程的开展提供有效的师资保障。

（四）规范器材配置，建立机器人标准

相比其他课程（包括传统的信息技术课程），机器人课程对设备具有显著的依赖性，且不论不同厂家对产品质量的控制缺乏统一的技术标准和功能标准，单就机器人的构成要素而言，不同厂家的机器人产品不仅外观不同，而且控制芯片、传感器、数据接口等方面均有很大差异，若不规范，课程内容体系的统一设计将无从谈起。因此，制定教育机器人的准入标准，是解决机器人普及教育的重要配套措施之一。准入标准不仅要统一相关术语、统一机器人的最低技术标准，而且要求机器人产品必须能够满足机器人课程教学的需要。当然，准入标准应是一个体系化的东西并具有一定的弹性，没有必要作一刀切的划分，这一方面源于不同学段使用的机器人对元器件的封装程度和功能需求不同，另一方面，也应该鼓励不同厂商、不同品牌的多元发展和良性竞争，扩大学校用户的选择面，避免被个别国际品牌所垄断。有受访教师特别提出，教育机器人无需追求先进功能，满足教学需求即可，实际上这也是机器人普及教育与竞赛模式的重大区别，是降低机器人成本提高性价比的一个重要基点，在这一方面，Arduino 开源机器人无疑具有高性价比的优势，而且有统一的国际标准，有相对成熟的产业链和大量的机器人套件或延伸产品的开发商。

第二节   中小学机器人普及教育的突围

上述调查反映了我国中小学机器人普及教育过程中存在的诸多问题，因此，除了第一节中提到的若干启示外，面对当前机器人普及教育中存在的突出问题，需要采取针对性的措施。整体而言，条件建设、经验积累和代际传承都还不够，尤其表现在教育装备、教育目标、教育内容、教学方法四个方面还缺乏统一认识，本节将重点阐述这四个方面的突围策略。

一、首选开源硬件，跨越经费门槛

毫无疑问，制约机器人教育普及的首要因素是教育经费。除了地区经济发展不平衡的因素外，我国教育管理体制中教材与设备分头管理并分开投资的管理方式，也进一步限制了机器人教育经费的投入。但在微观层面，机器人设备本身更值得基层学校关注。我们注意到，目前中小学校所选用的机器人设备，主要有两类，一类是乐高等著名厂商出品的机器人，一直以来，竞赛模式主要采用的就是这类设备，但竞赛模式给大家带来高投入、高成本的印象，这一直是限制机器人教育普及的门槛，使众多普通学校望而却步；另一类是教师自主开发的机器人。一些热衷技术设计和发明创造的信息技术教师，他们基于个人的兴趣爱好，也为了减少教育经费短缺的尴尬，自主开发了形态各异的简易机器人，并应用于教育实践。遗憾的是，此类机器人尽管减少了经费投入，但由于缺乏标准化技术和生产的支持，难以大规模推广。

现在，我们终于迎来了第三种机器人——以 Arduino 为代表的开源机器人。如同手机安卓系统一样，各大厂商都可以基于 Arduino 技术架构开发自己的机器人控制板和周边配套产品，因而与其他机器人品牌（闭源硬件）相比，开源机器人至少具有如下优势：一是遵循国际通用的技术标准，不仅便于国际交流与对话，还可以避免闭源产品技术标准不统一产生的兼容问题，以及由此带来的对特定产品的技术依赖或资源浪费。二是不受单一厂商的约束，使机器人教育摆脱为某一产品服务的嫌疑，为找回教师尊严和教育价值奠定基础，避免了信息技术教育史上类似"微软培训班"的诟病，逃离"乐高培训班"的宿命。三是由于统一的技术标准形成了成熟的产业链，无论是编程语言还是电子元器件，均有丰富的配套产品或扩展模块，可以利用 Arduino 主控板控制各种传感器、电机、网络通信、3D 打印机、激光雕刻机等。这有利于开发多种多样的创新教学项目，使开源机器人不仅可以作为机器人课程的平台，还是当前创客教育的标配之一。此外，开源意味着共享，网络上有丰富的开源共享资源可资利用，有大量的作品创意和代码可供模仿和借鉴，有成熟的 Arduino 开源社区可供探讨技术、教学问题，可以为教师培训和教师专业发展提供丰富的资源。当然，最重要的还是它的价格，一个入门版的 Arduino 机器人套件，其价格不足 500 元，而 1000 元左右的高级套件可以满足中小学机器人普及教育的大部分需要，2 万～3 万元即可装备一个适合大班教学的机器人实验室。

当然，Arduino 机器人之于普及教育的意义不仅在于学校"买得起"，更在于"用得好"。对于基础教育而言，能否充分发挥教育价值是第一要件，而性能卓越是次要条件。尽管 Arduino 与某些高端机器人品牌相比存在一些性能上的差距（事实上此种差距正在不断缩小），但就满足普及教育需要而言，两者并无二致。事实上，也正因为价格低廉，教师才能放手让学生摆弄而非小心翼翼地保护。某些发达地区的学校因在经济上较为充裕而采购价格高昂的名牌机器人，以及那些经济条件有限的学校通过压缩其他教育投入而竞相采购名牌机器人，这两种情况都是对教育经费的浪费，只会加剧地区间教育经费投入和教育资源的失衡。

因此，这种廉价的开源机器人产品、设备和方案，对于地区差异明显的发展中国家而言显得尤为重要，为机器人教育从变味儿的竞赛和竞争走向均衡发展的普及教育提供了重要条件和可能性。2016 年，高中技术课程标准的修订版将正式发布，在新版课程标准中，机器人教育以类似"开源硬件机器人项目"选修模块的形式出现，其中一个重要意图就是倡导以廉价的开源软硬件平台作为普及机器人教育的利器。

二、深挖课程思想，重塑教育目标

以课程的形式开展机器人教育是一种重要方式。高中技术课程标准修订版也将为此留有空间。但是，机器人课程到底有何本质与内涵？或按当前课程改革的思路，它究竟能培养学生哪些核心素养？进一步说，我们应该围绕什么来构建一个相对完整的"十二年一贯制"的机器人教育课程体系？遗憾的是，由于缺乏小学和初中信息技术课程国家标准，高中技术课程对机器人课程的设计才刚刚开始，同时又缺乏充分的实践经验积累，至今我们还没有看到一个较为成熟的中小学机器人课程体系，甚至对机器人器材的适用标准都语焉不详。可以说，当前的机器人课程，缺乏体系，缺乏衔接，更缺乏灵魂——学科思想的提炼。

应该说，从教育目标定位的角度看，人们都已认识到通过机器人教育来激发和培养学生创新实践能力的重要性，这个整体目标是没有争议的，而问题在于达成这一目标的具体手段。犹如素质教育目标之于应试手段的关系，机器人教育活动中也存在目标与手段脱节的问题，在教学活动中充斥着大量重复性实验、机械性模仿的学习活动。例如，以循迹、走迷宫等"老套"内容为主，或者局限于追求速度和精确性的设计，或者落入"示范—模仿操作"的窠臼，未能关注机器人技术更为广泛的社会应用，未能真正激发学生的发散思维和迁移应用能力。此类教学的长期持续，不可避免地会将机器人教育的核心目标演变为对机器人技术原理的理解和简单技能的操作，从而将创新实践能力的培养流于表面。

因此，除了教学方法上的改革，我们还需要思考机器人这门课程究竟可以给学生带来哪些可以终身受用的东西。换言之，每一门课程都应有其独特的课程内涵和教育价值，机器人课程也不例外。例如，在信息技术学科里面，多媒体制作课程的核心是设计思想，可以培养学生的设计思维和设计能力；程序设计课程的核心是算法思想，可以培养学生的算法思维或计算思维。那么，机器人课程的核心是什么？笔者认为，它至少有三个核心理论类别需要提炼和彰显——自动控制理论（或智能控制理论）、工程思想、发明问题解决理论（TRIZ①）。其中，自动控制理论是研究动态系统在变化的环境条件下如何自动保持平衡状态或稳定状态的科学思想，要自动保持平衡状态或稳定状态，需要建立系统观念并开展创造性的系统设计；工程思想的核心是利用工程方法创造新的人工制品，在机器人课程里面就是制作具有特定功能的自动或智能控制系统，而且这一创造过程受现实物理条件的制约，需要与现实妥协。因此，有关工程设计思想、逆向工程思想、工程复用思想、工程标准化思想、统筹思维和折中思维等应渗透其中。上述三大理论，详见本书第三章解析。总之，机器人教育不是为了培养新科技的操作者，而是旨在通过内涵建设，使之能够培养出具有"开物成务"智慧的新生代公民。

---

①　俄文"теории решения изобретательских задач"首字母"ТРИЗ"转换成拉丁字母后的缩写，对应的英文缩写为 TIPS（Theory of Inventive Problem Solving），即"发明问题解决理论"，国内也有翻译为"萃智"或"萃思"理论，取"萃取智慧"或"萃取思考"之义。即"发明问题解决理论"，其主要研究人类进行发明创造、解决技术难题过程中所遵循的科学原理和法则，它是一种建立在技术系统进化规律基础上的问题解决系统，包括各种理论、方法、工具和程序，同时也是一个创新能力培养体系理论。

三、围绕工程教育，实现课程统整

当前机器人教育中的一个重要不足，就是局限于学科本位，视野狭隘，不利于学生创新能力的培养，需要向学科整合方向发展。"学科整合"说的是机器人作为一种创新教育平台，可以设计和开发出能解决实际问题的智能人造物，而这一设计和开发过程与我们所熟悉的程序设计不同，它常常需要涉及 STEM/STEAM 等多个学科知识的综合应用。在国际范围内，机器人教育也被视作开展 STEAM 教育的重要工具和抓手。但是，机器人教育并非必然会促进 STEAM 知识的学习，关键在于能否将机器人教育当成一种工程教育，在面向实际的工程问题的解决过程中，才会卷入各相关学科知识的学习，如此，机器人教育就能成为联系各学科知识、建立整体的认识世界和改造世界的平台。反之，只是将机器人作为学习的对象，则达不到学科整合的效果。当前的机器人教育是学科本位的教学，一个重要的原因在于教学中采用的机器人产品，其结构和配件基本是固定的，学生主要用来学习编程控制的方法，无需作工程层面的设计，再加上要解决的都是所谓技术问题（典型的如循迹问题），而非指向实际生活的问题，导致学科本位的机器人技术内容成为机器人教育的主体甚至唯一一内容。简言之，从课程内容的角度看，中小学机器人教育要避免片面强调对机器人技术本身的学习，而应将机器人视作建立学科联系的纽带和载体，树立机器人教育面向生活应用的特色，把学生学习到的零碎知识与机械工程经验转变成一个探究世界相互联系的不同侧面的过程，获得设计能力、合作能力、问题解决能力和实践创新能力的综合提升。

需要注意的是，当前逐步流行的创客教育就是一条将机器人教育与 STEAM 教育紧密结合的实现途径。所谓创客教育，是在创客空间（环境）中开展的培养青少年创客（目的）的一种教育类型，是以造物（手段）的形式培养学生综合实践能力（目标）的一种工程教育（本质）。创客教育的学科整合特性，究其根本在于创客教育是一种面向真实的工程问题的解决过程。大量的研究表明，在创客空间中自然地发生着 STEAM 教育，有效改变了学生在 STEAM 中习得的内容和学习的方式，而不是把学生"封闭"在某一个学科里面。但是，这里的学科整合，并不以学会或者掌握系统的各学科知识为目标，它仅仅是作为学科教育的一种有效补充形式，为学生综合应用学科知识提供空间和机会，以感悟知识的力量与价值，获得学习的愉悦与成就感，真正达到"学而时习之，不亦乐乎"的状态。有关创客教育的进一步解析详见第二章。

前述高中技术课程标准修订版所设计的"开源硬件机器人"模块，也将明确强调以开源机器人为基础平台包容 STEAM 教育和创客教育理念，为学科本位的机器人教育拓展新的空间，赋予其更丰富的教育价值。无论如何，围绕工程教育实现课程统整是机器人教育走向未来的一个重要方向。

四、改革教学方法，突破模仿实验

从教学方法的角度看，当前的机器人教育侧重模仿实验，重基础轻应用。改革教学方法势在必行，实验模拟型教学（Learning to Imitate via Robot）、趣味交互型教学（Learning to Interact via Robot）、科学探究型教学（Learning to Inquire via Robot）、发明创造型教学（Learning to Invent via Robot）四种教学模式值得进一步探索，笔者将在第二章作进一步阐述。总之，普及之路并非坦途，值得庆幸的是，政府和政策层面的支持力度在不断加大，社会和家庭层面对机器人教育的接纳度也在不断上升。随着高中新课程标准的发布，机器人的普及教育将迎来新的发展机遇。我们的基本判断是，如同 20 世纪 80 年代计算机课程刚进入中小学一样，机器人课程也将以必修课、必选课、选修课及课外科技活动等多种形态共存，并已初现端倪。就当下而言，教育行政部门和学校管理者应该充分认识到机器人普及教育的价值，为机器人教育的普及提供条件支持；机器人教育的研究者和实践者则需要努力积累经验，不断提高机器人教育的思想内涵和品质品位。

第二章

中小学机器人教育的新型教学模式

　　近年来，随着基础教育新课程改革的不断深入，我国中小学机器人教育也有了较快发展，其教育价值已初步获得社会认可。可以说，随着机器人技术的更加普及，机器人进课堂也将成为一种新常态。但是，从当前机器人教育的内容和方法看，还存在明显的不足，尤其是以下两个方面已然成为制约机器人教育进一步发展的瓶颈。

　　一是教育目标层面，侧重模仿实验，重基础轻应用。培养学生的创新应用能力是机器人教育的主要目标之一，也是机器人教育的重要价值所在。但目前看来，在机器人课堂教学中，创新能力的培养往往流于形式。具体表现在教师基本沿袭信息技术课堂惯用的讲练结合或封闭式任务教学法，以模拟实验或模仿再现生产生活中的科技产品作为主要教学任务，教师通过讲解制作步骤让学生则亦步亦趋完成预定机器人的制作，重在基础知识和基本技能的掌握，学生作品缺少个性化设计，更谈不上创新设计。

　　二是教育内容层面，侧重学科本位，重技术轻整合。受机器人竞赛思路的影响，以及相关教育教学研究的滞后，中小学机器人教学还处在以传授机器人技术知识为核心的初步发展阶段。换言之，机器人只是作为学习的对象，有关机器人技术的本体知识构成了机器人课程的核心或全部内容，教学内容相对单一[1]。

　　以上两大问题表明当前机器人教学研究与实践的视野还不够宽广，尤其在教学模式的构建方面还缺乏建树，无法带领机器人教育走向内涵式发展道路。为此，本章试图从上述问题出发，并结合笔者近年来的实践研究经验，构建一组较为完整的教学模式供读者参考和尝试。

---

[1]　钟柏昌.“四位一体”的中小学机器人教育框架设计[J]. 教育研究与评论（技术教育），2014（4）：52-58.

第一节　中小学机器人教育的"4I"教学模式

一、机器人教学模式的分类维度

尽管从实践出发，我们能够发现一些方式和方法不尽相同的机器人教学模式，但笔者认为，首先应该有一个合理的分类框架，才能将每一种可能的教学模式进行准确的定位和定义，也才有可能发现其他尚未发掘的教学模式。一个基本思路是从上述困境出发，在学生有意义的学习结果中寻找分类线索。学生在机器人课程中的学习结果包括内化的知识内容和外显的机器人作品（物化成果）。

从知识内容的分类看，当前强调学科本位的机器人教学内容显然视野狭隘，不利于学生创新能力的培养，需要树立学科整合视野。"学科整合"一方面说的是机器人作为一个科技产品本身就是多学科综合交叉的产物，包括电子、机械、生物、计算机科学与工程、人工智能等，学习机器人技术自然可以获得多个技术门类的知识[1]；另一方面说的是机器人作为一种创新教育平台，可以设计和开发出能解决实际问题的智能人造物，而这一设计和开发过程与我们所熟悉的程序设计不同，它常常需要涉及 STEM 等多个学科知识的综合应用。在国际范围内，机器人和机器人教育也被视作开展 STEM 教育的重要工具和抓手[2][3][4]。但是，机器人教育并非必然会促进 STEM 知识的学习，关键在于能否将机器人教育当成一种工程教育，在面向实际的工程问题的解决过程中，才会卷入相关学科知识的学习，那么，机器人教育就能成为联系各学科知识、建立整体的认识世界和改造世界的平台；反之，只是将机器人作为学习的对象，则达不到学科整合的效果。那么，从知识内容的维度，需要区分出学科本位和学科整合两类教学模式。

从物化成果的分类看，当前有关机器人形态的理解较为单一，限制了学生创

---

① 战强，闫彩霞，蔡尧. 机器人教学改革的探索和实践[J]. 现代教育技术，2010（3）：144-146.

② Mataric M J，Koenig N P，Feil-Seifer D. Materials for Enabling Hands-On Robotics and STEM Education[C]. InAAAI Spring Symposium：Semantic Scientific Knowledge Integration，2007：99-102.

③ Rockland R，Bloom D S，Carpinelli J，Burr-Alexander L，Hirsch L S，Kimme，H. Advancing the "E" in K-12 STEM education[J]. The Journal of Technology Studies，2010，36（1）：53-64.

④ Benitti F B V. Exploring the educational potential of robotics in schools：A systematic review[J]. Computers & Education，2012，58（3）：978-988.

作开发的范围，需要补充新的分类。人们习惯性将机器人视作具有自主控制能力的智能人造物，即能够将信息的输入、处理和输出等智能控制行为集合在一个独立的装置中完成。事实上，还存在另外一类机器人，这种机器人需要与计算机相连形成联机交互系统（即"机器人-计算机"交互系统），将机器人接受和处理的外部信息输入计算机程序中显示或控制计算机程序的运行。当机器人被视作探测外部信息的终端时，相应的计算机程序可以用来接受和显示经数字化转换后的外部信息。当计算机程序为具有娱乐性质的游戏时，此类联机交互系统也可以理解为以机器人为中介的人机交互游戏。可见，我们不仅可以将计算机作为机器人控制程序的编辑平台，还可以作为机器人的交互对象。在国内外相关研究语境中，与联机交互系统最直接相关的是"互动媒体"（Interactive Media）。国内方面，有关交互媒体的实践以温州中学谢作如老师为代表，其在《S4A 和互动型媒体技术》一书中描述了 S4A（Scratch for Arduino）与 Arduino 的交互过程，并在书中提供了一些教学案例[1]。遗憾的是，所列案例并未利用 Arduino 与 S4A 的程序互动，而只是将 S4A 当作一种可视化的编程环境，用以编写积木程序控制 Arduino 机器人的行为，未真正体现联机交互的魅力。国外有关"互动媒体"的研究主要集中在麻省理工学院 Resnick 教授的团队，Resnick 将 Scratch 称为交互媒体中的YouTube[2]。有趣的是，Resnick 等也意识到将 Scratch 与 Arduino 进行虚实融合的重要性，在其指导的一位硕士研究生毕业论文中，竟然描述了 Resnick 假想的一个将传感器与 Scratch 整合起来的学习项目，该项目要求学生设计一个 S4A 程序，通过读取二氧化氮传感器获得的数据改变程序画面中的天空颜色、树木数量、车辆数量等，以此实时呈现环境条件的变化状况[3]。无论国内外研究与实践的进展如何，从学习结果的角度看，我们可以区分出自主控制类和联机交互类两种机器人作品。

将两个维度交叉整合后，可以得到机器人教学模式的一个全新分类框架，如图 2-1 所示。在这个框架中，至少可以看到四种教学模式，分别命名为实验模拟型教学、趣味交互型教学、科学探究型教学、发明创造型教学。鉴于每个模式均有以 I 开头的英文单词，故四种模式可以统称为 4I 模式，分别代表了每个维度的典型特征。当然，不排除在这个分类框架中分野出更多教学模式的可能，如处于两个维度中间状态或混合状态的教学类型。

---

① 谢作如. S4A 和互动媒体技术[M]. 北京：清华大学出版社，2014：1-145.

② Resnick M，et al. Scratch：programming for all[J]. Communications of the ACM，2009，52（11）：60-67.

③ Idlbi A Y. Personalized Extensions：Democratizing the Programming of Virtual-physical Interactions[D]. MIT：Master Dissertation，2014：48.

图 2-1　四种教学模式的分类结构

二、"4I"教学模式解析

（一）实验模拟型教学

实验模拟型教学是当前机器人教学中的常态，当提到"传统的"机器人教学时，实际上说的就是此类教学模式。此类教学的基本特点是以机器人相关技术为教学内容的主体，将机器人本身作为学习的对象，以掌握机器人本体知识为导向。其基本教学过程表现为，根据任务要求，引导学生使用自己的机器人平台构建具有自主控制能力的智能装置，以模拟实验或模拟再现生产生活中既有科技产品的功能或工作过程，在此过程中获得机器人的基础知识和基本技能，并有可能提高学生的逆向工程能力。实验模拟型教学可能表现为灌输式教学或纯技能训练的教学，也可能表现为问题解决式的教学，但其要解决的问题，是某个确定的、有现实参照物的问题，也是有特定答案的技术问题。因此，其核心价值表现为培养学生学会利用机器人模拟再现事物。

实验模拟型教学本质上与物理、化学学科的实验教学模式类似，因此实验教学法是其常用的一种教学方法；另外，受信息技术课程教学方法的影响，讲练结合教学法和任务驱动教学法也常有应用。尽管这种教学对学习机器人的基础知识和基本技能是非常有效的一种方式，但显然不应该成为机器人教学的全部。

（二）趣味交互型教学

所谓趣味交互型教学是指以开发有趣、好玩的机器人联机交互系统为主要任务的教学。其基本形态是在计算机中编写和运行程序，将机器人（如 Arduino 主控板）作为控制端，通过机器人与计算机程序进行交互，而非采用鼠标与键盘。

尽管国内外有交互媒体相关的研究与实践，但真正能够体现以机器人为中介的人机交互系统的实践依然偏少、可资借鉴的经验有限。在我们最新的一项教学实验研究中，作为一项全新的尝试，我们设计了 4 个富有梯度的趣味交互系统学习项目。其一是"控制小灯"，在 S4A 端（简称"S 端"）呈现一个简单的电路，Arduino 端（简称"A 端"）设计一个按钮开关，通过 A 端的开关控制 S 端小灯的亮灭，让学生获得机器人联机交互的感性认识和基础知识；其二是"音乐互动"，S 端为音频播放程序，A 端载有声音传感器，用户对着声音传感器吹气，根据音量大小的不同 S 端发出不同的声音；其三是"智能家居"，S 端为一个风扇动画，A 端载有超声波传感器，风扇的转速能随着人与 A 端距离的变化而变化；其四是"人机游戏"，S 端制作趣味小游戏，A 端为控制端，可利用各种传感器与游戏进行交互。可见，与实验模拟型教学一样，这是一类以机器人相关技术（含程序设计）为主要内容的教学。当然，要设计趣味性机器人联机交互系统，除了 Arduino，还有更多的开源硬件平台可以选择，如 Makey Makey[①]、酷乐宅[②]等相关产品均可引入课堂教学中。

根据不同的学习阶段和知识点的难易程度，趣味交互型教学可以选用讲练结合、任务驱动、项目教学等不同的教学方法。例如，上述"控制小灯"学习项目可以采用讲练结合法，"音乐互动"和"智能家居"可以采用任务驱动教学法，而"人机游戏"则可以选用项目教学法。

（三）科学探究型教学

科学探究型教学是另外一类需要设计联机交互系统的教学类型。它以科学问题为导向，将机器人作为开展科学探究的载体和工具，为探究性学习提供数据收集、加工的技术支持。其教学过程一般为，从生活中的科学问题出发，利用机器人建模，制定科学探究方案，开展科学探究实践，利用机器人收集数据，利用程序设计或其他数据统计软件分析数据，使学生在获得机器人本体知识的同时提高科学探究能力，并习得科学知识和科学的思维过程与方法。因此，其核心价值是培养学生学会利用机器人进行科学探究。

国内有关利用机器人培养学生科学探究能力的相关理论与实践还极为欠缺，仅有的一篇前期文献为吴俊杰等用光敏电阻制作简易"分光光度计"，以研究"消失墨水"与空气中的二氧化碳反应逐渐褪色的过程及二氧化碳浓度对化学反应速

---

① 谢作如. 自制 MaKey MaKey[J]. 中国信息技术教育，2015（21）：79-80.
② 吴晓海. 浅谈酷乐宅在创客教育中的应用[J]. 中国信息技术教育，2015（18）：70-71.

率的影响①。笔者在温州中学刚刚完成的一项教学实验中,将搭载了红外数字避障传感器的 Arduino 机器人作为科学探究实验的一种工具,引导学生搭建探究单摆周期的实验装置,开展探究单摆周期的课堂学习活动,详见本书第五章第四节。另外,在笔者主编的河北省中小学信息技术电子教材初中机器人分册中,也分别开发了利用 Arduino 探究单摆周期、种子发芽最佳土壤湿度、杯子的保温效果等探究活动,开始了科学探究型教学模式的初步尝试。相比较而言,国外相关研究要丰富一些。例如,Altin 和 Pedaste 在一项基于文献的调研中指出,机器人作为探究性学习的支持性工具,可以提供即时的可视化和触觉反馈,能够增加学生对探究性学习的吸引力,利用机器人培养科学探究能力应该成为一个新的教育目标②。Geth 等通过建立室内能源消耗模型,利用 Arduino 搭载的传感器获取各种能源消耗信息,计算出能源消耗情况,帮助中小学生提升能源消耗意识。③又如,E. M. Silk 等利用乐高机器人教授学生学习数学知识④。

作为一个世纪以来国际基础教育改革所努力追求的方向,世界各国一直提倡学生科学探究能力的发展,我国的新课程改革也特别强调科学探究活动。鉴于机器人可以搭载丰富的传感器,尤其在数据获取方面有极大优势,将机器人作为科学探究的一种工具和平台,开展科学探究活动,是中小学机器人教育的一个重要发展方向,也是机器人教育为基础教育改革作出贡献的一个新途径,应有所作为。

(四)发明创造型教学

发明创造型教学是以实际需求为基本导向、以项目教学为基本方法、以创新实践为核心目标的教学,要求学生通过教学能够制作出具有创新性的智能人造物。所谓创新性,可能是解决新问题,也可能是解决旧问题但采用了新的方法和技术,或增加了新的功能,或设计了新的结构形式等。要达到这种创新,要求学生能够从分析实际生活需求出发,综合运用相关学科知识设计和开发机器人装置,以解决现实需求,并提高创新实践能力,获得利用科学技术提高生活品质的成功体验。

---

① 吴俊杰,梁森山,李松泽."消失墨水"褪色过程中反应速率的研究[J]. 教学仪器与实验,2012(3):8-11.

② Altin H & Pedaste M. Learning approaches to applying robotics in science education[J]. Journal of Baltic Science Education,2013,12(3):365-377.

③ Geth F,et al. Development of an open-source smart energy house for K-12 education[C]. In Power and Energy Society General Meeting (PES),IEEE:2013:1-5.

④ Silk E M,Higashi R,Shoop R,Schunn C D. Designing technology activities that teach mathematics[J]. The Technology Teacher,2010,69(4):21-27.

目前在机器人教育领域，还没形成指导学生开展发明创造活动的理论和方法。国际流行的 TRIZ 理论是一个可资借鉴的理论基础。TRIZ 的主要目的是研究人类进行发明创造、解决技术难题过程中所遵循的科学原理和法则，它是一种建立在技术系统进化规律基础上的问题解决系统，包括各种理论、方法、工具和程序，同时也是一个创新能力培养体系理论。它能够帮助人们系统地分析问题情境，快速发现问题本质或者矛盾，准确确定问题探索方向；帮助人们突破思维障碍，打破思维定势，以新的视角分析问题，进行逻辑性和非逻辑性的系统思维[1]。可见，TRIZ 非常适合指导机器人教育。当然，TRIZ 包含的理论和工具体系非常庞杂，目前 TRIZ 主要应用于工程技术领域及相关教育培训市场，其所包含的原理和工具并非都适合指导青少年的机器人发明创造活动。根据相关研究表明，"40 个发明原理"和"39 个工程参数和矛盾矩阵"是应用最为广泛的两类 TRIZ 工具[2][3][4]，最有可能引入机器人教育中。遗憾的是，目前国际范围内容并没有基于 TRIZ 的机器人教育研究与实践。笔者指导的研究团队已经开展相关基础理论研究，并拟于 2016 年春季学期在无锡第一中学开展相关实践研究。

我们之所以特别提出发明创造型教学这种模式，是因为从教学目标角度看，当前机器人教学中的模拟或模仿倾向主要指向机器人相关的基础知识和基本技能的传授，因此可以称之为基础导向的教学。与此相对，应该有一类教学是特别指向应用的，应用机器人技术开发出有实际用途的人工智能制品，为生产、生活、娱乐服务。应用导向教学的任务来源应该是师生发现的源自实际生活的需求，而不是使用机器人重复再现实际生活中的某种既有的事物或现象。本质上说，如果要求学生设计和制作的作品是从既成的参照物的模仿或模拟开始，而不是从一个实际问题的分析开始，只是对参照物作低层次的模仿或模拟，缺乏创新设计，那么这样的教学就依然是基础导向的，即通过低水平重复前人的某个工作来获得相应知识和技能的提高。只有指向真实、多变、未知的话题，才能走向真正创新应用的教学。目前机器人课堂中也有很多看上去很"像"应用导向但实为基础导向的教学。例如，要求学生制作具有灭火功能，或投篮功能，或避障巡逻功能等机器人原型系统（即模拟工业机器人或人类的某种行为）。就中小学生而言，要获得

---

① 刘训涛，曹贺，陈国晶. TRIZ 理论及应用[M]. 北京：北京大学出版社，2011：1-2.

② 周莹，彭丽娟. Triz 理论研究及应用现状分析[J]. 科技情报开发与经济，2013（10）：151-154.

③ 张亚强，张东生. 国内 TRIZ 研究主题的进展——基于学术论文的内容分析[J]. 科技管理研究，2014（21）：187-191.

④ 严淑，许白云. TRIZ 理论中 40 条创新原理的应用研究[J]. 科技创业月刊，2015（15）：117-120.

有真实需求的创作项目（项目教学），也有多种途径①。例如，用机器人解决学科教师布置的创造性任务；通过校园"模拟经营"，化学生需求为创作项目。又如，调查学校社团的不同宣传需求设计文创项目。

　　就目前来看，中小学范围内的此类教学实践成果较为罕见。一个比较典型的案例是温州中学的创客团队开发的一个作品。为给迎新晚会增加酷炫色彩，他们在一个舞蹈节目中，尝试采用 Arduino 和全彩 LED 为 6 位演员设计了一场人体灯光舞蹈秀，在舞蹈过程中，穿戴在演员身上的 LED 彩带能够随着音乐的节拍自动亮灭形成动感组合效果（图 2-2），并获得全场喝彩。

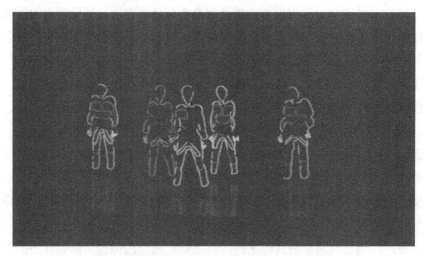

图 2-2　温州中学学生人体灯光秀（指导者：谢作如和刘正云）

　　可见，发明创造型教学触及创客教育的本质。通常认为，创客教育是技术支持下的以培养学生创新实践能力为导向的整合教育。创客教育要走向持续健康发展，以发明创造型教学为方法指导，无疑是必要的。需要注意的是，该教学模式对教师和学生的创新意识与技术水平都有较高要求，需要在学生掌握了较为扎实的机器人知识和技能的基础上开展，如条件学科，还可延伸到校园创客空间中进行作品创作与完善。也正因为此，创客教育的开展必须要有机器人课程为先修课程。

　　综上，我们从学习结果的内外分类出发，得到了机器人教学模式的一个分类框架，并描述了四种典型的机器人教学模式，每一类模式均有其存在价值和适用

<hr />

　　① 钟柏昌. 学校创客空间如何从理想走进现实——基于W中学创客空间的个案研究[J]. 电化教育研究,2015（6）：73-79.

范围（表 2-1），但后三种模式更能体现机器人教育的核心价值。遗憾的是，就目前中小学机器人教育现状来看，后三类模式未获得重视和广泛实践。希望本书的研究能够为中小学机器人教育的健康发展提供新的指引。

表 2-1　机器人 4I 教学模式汇总

方面	实验模拟型 （Learning to Imitate via Robot）	趣味交互型 （Learning to Interact via Robot）	科学探究型 （Learning to Inquire via Robot）	发明创造型 （Learning to Invent via Robot）
教育目标	重基础知识和 基本技能的掌握	基础与应用并重	重基础知识和 基本技能的掌握	重知识应用与 创新实践
学习任务	设计产品原型	设计趣味交互	获取 STEM 知识	开发创意作品
物化成果	具有自主控制功能 的机器人	机器人联机交互系统	机器人联机交互系统	具有自主控制功能的 机器人
学习内容	学科本位：机器人硬 件与程序	学科本位：机器人硬件 与程序	学科整合：STEM	学科整合：STEAM
教学方法	实验法，讲练结合、 任务驱动	讲练结合、任务驱动、 项目教学	探究性学习	项目教学

第二节　创客教育作为机器人教育的新模式

创客一词缘于李克强总理视察深圳柴火空间时的讲话及在 2015 年政府工作报告中大力发展众创空间的举措。如今，创客和创客教育已经成为我国教育领域的一个热点话题。其实，在此之前，国内一些中小学校已先期筹建创客空间并开展创客教育的实践，如北京景山学校、浙江省温州中学等已成为创客教育的先行者。不过，整体而言，作为机器人教育发展的一个新方向和新模式，创客教育的参与面依然很小，发展状况也不甚理想，亟待教育主管部门进行必要的管理和引导。2015 年 10 月，笔者所负责的课题组针对中国青少年创客教育联盟学校发起了《全国中小学校创客空间发展现状调查》（下文简称《调查》），结果显示，53.6%（样本量为 69 份）的中小学创客空间的领导者认为其所在学校的创客教育开展境况一般或不理想，而同时有 91.3% 的领导者坚信创客教育的未来发展将越来越好。作为创客教育的推动者和实践者，我们需要在"创客教育热"中保持冷静思考，对创客教育的本质和形式有清醒认识。

一、创客教育兴起的时代背景

毋庸置疑，创客教育的兴起与科技进步密切相关，但作为一种教育思潮和教育活动，其时代背景更为复杂和多样。

（一）新工业革命为创客教育提供了人才培养需求

新工业革命以德国提出的"工业4.0"为代表，它描绘了制造业的未来愿景，提出继蒸汽机的应用、规模化生产和电子信息技术等三次工业革命后，人类将迎来以信息物理融合系统为基础，以生产高度数字化、网络化、机器自组织（智能化）为标志的第四次工业革命。[①]简言之，"工业4.0"的实质就是主张虚实融合的工业技术革命。显然，这种工业革命的实现需要大量掌握虚实融合技能的人才，创客教育无疑适应了这种需要。

（二）科技创新变革为创客教育提供了新的创新文化基础

科学技术的融合和发展不仅催生了信息社会、知识社会形态，而且也推动了科技创新模式的嬗变，创新 2.0 正受到科学界及社会大众的广泛关注。所谓创新 2.0，是指面向知识社会的第二代创新模式，即从专业科技人员在实验室环境下研发出科技创新成果后由用户被动使用，转变为技术创新成果的最终用户可以直接或通过公共创新平台间接参与技术创新成果的研发和推广应用的全过程。换言之，普通大众不再只是科技创新的被动接收者，而在知识社会条件下可以成为创新者，按照相应的游戏规则（技术标准）参与创新进程，扮演消费者和创造者的双重角色。如果说创新 1.0 是以技术为出发点，那么创新 2.0 就是以人为本的典型创新模式，"以用户为中心、以社会实践为舞台、以共同创新、开放创新为特点的用户参与的创新"[②]。这种创新模式是万众创新的基石，也是创客与创客教育的文化基础。

（三）开源运动为创客教育提供了开放精神的引领和技术条件的支持

开源运动是开放源码运动的简称，是计算机科学领域的一种文化现象，源自黑客对智慧成果共享、自由的追求，其意义就在于开放源代码、信息共享和自由

---

① 乌尔里希·森德勒. 工业4.0[M]. 邓敏，李现民译. 北京：机械工业出版社，2014：1.

② 宋刚，唐蔷，陈锐，纪阳. 复杂性科学视野下的科技创新[J]. 科学对社会的影响，2008（2）：28-32.

使用。开源运动能够积极促进人类文明发展的文化已经渗透到信息、教育、健康等领域，甚至融入到哲学范畴，为创客教育提供了丰富的教育资源和教育经验，造就了一大批乐于分享的大小创客。而且，开源运动直接为创客运动和创客教育的普及开展提供了技术条件。比如，著名的开源硬件运动代表 Arduino 提供了创客所需的各种低成本配件，使创客运动从精英阶层走向了大众阶层，为创客教育提供了可能；数字设计、3D 打印等制作技术能够快速成型所需的各种构件，为各种创意的实现提供了低成本和快捷的手段。

（四）创客运动直接推动了创客教育的发展

创客运动正席卷全球，其之所以受到重视，是因为其对整个社会经济的发展均有革命性意义。正如创客运动之父克里斯·安德森所言，创客运动具有三个变革性特点：①人们使用数字桌面工具设计新产品并制作模型样品（"数字 DIY"）；②在开源社区中分享设计成果、开展合作已经成为一种文化规范；③如果愿意，任何人都可以通过通用设计文件标准将设计传给商业制造服务商，以任何数量规模制造所设计的产品，也可以使用桌面工具自行制造，两种途径均大大缩短了从创意到创业的距离，其作用不亚于互联网为软件、信息和内容带来的革新[1]。也正因为此，李克强总理指出，"创客的奇思妙想和丰富成果，充分展示了大众创业、万众创新的活力；这种活力和创造，将会成为中国经济未来增长的不熄引擎"。

基于上述背景，全球范围的教育工作者也敏锐地感受到了新的教育机遇。在《新媒体联盟地平线报告：2014 高等教育版》中，"学生从教学消费者转变为创造者"作为促进教育学习变革的数字策略之一，被列为中期发展趋势[2]；而在《新媒体联盟地平线报告：2014 基础教育版》中，"追求面向真实世界的深度学习"被列入近期趋势[3]。两者均与创客教育密切相关。事实上，在学习与创新技能被视作21 世纪学生应具备的三大核心技能之一的今天，创客教育契合了国际教育发展的新趋势，已经非常具有革新教与学的潜力。一些发达国家非常注重在中小学校中普及创客教育。早在 2009 年，奥巴马在评论"创新教育运动"（Educate to Innovate Campaign）时就提出，政府将"鼓励青少年在创造中学习，成为事物的创造者，

① Anderson C. Makers：The New Industrial Revolution[M]. New York：Random House，2012：21.

② Johnson L，Adams B S，Estrada V，Freeman A. NMC Horizon Report：2014 Higher Education Edition[M]. Austin，Texas：The New Media Consortium，2014：14.

③ Johnson L，Adams Becker S，Estrada V，Freeman A. NMC Horizon Report：2014 K-12 Edition[M]. Austin，Texas：The New Media Consortium，2014：8.

而不仅仅是事物的消费者"[①]；2012 年年初，美国政府又推出一个新项目，计划未来四年内在 1000 所美国学校引入创客空间，配备 3D 打印机和激光切割机等数字制造工具；而最近的一个标志性事件，美国政府于 2014 年 6 月 18 日举办了首届"白宫创客嘉年华"（White House Maker Faire），奥巴马在活动上宣布了由白宫主导的推动创客运动的整体措施，以期有力推动"美国制造业的复兴"，并宣布 6 月 18 日为自造日（National Day of Making）[②]。

二、创客教育的本质与价值

作为初生之物，人们对创客教育的本质众说纷纭。从教育目标的角度，主要有如下几种代表性观点：

（1）"素养或精神说"：狭义上的创客教育是一种以培养学习者，特别是青少年学习者的创客素养（利用技术和非技术手段形成创造性制品的能力）为导向的教育模式；广义上创客教育应是一种以培育大众创客精神为导向的教育形态[③]。又如，创客教育实则是一系统的教育理念，其教育目标是培养具有创客精神和素养的全人[④]。

（2）"青少年创客说"：创客教育是在创客空间中开展的以培养青少年创客为目标一种教育形式，创客空间就是创客（Maker）创作活动的地方，而创客就是热衷于创意、设计、制造的个人或群体[⑤]。

（3）"创新人才说"：创客教育是一种融合信息技术，秉承"开放创新、探究体验"的教育理念，以"创造中学"为主要学习方式和以培养各类创新型人才为目的的新型教育模式[⑥]。又如，创客教育是实施一系列关于创新动手技能训练的综合课程[⑦]。

这些论述尽管在文字表述上有所不同，但基本观点是相同的。创造教育是在

---

① Obama B. Remarks by the President on the "Education to Innovate" campaign[R]. Washington, DC: White House Office of the Press Secretary, 2009-11-23.

② Obama B. Presidential Proclamation——National Day of Making, 2014[R]. Washington, DC: White House Office of the Press Secretary, 2014-6-17.

③ 祝智庭, 雒亮. 从创客运动到创客教育: 培植众创文化[J]. 电化教育研究, 2015（7）: 5-13.

④ 张茂聪, 刘信阳, 张晨莹, 董艳艳. 创客教育: 本质、功能及现实反思[J]. 现代教育技术, 2016（2）: 14-19.

⑤ 钟柏昌. 学校创客空间如何从理想走进现实[J]. 电化教育研究, 2015（6）: 73-79.

⑥ 杨现民, 李冀红. 创客教育的价值潜能及其争议[J]. 现代远程教育研究, 2015（2）: 23-33.

⑦ 傅骞, 王辞晓. 当创客遇上 STEAM 教育[J]. 现代教育技术, 2014（10）: 37-41.

创客空间（环境）中开展的培养青少年创客（目的）的一种教育类型，是以造物（手段）的形式培养学生综合实践能力（目标）的一种工程教育（本质）。我们还可以从不同的角度去理解创客教育的本质特征：从教育目标的角度来看，创客教育是培养创新实践能力和创业意识；从教育内容的角度来看，创客教育是跨学科的学习；从教育主体的角度来看，创客教育是混合式教育；从学习方式的角度来看，创客教育是玩中学、做中学；从技术支持的角度来看，创客教育是以教育机器人和3D打印等数字制造工具为主要载体的教育。概言之，创客教育作为一种工程教育，它是玩中学、做中学、创业意识、虚实融合、学科整合、主体混合的教育。

（一）玩中学的教育

创客教育的第一基调就是要好玩，学生应在创客空间中快乐地玩耍，这包含三层含义，一是让他们接触各种新鲜的"玩具"，在玩的过程中发现问题和解决问题，一个基本的经验就是，儿童在玩的过程中会极其"专注"，并对玩的对象产生各种看法和想法；二是DIY（Do It Yourself）自己喜欢的"玩具"，按自己的喜好进行选题和设计，也就是后面所谓做中学的教育；三是学会分享，好玩的东西需要分享，有分享才有评价和改进，才能激发进一步的学习和创造。如此，在"玩"的过程中学以致用，感受知识学习的价值，获得创造的成就感和愉悦性，达到乐中学、学中乐的状态！诚如《论语·雍也》所言，"知之者不如好之者，好之者不如乐之者"，知、好、乐是学习的三层境界，创客教育要达到乐学，才能让学生从内心体会创新与分享的快乐，并促进学生健康人格的塑造。从这个意义上说，以正规学科课程实施的、以考试分数或竞赛为导向的"创客教育"违背了创客教育的初衷。遗憾的是，根据前述调查结果，有44.93%的受访者反馈其所在学校的创客空间主要用于必修课程或校本课程的课堂教学，这种现象需要警惕。

（二）做中学的教育

考察国外的创客教育实践，创客教育的学习活动通常都是基于一个项目（Project Based Learning，PBL）开展的，且学习成果可视化，帮助学生形成自我激励、规划设计、时间管理、自主学习、小组协作等素养。对此，我们也从调查中得到了印证，92.75%的受访者认为创客教育的主要价值在于培养学生做真实的东西。换言之，创客教育不仅要好玩，而且要让学生经历完整的探究、制作一个项目作品的过程，而不是亦步亦趋地跟随教师的讲解边讲边练。因此，其意义不仅在于帮助学生运用所学知识解决实际问题，也在于探索、创造和改变的过程中主动地发现知识。

（三）创业意识的教育

正如创新 2.0 所倡导的精神一样，创客教育鼓励青少年把自己喜欢的东西做成可以分享的作品，或者通过实现别人的创意获得成就感，以形成产品制造者角色的意识与自觉。因此，它也是一种面向未来的教育。例如，温州中学的创客教育造就了一批可以在学校科技节中出售自己创作品的创客，而且能够根据学生顾客的需求定制个性化作品。当然，就基础教育阶段而言，创业意识的教育并非直接培养创业家，也不是要求学生去开发出有具体实用价值的产品，而是要让学生养成一种"市场意识"，以趣味性和新颖性为导向，在创作的过程中能够主动思考自己创作的作品是否具有分享的价值，是否能获得特定人群（父母、老师、同学等）的关注和喜欢，从而获得自我实现的成就感，使学习成为一种持续、主动的过程。

（四）虚实融合的教育

正如第四次工业革命强调以信息物理融合系统为基础一样，创客教育也是一种虚实融合的教育革命。虚实融合主要体现在两个方面，一是在学习环境上，需要线上的环境提供创客交流社区和学习资源，也需要线下的创客空间以开展创意设计和创作；二是在创作工具与对象上，不仅需要建模、编程等软件，更需要将设计的创意落实为具体的实物模型或产品。

（五）学科整合的教育

创客教育的跨学科特性，究其根本在于创客教育是一种基于真实的工程问题的解决过程。创客教育是以技术为中心，整合各个科目知识的学习，不仅涉及科学与技术，还可涉及人文和艺术，因而创客教育也是实施 STEM/STEAM 教育的一种重要方式，有利于改变课程结构过于强调学科本位和缺乏整合的现状。大量的研究表明，在创客空间中自然地发生着 STEM 教育[①]；创客教育能够有效改变学生在 STEM/STEAM 中习得的内容和学习的方式[②]；学生创客们努力在 STEM 课

---

① 吴俊杰. 创客运动与 STEM 教育——专访"创客教父"Mitch Altman[J]. 中小学信息技术教育,2013,（12）：39-42.

② Peppler K & Bender S. Maker movement spreads innovation one project at a time[J].Phi Delta Kappan, 2013,（3）：22-27.

程中寻找可以改进他们项目的内容，通过跨学科整合达到项目目标，而不是把自己"封闭"在某一个学科里面①。

（六）主体混合的教育

因为创客教育所具有的学科整合特性，从教师主体角度看，它需要多学科教师的合作，甚至具有各行各业工作经验的家长也可以参与进来指导学生。调查结果显示，当前中小学创客教育中创客指导老师的学科背景主要包括信息技术（占 85.51%）、通用技术（占 53.62%）、物理（占 33.33%）、数学（占 20.29%）、生物（占 15.94%）、其他（占 23.19%），师资专业背景的多样性值得肯定。从学生主体角度看，不同年级和班级的学生可以混合形成各具特色的创客小组，互通思想、互换体会、互传经验。显然，创客教育为班级授课制提供了有益补充。

三、在中小学开展创客教育的形式

尽管创客教育不能拘泥于学科化的课程形式，但只要抓住创客教育的本质特征，突破时空限制，就可以因时因地因人开展不同形式的创客教育，尤其需要注意如下三个"实现"。

（一）实现多层次渗透：利用各种科技活动开展创客教育，从学科教学到实践活动，从小组活动到社团活动

创客教育是否需要以课程形式开展？假若我们理解的课程包含了学科课程和活动课程课程，如综合实践活动等，那么，创客教育必定是可以依托课程展开的。只是对于创客教育而言，其本质上是一种活动课程，应当主要以综合实践活动的形式开展，而相关学科课程主要为创客教育作基础服务，其中，技术课程尤其是机器人课程是开展创客教育必须开设的先导课程。广义的综合实践活动，还可以包括兴趣小组活动（如创客小组）和校内社团活动（如科技社）等形式。这些不同的课程和活动，卷入的学生群体有差异，可以优势互补，实现点、线、面的结合，协同开展创客教育。当然，无论是何种层次的创客教育，都需要抓住真实的

---

① Hlubinka M，et al. Makerspace Playbook School Edition[BOL]. http://makered.org/wp-content/uploads/2014/09/Makerspace-Playbook-Feb-2013. pdf.

工程问题。然而，我们所看到的一些创客教育项目，有很多并不那么"真实"，人们绞尽脑汁地搜寻，结果往往是为了创作而创作。如何才能帮助学生创客们快速地找到"真实的工程问题"？有人认为，应该从传统的"学院式问题"转向"实践性问题"[①]。这确实是一个基本的实施原则。从可操作的角度，真实的问题不会自然而然地"在那里"，需要老师和学生加以提炼和改造。实际上，学生日常生活的需求和发现，学科老师布置的一些课外任务，班级和社团的各种活动需求，都应该成为宝贵的"问题库"。

（二）实现全方位开展：利用各种空间开展创客教育，由校内空间到校外空间，由共建空间到共享空间

开展创客教育需要有创客空间吗？是的，必须要有空间。各地各校根据自己的场地、师资和经济情况，可以作不同的选择：可以建设独立的校内创客空间，可以与其他活动综合利用同一空间，也可以寻找校外场地，合作开展创客教育。就校外场地而言，有两种可能：一是利用区域创客教育联盟，与优势学校共建共享创客空间；二是利用社会创客空间，目前国内至少有100余个城市建设有社会创客空间，其中相当一部分属于公益性质，可以为创客教育所用。当然，各种空间要发挥融合效应，还需要更便捷的管道，因而，构建线下线上（O2O）互联互通的资源共享和协作沟通平台[②]也显得非常必要。

（三）实现宽领域施教：利用各种师资开展创客教育，由技术教师到科学教师，由教师到家长

创客教育只是信息技术教师的工作吗？就当前而言，学校创客教育的主力都是信息技术教师，其他学科教师鲜有涉及。其历史成因除了信息技术教师具有技术优势外，也与信息技术教师群体较为年轻、易于接受新事物有关。但是，创客教育的跨学科特性表明其要实现常态发展，仅靠信息技术教师是不够的，与之相近的通用技术课程、科学课程甚至艺术课程的师资均可以与创客教育产生关联。除此之外，具有不同行业经验尤其是制造业经验的学生家长，也可以吸纳为学校创客教育的编外师资，使创客教育更接地气。另外，还可以与社会上的创客空间合作，邀请专业创客到校提供技术指导。

① 黄荣怀，刘晓琳. 创客教育与学生创新能力培养[J]. 现代教育技术，2016，（4）：12-19.
② 宋述强，钟晓流，焦丽珍，李寅. 创客教育及其空间生态建设[J]. 现代教育技术，2016，（1）：13-20.

四、推广中小学创客教育的支持系统

作为一项涉及软件与硬件、设计与测试、制作与实验的综合性教育，创客教育与其他学科课程的实施有所不同，需要提供系统的支持。

（一）政策支持层面，推出创客教育的核心素养、质量评价和条件建设标准，使创客教育有章可循

尽管创客教育可以培养学生的创新实践能力，但具体而言，究竟可以培养学生的哪些核心素养，目前的认识还不清晰，目标不明确就不利于指导创客教育的实践。因此，需要认真研究创客教育的培养目标，明晰其核心素养体系。与培养目标相对应的是学习质量评价标准，如果创客教育的结果得不到合理的评价，不仅影响学生的积极性，也必然影响教师开展创客教育的积极性，有失教育公平。此外，作为一种需要设备开展的教育活动，需要在设施、设备、人员和空间等方面建立相应的标准，不仅要有教育功能方面的指标，要有合格的师资，还要有设施设备上的技术门槛。尤其是后者，由于创客教育主要依赖开源软硬件，不同厂家在开源硬件的材质和封装方式上五花八门，其中部分产品的材质不符合青少年健康需要，而部分产品的封装不利于学生开展创作活动，或不利于传递科学知识，相关标准亟待研制。当然，在政策支持上，还应体现在校园建设经费上向创客空间建设倾斜。

（二）课程支撑层面，做好配套先修课程的建设，使创客教育成为有本之木

普及开设科学课程与信息技术课程，确保学生具有较好的科学和技术素养是开展良好创客教育的前提。在这方面，缺少义务教育阶段的信息技术课程标准，导致小学和初中的信息技术课程开课率普遍较低，即便开课的区域和学校，正常课时也很难有保障。有理由认为，缺乏信息素养的学生，难以适应创客教育的要求。

（三）师资建设层面，培养和培训能从事创客教育的师资队伍，筹建区域创客教育联盟

作为新生事物，师资队伍建设任务首当其冲。根据调查显示，当前中小学创客空间建设面临的第二大障碍即是缺少创客教育的师资（69.57%的受访者选择了

此项）。各级教育主管部门应提供专项师资培训项目，面向创客教育可能涉及的信息技术学科及部分其他学科。一般而言，让科学、技术和艺术等学科的教师都能够理解创客教育，接受必要的培训，协同开展创客教育，是必需的举措。此外，要发挥教研部门的教研和统筹功能，积极开展区域创客教育教研活动，主动筹建区域创客教育联盟，协同推进区域创客教育的发展。

（四）教育评价层面，开展不同形式的评价活动，促进创客教育的健康持续发展

例如，纳入政府教育督导范围，强化创客教育的重要性；纳入常规教学管理评价范畴，尊重教师的劳动成果；开展中小学生创客作品大赛，鼓励中小学生开展创作活动；遴选创客教育示范基地以点带面，等等。

（五）环境建设层面，需要开源节流，因地制宜建设创客空间

根据调查显示，当前中小学创客空间建设的最大障碍为缺少资金支持（73.91%的受访者选择了此项），有 79.71%的创客空间依赖于教育局或学校的经费支持。很多心怀创客教育梦想的教师因为得不到学校经费支持而只能望而却步。根据笔者针对温州中学创客空间的个案研究，该空间发展良好的一个很重要的原因就在于创客空间的领导者没有坐等学校的支持，而是积极行动，努力做到了建设经费来源的多样化。例如，他们努力争取了某知名创客类公司的支持，该公司不仅捐赠了3D打印机和一些学习套件，还邀请创客空间成员参加每年一度的上海创客嘉年华展示活动并承担相关费用；他们与某大学的教育信息工程研究所开展合作研究，该研究所不仅派送研究生到创客空间承担教育辅导工作，而且在起步阶段为空间购置设备提供了直接经费支持；在得到学生家长认可的前提下，家长积极主动地为自己的孩子采购创作作品所需的部分零配件，减轻了创客教育所需经常性经费支出压力；他们还与周边学校共建共享创客空间，互通有无。这些经验，在经费有限的情况下无疑值得更多学校借鉴。

第三节　机器人教育、STEM 教育和创客教育的关系

近来创客教育的火爆，引发了一组相近概念的"刷屏"，部分一线老师被"创

客教育""机器人教育""STEM/STEAM 教育""综合实践活动"等概念所困扰，常常将其混为一谈。那么，这些概念究竟有何不同？又有何种关联？本节将对此作一些简要说明。

STEM 旨在将原本分散的科学、技术、工程、数学四门课程集合成一个新的整体，后来人们认为 Arts（艺术）学科不容或缺，进而演变为 STEAM 教育。STEM/STEAM 教育的核心，除了分科意义上的 STEM/STEAM 教育外，更在于强调课程的整合或跨学科教育，把学生学习到的零碎知识与机械工程转变成一个探究世界相互联系的不同侧面的过程，强调学生在"杂乱无章"的学习情境中提升设计能力、合作能力、问题解决能力和实践创新能力[1]。也就是说，所谓STEM/STEAM 教育，其本身主要体现为一种教育理念，强调多学科（尤其是理工科）课程的整合。

正如对机器人教育四种教学模式的分类，其中科学探究型和发明创造型教学模式与 STEM/STEAM 整合教育理念有高度的契合，而实验模拟型和趣味交互型教学模式侧重学科本位的知识学习，但也属于学科分科意义上的 STEM/STEAM教育。因而可以说，机器人教育包含在 STEM/STEAM 教育中。至于创客教育，发明创造型教学模式与之有共同的本质，或言之，发明创造型教学模式就是一种创客教育。当然，根据创客教育的概念，创客教育作为一种 STEM/STEAM 教育的新模式，还有更广泛的内容，因此，创客教育与机器人教育既有交叉又有不同。从课程的发展历史和分类学角度看，课程可以分为学科课程和活动课程两类。前者是由专门学术领域形成的经典意义上的"学科"（discipline），如哲学、历史、数学、物理学、化学等，它们进入学校课程中便变成了学校课程中的"科目"（subject）；后者是指从学生的发展出发，依据儿童的天性并重视其兴趣和需要的发展，以事实为教材，从活动中学习，没有学科之分[2]。中小学机器人课程，尤其是传统的以机器人技术本位为取向的机器人课程，属于典型的学科课程；而创客教育则偏向（综合实践）活动课程。

也就是说，STEM/STEAM 教育是一种教育理念（尤其强调 STEM/STEAM 的跨学科整合），而机器人教育和创客教育属于教学模式或教育类型层面的概念，而综合实践活动属于课程意义上的概念（与传统学科课程相对）。可见，这些概念不仅所指不同，所处的层面也有明显差异。图 2-3 以直观的方式表达了几类概念之间的关系。

---

[1]　赵中建. 21 世纪技能之基石——STEM：美国教育战略的重中之重[J]. 上海教育，2012，（11）：15-19.

[2]　丁邦平，顾明远. 学科课程与"动课程"：分离还是融合[J]. 教育研究，2002，（10）：31-35.

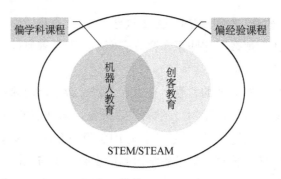

图 2-3　观念关系示意图

　　需要说明的是，尽管 STEM/STEAM 教育如此重要，但要在我国基础教育阶段开展 STEM/STEAM 教育还存在诸多的困难，甚至有不少人认为，STEM/STEAM 所涉及的课程内容并非新鲜，我国也有类似 STEM/STEAM 教育的内容。例如，我们中小学课程中也有数学课程，有科学课程、技术课程等，但是这与 STEM 教育至少有三个方面的不同：一是，我们的这些课程主要是分科课程，是学科本位的课程，而非 STEM 提倡的跨学科的整合课程；二是，我们的基础教育中缺少工程教育的建制；三是，我们的基础教育普遍重视科学类课程，而技术类课程（包括工程类课程）的教育价值并没有得到应有的重视。

　　我国基础教育课程改革也主张改变课程结构过于强调学科本位、门类过多和缺乏整合的现状，淡化学科界线，使分科课程和综合课程有机联系、合理并存，并设置了八个学习领域和综合实践活动课程，但成效甚微，不仅学习领域形同虚设，而且综合实践活动也几成鸡肋。其中一个重要的原因就在于缺乏开展课程整合的抓手，以谁为中心进行整合？整合的目的和意义如何彰显、如何评价？STEM/STEAM 教育提供了一个很好的思路，所谓跨学科的课程整合，需要通过工程实践体现出来，在面向实际的工程问题的解决过程中，自然会卷入相关学科知识。那么，工程教育就成为联系各学科知识、建立整体的认识世界和改造世界的平台，而且这样的学习总会产生可视化的人造物成果，能够激发和维持学生学习的成就感和主动性。因此，从这个意义上说，开展 STEM/STEAM 教育，不仅有利于弥补我国中小学技术教育、工程教育的短板，而且可以有效促进课程的整合化趋势。

　　当然，我们更关注的是如何使 STEM/STEAM 教育思想从理论走向实践，中小学技术教育工作者又当扮演何种角色。事实上，STEM/STEAM 教育所包含的"技术"和"工程"两个范畴本身就表明与技术教育密切相关，只不过，这种密切关

系在不同研究方向的学者那里存在理解上的分歧。美国的技术教育者通常认为
STEM 中的"T"代表的就是"技术教育"，是一类重要的学习对象，然而，更多
的人并不这样认为。例如，在美国《教育周刊》2008 年 3 月 27 日出版的
STEM/STEAM 深度报道中，详细解读了 STEM/STEAM 的思想与案例，其中所罗
列的大部分成功案例，所提到的"T"更多表现为教育技术或信息技术的应用，
而不是技术教育的实践；甚至在美国关于 STEM 教育的国家评分卡报告（national
scorecard reports）中，对"T"的测评也主要是依据学校中供学生使用的计算机数
量[①]。可见，在 STEM/STEAM 教育中有机嵌入技术类课程特别是信息技术课程，
以技术类课程为主体（如中小学机器人教育和创客教育）开展 STEM/STEAM 课
程整合实践，发挥信息技术的优势，开展信息技术支持下的 STEM/STEAM 教育，
是落实 STEM 教育的两个主要着眼点，而前者无疑更具有可操作性。

简言之，中小学机器人教育将可能成为撬动我国 STEM/STEAM 教育的第一
个杠杆，如是，则大有所为。

---

① Todd K. Staking the claim for the "T" in STEM[J]. The Journal of Technology Research, 2010, 36, （1）:
2-12.

第三章

中小学机器人教育的课程开发研究

第一节　例举初中机器人教材开发

　　机器人教学能够有效培养学生的动手实践能力、问题解决能力及创意设计能力。一直以来，我们致力于中小学机器人教育的普及工作，并于 2015 年年初承担了河北省小学和初中机器人电子教材（以下简称"冀教版"）的开发任务。本节以冀教版八年级下册机器人为例，阐述初中机器人教材的设计思路及特点。该教材采用 Arduino 开源硬件板和 Ardublock 图形化编程环境，共计 19 课时，其中第 15～19 课时为可选课时。

一、目标定位：核心素养

　　当下基础教育改革的倡导者认为，基础教育的核心要义不是用以培养学生成为单纯的有知识、会技能并掌握方法的人，而是使之成为有修养、有智慧的人，这样的人，我们不妨暂时称为有"核心素养"的人。我们尝试将学科核心素养刻画为三个层次：最底层的"双基指向"（简称"双基层"），以基础知识和基本技能为核心；中间层的"问题解决指向"（简称"问题解决层"），以解决问题过程中所获得的基本方法和基本态度为核心；最上层的"学科思维指向"（简称"学科思维层"），指在系统的学科学习中通过体验、认识及内化等过程逐步形成相对稳定的思考问题、解决问题的思维方法和价值观，实质上是初步得到学科特定的认识世界和改造世界的世界观和方法论[①]。

以核心素养为指导，我们希望通过对该教材的学习，学生能够习得 Arduino 机器人的基础知识与基础技能，能够获得利用 Arduino 机器人解决实际问题的能力，从而进一步形成利用机器人分析问题、解决问题的思维方法和价值观，并初步得到利用智能装置改造生活的方法论和认识人工智能的世界观[②]。

以核心素养的三层结构为指引，我们试图将上述核心素养渗透到了每个单元和每节课，表 3-1 列出了整册教材的内容构成和每个单元所承载的核心素养。

表 3-1　冀教版初中机器人分册核心素养分布表

单元	课	核心素养
LED（发光二极管）	第一课：闪烁灯	**双基**：了解 Arduino 主控板的构成，能够正确安装驱动程序；了解端口、针脚、数字输出和模拟输出的概念，能够正确插线；了解延时函数、变量、循环结构和 PWM（脉宽调制）的作用和使用方法。
	第二课：交通灯	**问题解决**：能够设计并制作有趣的智能 LED 灯。
	第三课：呼吸灯	**学科思维**：了解开源文化和精神；理解标准化构件、接口及其复用的重要性；从简单的 LED 灯、闪烁灯再到呼吸灯，体验智能 LED 制作过程中的迭代思想，感悟创意思维，掌握同类问题的建模思想和方法，以及测试与调试方法
电子骰子	第四课：电子骰子 1.0	**双基**：了解共阴或共阳数码管、震动传感器的工作原理，知道数字传感器的一般使用方法；了解数字输入的概念，能够正确插线；了解子程序、选择结构及嵌套、随机数的作用和使用方法。
	第五课：电子骰子 2.0	**问题解决**：能够设计并制作有趣的智能骰子。 **学科思维**：理解从 LED 到数码管的组合与复用思想；从简单的电子骰子到复杂的电子骰子，体验智能骰子制作过程中的迭代思想，感悟创意思维，掌握同类问题的建模思想和方法，以及测试与调试方法
蜂鸣器	第六课：小小"演奏家"	**双基**：了解蜂鸣器、火焰传感器的工作原理，知道模拟传感器的一般使用方法，能够根据音频对应的数值编写音乐程序；了解模拟输入的概念，能够正确插线；了解串口监视器的作用和使用方法。
	第七课：火灾报警器	**问题解决**：能够设计创意制作有趣的机器人发声互动作品；能够根据生活需求设计创意制作有应用价值的报警装置。 **学科思维**：感悟创意思维；掌握同类问题的建模思想和方法，以及测试与调试方法
风扇	第八课：声控风扇	**双基**：了解直流电机、声音传感器、超声波传感器、红外遥控套件的工作原理，能够正确插线；能够正确使用 ArduBlock 控制直流电机；了解映射函数、红外遥控器解码的基本方法。
	第九课：自动变速风扇	**问题解决**：能够根据生活需求设计创意制作有应用价值的智能风扇
	第十课：遥控风扇	**学科思维**：从声控、自动变速风扇到遥控风扇，体验智能风扇制作过程中的迭代思想，感悟创意思维，掌握同类问题的建模思想和方法，以及测试与调试方法

---

① 李艺，钟柏昌. 谈"核心素养"[J]. 教育研究，2015，（9）：17-24.

② 钟柏昌，张禄. 基于核心素养的中小学机器人教材内容设计[J]. 中小学信息技术教育，2015，（6）：14-16.

单元	课	核心素养
小车	第十一课：驱动小车	**双基**：了解双轮差速驱动原理及循线传感器的工作原理，能够控制小车通过复杂路口。 **问题解决**：能够根据生活需求设计创意制作有应用价值的智能小车；能够利用测试与调试的工程设计方法对智能小车进行优化。 **学科思维**：从简单小车、循线小车到具有避障的小车，体验智能小车制作过程中的迭代思想，感悟创意思维，掌握同类问题的建模思想和方法，以及测试与调试方法；在比较不同解决方案的过程中，体验统筹与折中、成本与效益等工程思想
	第十二课：循线小车	
	第十三课：循线挑战赛	
	第十四课：障碍停车挑战赛	
科学探究专题	第十五课：探究不同杯子的保温效果	**双基**：了解防水温度传感器、土壤湿度传感器、继电器、水泵的工作原理，能够正确插线；能够利用防水温度传感器、土壤湿度传感器来获取实验数据并对其进行分析。 **问题解决**：能够利用机器人来探究不同杯子的保温效果、种子萌发的最宜温度；能够研发自动浇花装置。 **学科思维**：形成机器人技术、信息技术也可以应用于科学实验的意识；感受利用机器人技术、信息技术进行科学实验的过程；体会利用所学知识解决生活问题的乐趣
	第十六课和第十七课：探究种子萌发的最宜湿度	
	第十八课：自动浇花装置	
综合活动	第十九课：机器人总动员	综合能力培养

二、内容选择：知行并举

机器人教育强调学生的自主实践，因此不适合围绕知识点为中心展开，而更适合以项目的形式来组织教学。基于项目的教学，是一种行动导向的教学，在情境化的项目实践中使学生掌握相关理论知识及其应用方法[①]。与项目教学相对应，项目化的教材要求每节课以项目的形式介绍该项目的完成过程，并整合完成项目所需的理论知识，因此本质上体现了知行并举的内容选择和组织思路，有利于帮助学生实现知识和能力的双重提升。具体而言，在该教材当中，在两个层面上体现了知识与能力的整合。

一是知识的单列与项目的映射。在每个项目中，根据项目任务分析，提取出完成项目所需的核心知识，形成一个专门的模块"基础知识与基本技能"。需要注意的是，这个模块并非孤立的存在，在后继具体的项目实践中将直接运用该模

---

① 徐朔. 项目教学法的内涵、教育追求和教学特征[J]. 职业技术教育，2008，（28）：5-7.

块中所学习的知识，因此与具体的项目实践有着紧密的联系（映射），只是为了方便描述和学习，将其"切片"出来作为一个重点内容，表 3-2 列出了一些较具代表性的课时。

表 3-2　"基础知识和基本技能"模块与项目任务联系的具体表现

课时	基础知识和基本技能	项目任务对基础知识和技能的映射
第三课：呼吸灯	PWM、模拟输出和模拟变量概念解析；当循环在程序设计中的使用方法	**项目任务**：改变 LED 的输出值，使 LED 产生呼吸灯的效果。 **具体映射**：将 LED 与主板上的 PWM 数字口连接，以使 LED 能输出 0～255 的模拟值；编程过程中通过设置变量并将其值赋给针脚作为其模拟值来实现 LED 输出值的变化；利用当循环语句进行程序设计使 LED 的输出值随循环次数的变化而变化从而产生呼吸灯效果
第四课：智能骰子 1.0	共阴极数码管及其 LED 段位与针脚关系；共阴极数码管的控制；随机数、选择结构在程序设计中的使用方法	**项目任务**：模拟骰子，项目执行后"骰子"随机显示 1～3 中的任意一个数。 **具体映射**：利用数码管能够显示数字的特性模拟骰子；利用随机数进行程序设计，随机产生 1～3 中的任意一个数，并把得到的数值赋给变量 m；利用选择结构进行编程，当 m 得到一个值时，数码管遂显示该数值
第七课：火灾报警器	火焰传感器的功能及使用方法；模拟输入的概念解析；ArduBlock 中串口监视器的功能及使用方法；如果/否则语句在程序设计中的使用方法	**项目任务**：收集外界环境中的火焰信号，当火焰产生的光强度达到一定程度时，蜂鸣器发出报警声。 **具体映射**：利用火焰传感器收集外界环境中的光照强度；利用模拟输入将火焰传感器收集到的数值输入给主板进行处理；利用串口监视器监测火焰传感器的输入值，选择蜂鸣器报警时火焰传感器输入的值域范围；利用如果/否则语句进行程序设计来控制蜂鸣器是否发出报警声
第九课：自动变速风扇	超声波传感器的功能及利用其测距的方法；映射在程序设计中的使用方法	**项目任务**：检测风扇与人之间的距离，风扇的转速随距离值的变化而自动改变。 **具体映射**：利用超声波传感器检测风扇与人之间的距离；利用映射进行编程，将超声波传感器检测到的距离值映射到主板可处理的值域范围内，并将映射值作为电机的速度值进行输出从而达到风扇转速自动变化的效果
第十一课：驱动小车	双轮差速原理的解析；利用电机运行模块控制小车的运动方向及速度	**项目任务**：使小车在一定的运动速度及运动时长下完成前进、后退、左转、右转等动作。 **项目映射**：在程序编写的过程中利用双轮差速原理调整小车的运动方向，对其方向进行准确控制；利用电机运行模块控制小车的左右两车轮，使其完成项目中的规定动作

　　二是问题引入与知识内化。在"基础知识与基本技能"模块的内部，知识的呈现不是直白的描述，而是基于问题和实践循循善诱，以序列小问题的分析和解决不断强化这些关键的知识和技能的掌握，如例 1 所示。

例1：第8课《声控风扇》中"基础知识和基本技能"节选

【基础知识】PWM模式控制电机的针脚分配及各个针脚所对应的功能；设置电机模块的功能及使用方法；模拟声音传感器的功能及使用方法。

【基本技能】利用PWM模式和设置电机模块来控制电机的转动；利用模拟声音传感器收集外界声音信号。

【问题分析与知识引入】制作声控风扇的关键问题是风扇的驱动和声音的检测，那么如何驱动风扇和检测外界环境的声音呢？扇叶安装在直流电机之上，因此风扇的驱动需要由直流电机控制，声音的检测则可使用模拟声音传感器。继而在"基础知识与基本技能"中引出直流电机与模拟声音传感器的功能及使用方法。

【知识应用】在ArduBlock中利用"PWM模式"和"设置电机模块"编写程序来控制电机的转动，参考程序如图3-1和图3-2所示。在ArduBlock中利用串口监视器监测模拟声音传感器的输入值，参考程序如图3-3所示。

图3-1　针脚控制电机1转动程序

图3-2　"设置电机"模块控制电机1转动程序

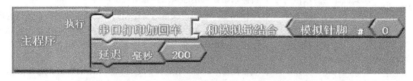

图3-3　读取传感器声音值的程序

【问题分析与知识内化】

1）将图3-1程序中的 去掉，会有什么现象？

2）将图3-2程序中的电机速度200改为-100，观察一下风扇转动有什么变化？

3）利用串口监视器读取模拟声音传感器的值，看一看没声音时的值是多少，有声音（或吹气）时的值又是多少呢？

【案例解析】该部分首先通过一个基本问题引入风扇的驱动和声音的检测方法，然后通过实践操作让学生初步应用所学的基础知识和技能，再通过更细致的变式问题，引导学生深入掌握相关的基础知识和基本技能。在【问题分析与知识内化】中，第 1 个问题引导学生思考去掉程序中针脚 4 的设置模块之后程序测试结果的变化，以此强化学生对 PWM 模式下针脚 4 所对应功能的理解；第 2 个问题提供了教材中原有程序的变式，若设置电机模块中的速度值为负时，则电机转动方向为反转，从而使学生能够灵活设置电机模块中的速度值来控制风扇的转动；第 3 个问题引导学生观测不同外界条件下模拟声音传感器输入值的变化，以此得到程序设计时需要的值域范围，理解声音传感器在实际应用时需要注意的噪声控制问题。

三、内容组织：聚类思想

该教材主要以聚类化的思想来组织教学内容，从而完成整体框架和章节结构的设计。所谓聚类也就是将具有某种相似属性的事物聚集为一类。聚类化课程设计思想，即依据某种线索组合一系列教学项目，形成具有内在联系、具有螺旋上升和发散结构的教学单元，循序渐进地展开课程。根据已有研究，大致有三种聚类方式：以相似的功能聚类，以相似的目标聚类，以相似的技术思想聚类[①]。

该教材按输入与输出为线索进行单元主题的聚类，即数字输出与模拟输出（LED）—数字输入（电子骰子）—模拟输入（蜂鸣器）—单电机控制（风扇）—双电机控制（小车）—科学探究实验（科学探究专题），如表 3-3 所示。

表 3-3　冀教版初中程序设计分册单元聚类表

单元	主要内容	聚类线索
LED	介绍 Arduino 的编程环境、驱动安装等；数字针脚、PWM、数字输出、模拟输出等概念的解析；延时函数、循环结构、模拟变量在程序设计中的使用	以数字输出与模拟输出为线索聚类
电子骰子	数码管、数字震动传感器的功能及使用方法；数字输入的概念解析；选择结构、随机数、子程序在程序设计中的使用	以数字输入为线索聚类
蜂鸣器	蜂鸣器、火焰传感器的功能及使用方法；模拟输入的概念解析；声音模块、模拟针脚、选择结构、串口监视器在程序设计中的使用	以模拟输入为线索聚类

① 钟柏昌，李艺. 信息技术课程内容组织的三层架构[J]. 电化教育研究，2012，（5）：17-21.

续表

单元	主要内容	聚类线索
风扇	直流电机、声音传感器、超声波传感器、红外遥控套件的功能及使用方法；单电机控制方法；映射函数、字符串在程序设计中的使用	以单电机控制为线索聚类
小车	了解小车的物理结构，双电机控制方法；循线传感器的功能及使用方法；循线传感、之字循线法、循线的路口处理，上电运行时间在程序设计中的使用	以双电机控制为线索聚类
科学探究专题	防水温度传感器、土壤湿度传感器、水泵、继电器的功能及使用方法；利用机器人器材收集并分析实验数据的方法	以科学探究实验为线索聚类

在课时层面上，教材就不同知识点也进行了不同形式的聚类。

（一）以相似的功能聚类

设计某些问题解决活动，将技术工具所具有的相似功能集合在一起，达到功能操作和问题解决的融会贯通，如例 2 所示。

例 2：第 10 课《遥控风扇》中的程序设计

【教材呈现】假设风扇的一挡速度为 60，二挡速度为 150，三挡速度为 250，则遥控换挡风扇的程序可参考图 3-4。

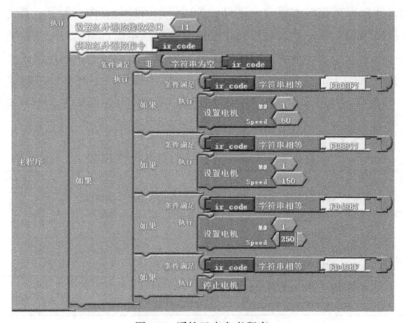

图 3-4　遥控风扇参考程序

做一做：使用"如果/否则"能够完成上述程序吗？试试看。

【案例解读】在教材呈现的参考程序中，利用了单分支模块来完成遥控器变换风扇挡位的程序编写，而"做一做"向学生提出是否能够利用"如果/否则"模块来完成相同的程序功能，可以引发学生向新知识的迁移。聚类化的呈现这两个知识点，不仅使得教材内容具有连贯性、逻辑性，更能引导学生进行深入的知识加工，将知识点内化到自己的认知体系中。

（二）以相似的目标聚类

使用不同的工具可以解决相同的问题，从而聚类不同的技术工具和使用方法，如例 3 所示。

例 3：第 11 课《驱动小车》控制机器人小车的运动

【教材呈现】针脚控制小车前进参考程序如图 3-5 所示，电机模块控制小车前进参考程序如图 3-6 所示。

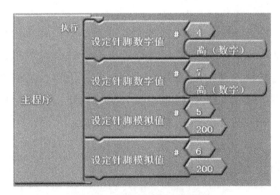

图 3-5　针脚控制小车前进

图 3-6　电机模块控制小车前进

做一做：

1）任选一种方法来控制小车，使其后退；

2）任选一种方法来控制小车，使其原地转圈。

【案例解读】两种方式均可控制小车的运动，第一种方法可以通过设置针脚的高低电平来控制车轮的运动方向；设置针脚的模拟值来控制小车的车速。第二种方法则是直接设置 M1 和 M2 的值控制小车的运动方向与车速。在教材中将这两种方法以聚类的方式呈现，并在"做一做"模块中设置变式任务供学生探索练习，便于学生理解这两种方法的异同并能在不同的任务中迁移应用。

（三）以相似的技术思想聚类

技术工具虽有不同，但其背后的技术思想可能是一致的，将这些具有相同技术思想的技术工具挖掘出来，以丰富多样的技术活动表达出来，可以达到举一反三的功效，如例 4 所示。

例 4：编程中的循环结构

【教材呈现】想一想：请同学们思考一下， 与 两者之间的异同？

【案例解读】利用 ArduBlock 进行编程，其中主程序就是一个自循环体，每当程序执行结束就重新开始执行程序。当循环中有条件语句与执行语句，只有条件语句满足时才会运行执行语句，而主程序是无条件循环。主程序模块在教材中的呈现较之当循环语句早，而且主程序是最简单的循环，通过对比两种模块，可以帮助学生更好地理解当循环语句及其程序设计思想。

四、内容呈现：生活化与结构化

（一）教材内容的生活化呈现

生活化即回到学生的生活世界，从学生经验出发渐进地引入新的概念，而不是生硬地呈现这些概念。生活化的呈现教学内容能够将学生从沉闷枯燥的课本中解放出来，增强学生的参与感与主体意识。

利用学生的生活经验，通过类比分析帮助学生理解新的知识，如例 5 所示。

例 5：第 1 课《点亮星灯》的第一部分"机器人是什么"讲解机器人的构造

【教材呈现】类似人类的身体，机器人也是由几大"器官"组成：机器人的大脑——主控制器，机器人的眼睛、耳朵和触角——传感器，机器人的手、足——驱动器和执行器。

【案例解读】此处将机器人比作人类，主控制器即机器人的大脑，负责核心程序的计算；传感器即机器人的眼睛、耳朵和触角，负责收集外界信息数据；驱动器和执行器即机器人的手、足，负责机器人的行为驱动。经过这种生活化的类比，学习者更好地理解机器人各部分的组成及功能。

另外，利用学生的学习经验，通过认知冲突帮助学生接受新的知识。该教材中每节课的知识点并不是直接呈现给学生，而是在解决项目的过程中遇到新问题时再引入相关知识点的介绍。这种呈现方式基于学生已有的学习经验，但又高于学生的已有认知，处于认知的"最近发展区"，故有利于学生对新知识的理解，建立新旧知识之间的联系，如例6所示。

例6：第3课《呼吸灯》PWM概念的提出

【教材呈现】由于呼吸灯不只有亮和灭两种状态，而是具有若干不同明暗度的变化，因此采用上节课中的数字输出控制LED将无法实现预期效果，此时需要采用一种新的输出方式——PWM。可以参考设计方案表3-1来完成呼吸灯的制作。

【案例解读】教材中PWM的概念并不是直接呈现给学生，而是由相关问题引入。若使LED产生呼吸灯效果，就需要它由亮到灭逐渐变化，使用数字输出不能解决该问题，引起学生的认知冲突，再适时引入PWM的概念。

（二）教材内容的结构化呈现

结构化即按照一定的逻辑思路将教材内容依据某一特定框架进行呈现。结构化的呈现教材内容，目的是方便学生阅读，减少认知负担，并提供学习支持。该教材每课均由七部分组成，分别是阐明学习目标、呈现内容结构、背景主题介绍、方案设计、基础知识与基本技能、实现过程和拓展提升。

1）学习目标：在每节课的开始呈现该节课的学习目标，方便学生把握该节课的主要学习内容和学习重点内容。

2）内容结构：该部分用结构图的方式来呈现课程内容的框架，使课程内容结构一目了然，便于学生建立知识点之间的联系，完善知识结构。

3）背景介绍：每节课均有一个独立的项目，在该部分结合现实生活及学生的生活经验引出课程内容主题、介绍项目背景，从而激发学生的兴趣与主体意识。

4）方案设计：该部分用于呈现完成项目的技术思路，方案设计中包括项目名称、项目功能、器材清单、运行流程和实现过程五个步骤。通过该部分的学习，学生对项目进行进一步的了解，宏观上了解完成该项目的思路，帮助学生养成在解决问题时设计流程图及从宏观上来寻找解决问题方法的习惯。

5）基础知识与基本技能：该部分是教材内容中的重点及难点部分，用于呈现完成项目过程中所涉及的核心理论知识。该部分并非生硬地组织教学内容，而是基于问题自然卷入相关理论知识。

6）实现过程：通过前面五个模块的学习后，学生完成了解决项目的知识准备。该部分中将呈现各个元件的连接方式及完成项目所需的程序，最终完成该项目的制作及项目执行效果的检验。

7）拓展提升：学生若只是通过单纯地完成每节课中的基础项目来完成Arduino机器人的学习，那么势必会限制学生的思维拓展与独立创作。因此，在每节课的末尾设置拓展提升模块，为有能力的学生提供思路的引导，帮助他们进行更高阶的机器人学习，满足不同能力层次学生的学习需求，实现个性化发展。

五、小结

相较于市面上大多类似于说明书的机器人教材，冀教版教材具有以下特点及优势：

其一，基础性。在教学目标定位上彰显核心素养，以暗线的形式将其渗透于每个单元和每节课中，并有专门的栏目（"基础知识和基本技能"）来奠定学生的学习基础。

其二，创造性。机器人课程是培养学生创新实践能力的重要载体，教材在展现机器人基本知识的基础上注重引导学生的自主创新与独立创作，使机器人真正成为创新教育的重要阵地。

其三，趣味性。课时中的项目设置更加关注趣味性，寓教于乐，让学生从枯燥的学习中解放出来。由于机器人本身的特点，更加能引起学生兴趣，促进学生的学习。

其四，主体性。教学内容的选择大多来源于学生的实际生活与自身经验，以学生为中心设计教学内容，从而体现学生的主体性，激发学生的学习兴趣。

其五，整合性。机器人本身就是多学科的产物，它常常需要涉及 STEM/STEAM 等学科的综合运用，因此机器人教学也是开展 STEM 教育的重要平台[①]。

---

① 钟柏昌. "四位一体"的中小学机器人教育框架设计[J]，2014，（4）：52-58.

冀教版教材在编写的过程中，不局限于机器人学科本位的内容，而是将机器人视作建立各学科综合应用的载体，帮助学生建立融会贯通的思维习惯，尤其在科学探究专题的 5 节课中有突出的体现。

第二节 例举高中机器人教材开发

2016 年 10 月，教育部正式发布普通高中课程标准修订版，并同期开展了基于新版课程标准的教材编写工作。在新修订的高中信息课程标准中，一共设计了两个必修模块和八个选修模块，其中设计了一个与机器人教育相关的选修模块——开源硬件项目设计，该模块与其他模块一样，包含 2 个学分的课程内容。笔者承担了教育科学出版社《开源硬件项目设计》分册的编写工作，本节将简要介绍该教材的编写思路和整体框架。

一、教材编写基本思路与结构

新课程标准注重学生在项目中开展学习，体验作品的创意、设计、制作、测试、运行的完整过程，初步形成以信息技术学科方法观察事物和问题求解的能力，提升计算思维与创新能力。因此，该教材以项目为单位组织教学内容，本书据此对机器人教学模式进行分类，一共设计了四类项目，分别用一个单元呈现：实验模拟型项目、趣味交互型项目、科学探究型项目和测距测高仪。

实验模拟型项目主要包括九个：交通信号灯、报警装置、创意门铃、楼道灯、电子骰子、遥控风扇、自动变速风扇、防跌落小车、循线比赛。

趣味交互型项目主要包括三类：模拟仿真（灶台仿真）、数字故事（小猫吹风扇）、交互游戏（飞机坦克大战）。

科学探究型项目主要包括三个：温度监测（探究杯子的保温效果）、障碍监测（探究单摆周期）、电压监测（探究水果导电性能）。

测距测高仪主要包括三个综合实践项目：测距测高仪、视觉暂留时钟、LED节日彩灯。

每个单元包含若干节，一般每节分为两个部分：一是项目的模仿设计，教材提供一个项目的完整解决方案，让学生在有教材指引的基础上体验该项目开发的整个流程，并掌握新知识和新技能，用 1 课时完成，主要内容包括：项目背景（情境与问题）、项目分析与方案设计（多种方案的分析与设计）、基础知识与基本技能（新学知识）、方案的实现（硬件搭建和程序编写）、作品优化、作品评价与交流。二是迁移应用，提供可选项目主题供学生选择，强调在新学知识和已有知识的基础上开展开放式项目探究，学会灵活应用和创新设计，用 1 课时完成。这里需要说明的是，课堂教学涉及不同班级对器材的共享使用，故项目大小均控制在 1～2 课时范围内完成。

为有效避免项目教学可能造成的知识点分布不均和重复学习的问题，我们首先以单元为单位规划了单元知识点细目，例如，图 3-7 呈现的是实验模拟型项目单元的知识结构；然后，每一节以项目为引领，各自引入 2～3 个新的知识点。

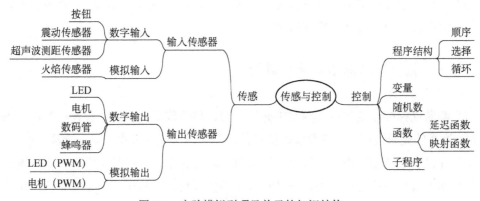

图 3-7　实验模拟型项目单元的知识结构

此外，为使教材更具内涵，我们将三类核心理论（自动控制理论、工程思想、TRIZ）嵌入具体的项目开发过程中，作为教材开发的一条暗线。

二、典型样节——以电子骰子项目为例

电子骰子项目是实验模拟型项目单元中的第五节，其学习目标主要包括四个方面：

1）掌握数码管、振动传感器的使用，了解数码管的显像原理；

2）能够利用数码管和振动传感器制作电子骰子；

3）能够正确使用 while 循环结构，体会程序设计中的条件循环思想；

4）能够正确定义与调用子程序，理解子程序的软件复用思想。

（一）电子骰子项目中涉及的知识点

1. 数码管

数码管也称 LED 数码管，是由多个 LED 封装在一起的"8"字形发光元件。按段数（LED 的个数）分类，数码管可分为七段数码管和八段数码管，八段数码管比七段数码管多一个 LED 单元，即多一个小数点；按显示的位数分类，可分为一位数码管、二位数码管、三位数码管等；按 LED 的组织连接方式分类，可分为共阴极数码管和共阳极数码管。如图 3-8 所示，从左至右分别为七段数码管、八段数码管、二位数码管。

a 七段数码管　　b 八段数码管　　c 二位数码管

图 3-8　数码管

图 3-9 为数码管中 LED 段位与针脚的对应关系。右侧标识有 a、b、c、d、e、f、g、dp 的针脚分别对应数码管上的 a、b、c、d、e、f、g、dp 段 LED。

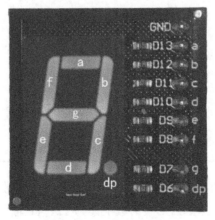

图 3-9　数码管中 LED 段位与针脚对应关系

2. 振动传感器

振动传感器是一种能够感知振动的数字输入传感器，如图 3-10 所示。它可通过振动来通断电路，当其振动时，内部电路便会瞬间变为通路。振动传感器处于静止状态时输入高电平，感知到振动后输入低电平。

图 3-10　数字振动传感器

3. 控制数码管

如何控制数码管使其显示数字呢？实际上，控制数码管也就是控制各段位 LED。以点亮 a 段 LED 为例，将数码管与 Romeo 控制板连接后，只需为数字针脚 13 输出高电平即可将 a 段 LED 点亮，输出低电平即可将其熄灭，程序如下所示。

```
void setup() {
  pinMode(6,OUTPUT);
  pinMode(7,OUTPUT);
  pinMode(8,OUTPUT);
  pinMode(9,OUTPUT);
  pinMode(10,OUTPUT);
  pinMode(11,OUTPUT);
  pinMode(12,OUTPUT);
  pinMode(13,OUTPUT);
}
```

同理，可通过控制各段位 LED 使数码管显示相应的数字。例如，使数码管显示数字 1，即点亮 b、c 段 LED（为数字针脚 12、11 输出高电平），熄灭其他段 LED（为数字针脚 13、10、9、8、7、6 输出低电平），程序如下所示。

```
void loop() {
digitalWrite(13,LOW); // 为数字针脚 13 输出低电平，熄灭 a 段 LED
digitalWrite(12,HIGH); // 为数字针脚 12 输出高电平，点亮 b 段 LED
digitalWrite(11,HIGH); // 为数字针脚 11 输出高电平，点亮 c 段 LED
digitalWrite(10,LOW); // 为数字针脚 10 输出低电平，熄灭 d 段 LED
digitalWrite(9,LOW); // 为数字针脚 9 输出低电平，熄灭 e 段 LED
digitalWrite(8,LOW); // 为数字针脚 8 输出低电平，熄灭 f 段 LED
digitalWrite(7,LOW); // 为数字针脚 7 输出低电平，熄灭 g 段 LED
digitalWrite(6,LOW); // 为数字针脚 6 输出低电平，熄灭 dp 段 LED
}
```

4. while 循环结构

当振动传感器感知到振动后，可使用 while 循环结构来中断数码管的随机显示。while 循环结构由条件语句和执行语句两部分组成，即 while 循环结构执行后，首先判断条件语句是否成立，若成立就执行循环体内的语句，执行完毕后继续判断条件是否成立，如此重复执行；直到条件不满足时，跳出循环体顺序执行后面的语句。因此，当条件语句恒成立时，循环体内的语句将始终被执行，程序进入死循环。

形式：while（条件语句）

{执行语句；}

参数：条件语句即给定的条件；

执行语句即条件成立时所执行的语句。

含义：通过判断给定条件来控制程序的重复执行。

当振动传感器感知振动后，程序进入死循环从而中断数码管的随机显示，程序如下所示。

```
void setup() {
  pinMode(3,INPUT);
}
void loop() {
 if(digitalRead(3)==1)//当振动传感器输入值为 1 时，数码管持续随机显示数字
 {
                //此处放置使数码管随机显示数字的程序段
 }
else            //当振动传感器输入值为 0 时，执行 while 循环语句
{
while(1>0)      //条件恒成立
{
                //振动传感器被晃动后，循环执行空语句，来中断随机数的显示
}
}
}
```

5. 子程序

在主程序（loop）中直接写入数字显示程序会使程序显得冗长，为使其更具有可读性与规范性，实现程序代码的可重用，提高编程效率，可采用子程序来优化程序结构。子程序的使用包括两部分，即子程序的定义与调用。在主程序外部定义子程序，编程过程中可直接调用子程序来完成特定任务。子程序的定义一般由返回值类型、子程序名称、子程序参数和执行语句组成。

1）形式 1：返回值类型名称（数据类型参数 1，数据类型参数 2）

```
{
指令序列;
}
```

参数：返回值类型即子程序返回值的数据类型；

名称即子程序的名字；

数据类型即参数的数据类型；

参数即在指令序列中涉及的参数，也可不设置参数；

指令序列即子程序的执行语句。

含义：定义子函数并设置子程序的功能。

2）形式 2：名称（参数 1，参数 2）;

参数：名称即所调用子程序的名称；

参数即子程序中参数的值，若子程序中没有定义参数，此处可为空。

含义：在主程序中调用子程序。

（二）电子骰子项目活动

围绕学习目标，该节电子骰子项目共分为以下八个部分。

1. 选定项目：电子骰子

骰（tóu）子通常作为桌上游戏的道具，一般由六面组成，并分别刻有相应的点数，其相对两面之和为七。投掷骰子时，其显示的点数是随机的，并且每一面显示的概率均为 1/6。

该节课要制作的是一款智能电子骰子，当有人摇动骰子时，骰子随机显示 1～6 的数字。

从电子骰子的结构看，其主要由触发装置和显像元件组成，即当有人触发骰子后显像元件随机地显示数字信息。从触发方式看，可使用振动传感器或数字钢球倾角传感器；从显像元件看，可使用数码管或 LCD 显示屏；从显示效果看，电子骰子在被触发之前可以不显示数字信息也可随机地显示数字信息。

2. 制订计划：可选方案与设计

根据项目描述，可从触发方式、显像元件和显示效果三个角度设计智能电子骰子，形成多种初步方案，如表 3-4 所示。你认为哪种方案更合理呢？

表 3-4　智能电子骰子的可选方案

类别	方案	方案描述
触发方式	方案一	使用振动传感器作为电子骰子的触发装置，当有人摇动振动传感器后，显像元件随机显示数字信息
	方案二	使用数字钢球倾角传感器作为电子骰子的触发装置，当有人晃动倾角传感器时，显像元件随机显示数字信息
显像元件	方案三	电子骰子被触发后，使用数码管显示数字信息
	方案四	电子骰子被触发后，使用 LCD 显示屏显示数字信息
显示效果	方案五	启动程序后，显像元件不显示信息，电子骰子被触发后直接显示数字结果
	方案六	启动程序后显像元件随机的显示 1～6 的数字，触发电子骰子后停止随机显示并只显示最后一个数字结果

对比触发方式中的两种方案，从学习内容的角度看，使用振动传感器和数字钢球倾角传感器并不存在显著差异。从实际应用的角度看，用户摇晃振动传感器可使其状态改变，而数字钢球倾角传感器比振动传感器敏感，稍微晃动就会改变其状态。综合考虑后，选择方案一作为实施方案。

对比显像元件中的两种方案，从学习内容的角度看，LCD 显示屏比数码管操作复杂。从实际应用的角度看，数码管只能显示数字而 LCD 显示屏还能够显示字母，但本项目不涉及字母信息的显示。综合考虑后，选择方案三作为实施方案。

对比显示效果中的两种方案，从学习内容的角度看，二者都涉及随机数和选择结构的使用，编程难度不存在显著差异。从趣味性的角度看，在用户操作前动态、随机地显示数字，能够将用户带入掷骰子的氛围中，更具趣味性。因此，综合考虑选择方案六作为实施方案。

完成本项目的关键在于，如何通过振动传感器控制数码管信息的显示，其中涉及两个问题，一是数码管随机地显示数字信息，二是振动传感器检测到振动后如何中断数码管信息的随机显示。前者可以通过控制各段 LED 的输出值实现，后者可使用 while 循环结构实现。具体设计方案如表 3-5 所示，请根据上文描述，补充完整运行流程。

表 3-5 智能电子骰子的设计方案

作品名称	智能电子骰子
作品功能	晃动振动传感器后，数码管停止随机显示并将最后的数字作为掷骰子的结果
器材清单	Romeo 控制板、USB 数据线、振动传感器、数码管、公母线
运行流程	
实现过程	1）振动传感器和数码管与 Romeo 控制板连接 2）编写程序，实现振动传感器对数码管的控制 3）上传程序，测试效果

3. 方案实施：硬件搭建

准备好器材后，将数码管和振动传感器连接到 Romeo 控制板的数字针脚上，如图 3-11 所示，数码管连接数字针脚 6～13 和 GND 接地，振动传感器连接数字针脚 3。

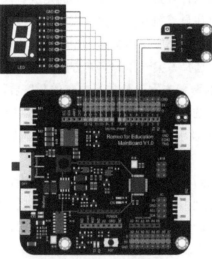

图 3-11 硬件连接图

4. 方案实施：程序编写

可使用选择结构判断振动传感器的值，使用随机函数实现数字的随机显示。完善如下程序代码，并将程序上传到主控板中，晃动振动传感器，观察数码管是否能够随机显示数字。

```
int randomNumber;
void setup() {
    pinMode(6,OUTPUT);
    pinMode(7,OUTPUT);
    pinMode(8,OUTPUT);
    pinMode(9,OUTPUT);
    pinMode(10,OUTPUT);
    pinMode(11,OUTPUT);
    pinMode(12,OUTPUT);
    pinMode(13,OUTPUT);
    pinMode(3,INPUT);
    randomSeed(analogRead(0));
}

void loop() {
if(digitalRead(3)==1)//当振动传感器输入值为 1 时，数码管持续随机显示数字
 {
    randomNumber=random(1,7);
if(randomNumber==1)//当 randomNumber 等于 1 时，数码管显示数字 1
{
digitalWrite(13,LOW);
digitalWrite(12,HIGH);
digitalWrite(11,HIGH);
digitalWrite(10,LOW);
digitalWrite(9,LOW);
digitalWrite(8,LOW);
digitalWrite(7,LOW);
digitalWrite(6,LOW);
delay(100);
}
else if (randomNumber==2)//当 randomNumber 等于 2 时，数码管显示数字 2
{//请参考数码管显示数字 1 的代码，在此处补充显示数字 2 的代码
}
else if(randomNumber==3)//当 randomNumber 等于 3 时，数码管显示数字 3
{ //请参考数码管显示数字 1 的代码，在此处补充显示数字 3 的代码
}
else if(randomNumber==4)// 当 randomNumber 等于 4 时，数码管显示数字 4
{ //请参考数码管显示数字 1 的代码，在此处补充显示数字 4 的代码
}
else if(randomNumber==5)// 当 randomNumber 等于 5 时，数码管显示数字 5
{ //请参考数码管显示数字 1 的代码，在此处补充显示数字 5 的代码
}
else if(randomNumber==6)// 当 randomNumber 等于 6 时，数码管显示数字 6
{ //请参考数码管显示数字 1 的代码，在此处补充显示数字 6 的代码
}
}
```

```
else
{
while(1>0) {}
}
}
```

5. 作品优化：编写子程序

在程序起始部分定义子程序 number1、number2、number3、number4、number5、number6 分别用来显示数字 1～6，在主程序中直接调用即可。程序结构如下，请根据提示补充省略的代码。

```
int randomNumber;
int number1(){//显示数字 1 的子程序，代码略
}
int number2(){//显示数字 2 的子程序，代码略
}
int number3(){//显示数字 3 的子程序，代码略
}
int number4(){//显示数字 4 的子程序，代码略
}
int number5(){//显示数字 5 的子程序，代码略
}
int number6(){//显示数字 6 的子程序，代码略
}
void setup() {
  pinMode(6,OUTPUT);
  pinMode(7,OUTPUT);
  pinMode(8,OUTPUT);
  pinMode(9,OUTPUT);
  pinMode(10,OUTPUT);
  pinMode(11,OUTPUT);
  pinMode(12,OUTPUT);
  pinMode(13,OUTPUT);
  pinMode(3,INPUT);
  randomSeed(analogRead(0));
}
void loop() {
 if(digitalRead(3)==1)
 {
   randomNumber=random(1,7);
if(randomNumber==1)
 {
number1();
 }
```

```
else if (randomNumber==2)
{
number2();
}
else if(randomNumber==3)
{
number3();
}
else if(randomNumber==4)
{
number4();
}
else if(randomNumber==5)
{
number5();
}
else if(randomNumber==6)
{
number6();
}
}
else
{
while(1>0){}
}
}
```

6. 作品优化：测试与修改

编译并上传程序，上传成功后观察电子骰子效果是否符合预期，如果有问题，在老师或同学的帮助下逐一排查解决。根据自己的理解和需求，添加或修改电子骰子的功能，制作具有个人特色的作品。

7. 作品评价与交流

参考表 3-6 开展作品质量的自评、互评等，与同学分享自己的制作经验。

表 3-6　作品评价表

一级指标	二级指标	得分
功能与性能 （3 分）	1）作品能够基本实现预定的功能（2 分）	
	2）作品性能稳定，多次测试使用后仍能稳定运行（1 分）	
技术与实现 （5 分）	1）能够应用本节所学新知识制作作品（1 分）	
	2）能够综合运用以前所学机器人及其他学科知识制作作品（1 分）	
	3）能够清晰、准确地描述作品设计方案（1 分）	
	4）作品开发方案和实现过程简洁、经济、有效（2 分）	

续表

一级指标	二级指标	得分
创意与个性 （2分）	1）作品在功能方面构思新颖、富有个性（1分）	
	2）作品在技术方面（如结构、材料、外形包装或控制方法等）有创新设计（1分）	
	总分（10分）	

8. 迁移应用

请利用数码管、振动传感器和所学知识设计创意作品。例如：

1)带倒计时交通灯：使用 LED 制作交通灯，并使用数码管为其增加倒计时功能，从而帮助行人和车辆更好地观察通行或禁行的时长。

2)自行车防盗报警装置：在自行车上安装振动传感器和带功放喇叭，当自行车上的振动传感器感受到振动时，带功放喇叭播放报警声。

小组合作讨论确定主题，除了已经给出的方案也可选择其他创意设计主题，形成具体设计方案后填写表 3-7，小组合作尝试实现项目。作品完成后，参考表 3-6 进行评价交流。

表 3-7　创意项目设计方案

作品名称	
作品功能	
可选方案与选择	
基本思路与关键问题	
器材清单	
运行流程	
实现过程	

第四章
中小学校普及机器人教育的个案研究

尽管基础教育领域开展机器人普及教育的历史不长，范围不广，但纵观全国，依然可以找到一些鲜活的样本。本章集中展示开展机器人普及教育卓有成效的两所学校，它们分别是江苏省无锡市南长实验中学和浙江省温州中学。前者为初中学校，后者为高中学校，均为经济发达地区的中学，但普及之路并不相同，各有千秋。

第一节　无锡市南长实验中学普及机器人教育的经验[①]

无锡市南长实验中学是一所深受无锡百姓欢迎的优质公办初中，毗邻无锡市的电子信息特色街，是全国智慧教育实验学校、海峡两岸智慧教育研究会理事单位，加之对口小学常年开展机器人社团活动，因此学校有开展机器人教育的浓厚文化氛围。在近两年的实践中，该校根据校情、学情因地制宜，获得了以下一些教育教学经验。

一、探索 STEAM 教育理念，形成跨学科整合模式

STEAM 是 Science（科学）、Technology（技术）、Engineering（工程）、Arts

---

① 该节作者：王依群、黄秦祺（无锡市南长实验中学）。

（艺术）、Maths（数学）的缩写，作为一种现代教育理念，它更注重学生应用知识创造出能够应用于真实生活的内容。该校将 STEAM 教育理念融入学校机器人教育，日常教学内容主要以开源平台 Arduino 硬件与 Scratch 软件为主，从教授学生使用 Scratch 编程制作动画与学习变量、数组、坐标系等内容到结合 Arduino 开源硬件制作出各类智能机器人作品。整个过程中融合了语言、数学、物理、生物、美术、计算机等多学科知识，为此，该校建立了作品研发教导会机制，集中各学科骨干教师，寻求家长、校外辅导员的技术支持。例如，学生为了解决练习乒乓球技却没有陪练的问题，在研发"多功能乒乓球发射机"（图 4-1）时，信息技术老师帮助学生完善 Scratch 软件编程，手把手教会学生使用红外线传感器进行远程控制；劳动技术老师帮助学生设计乒乓球存储盒，告诉学生润滑油能让活塞运动得更顺利；物理老师告诉学生马达能提供力，让齿轮转动，使橡皮筋蓄能，从而进行活塞运动，然后瞬间发力可使乒乓球飞射出去，之后又在学生遇到链条连接不紧、带不动橡皮筋的问题时，启发学生抛弃链条传动而改为两个齿轮传动；体育老师则是提醒学生球应该从不同角度发射，于是学生把电机改为舵机，发送信号指定输出旋转角度。

图 4-1　多功能乒乓球发射机

这样的学习过程锻炼了学生的思维逻辑、动手实践、创新发明和多学科知识整合应用等能力，提升了学生的综合素质。在第三届全国中小学机器人教学展评活动中，该校作为承办学校，12 个班级的学生配合来自全国各地的教师，使用不同软件、不同器材成功地完成各种课堂学习任务，参赛教师对该校学生的学习水平给予高度赞誉。学校普及机器人教育近两年来，该校学生先后获得全国中小学生创客邀请赛初中组一等奖、第 24 届计算机表演赛无锡市初中组一等奖、2015年江苏省青少年机器人竞赛活动 FLL 机器人工程挑战赛初中组二等奖、江苏省青少年科技模型竞赛无锡分赛区团体二等奖等。

二、探索分层次教学，采用大班教学和社团活动两种模式

大班教学的开设主要集中在初一和初二年级，共计四个学期，让每一个学生都能接受优质的机器人入门教学。四个学期的教学内容分别为软件、电子、机械和简易机器人。课时安排是每周"地方与校本课程"1 课时。学习内容为自编的校本教材《智慧机械》。同时，在每周 1 节的信息技术课中进行机器人相关章节的扩充学习。

社团活动主要为"精英"式培训，让部分学习能力强的学生提升编程和搭建能力，并通过参与竞赛和校外交流（如上海创客嘉年华、高校夏季科技夏令营、兄弟学校机器人实验室等）拓展视野、激发灵感。课时安排是每周"第二课堂活动"2 课时，临近赛事时还会组织集训。

在传统的信息技术课堂中，部分学生因为已经掌握了课堂内容而对教师授课缺乏兴趣，学生的纪律问题往往令人头疼。而机器人课程对于绝大部分学生是一个陌生而新奇的课程，该校教师在教学中根据学生能力情况分为四人一组的学习小组，小组既可完成同一个学习任务，又可以探究不同方向的科技领域，如 3D打印、激光测绘、虚拟现实、艺术创意等，小组间进行任务竞赛、作品 PK 等，激发了学生的学习兴趣。小组设计作品之前，每个组员都要提供设计创意，然后分享交流，选出最切实、可行的方案。例如，小李同学在餐馆吃饭，看见一位手部有残疾的老人无法正常拿取面前的水杯喝水，就想设计、制作一个能自动倒水的机器（图 4-2）来帮助这样的人群。他的想法与组员交流后，得到大家的一致赞成，然后大家一同设计图纸，一起搭建固定装置、机械手，安装舵机、智能手势传感器，一起通过 Leap Motion 体感传感器和 Scratch 软件进行编程操作。小王同学不断测试、调整程序参数；小惠同学发现机械手可能会捏扁杯子，提出加一个杯垫的想法；小蒋同学针对机械手被电线揽住的问题，聪明地把电线绕在螺母上来保障运行。每次，当学生合作完成编程和搭建任务时，他们都会用期待的眼神看着老师，老师对作品作出的合适、中肯的评价往往能够促进学生更健康成长。

图 4-2   VR 遥感桌面倒水装置

三、以建设课程基地为目标，实施机器人教学

2011 年江苏省开始建设学科课程基地活动，该校积极行动，计划建设创客教育基地，把现有的信息技术与物理、化学、生物等科学类课程进行延伸、升华和转型升级，以机器人教学为核心把资源、理念、方法、路径整合起来，形成实体化的新型学习环境，让课程基地成为真正塑造学生灵魂的阵地。该课程基地的建设主要包括如下工作。

（一）编写校本教材

该校邀请江南大学的多位教授共同编写了机器人教学的校本教材——《智慧机械》，确保了机器人教育的系统性和科学性。该教材是一本高质量的初中机器人教育普及性教材，在无锡市创新教材评比中荣获一等奖。

（二）建设创客之家

该校专门建设了 100 多平方米的机器人教学专用场所——“创客之家”，分上下两层，内设 Arduino 开源器材 30 套，乐高、未来伙伴等机器人套装和比赛场地多套，3D 打印机、激光切割机和 XY 测绘仪各 1 台，学生操作台 10 台，投影机1 台，台式与笔记本电脑若干，机器人书籍资料若干等。学生在这个“梦想实验室”

里研究、创作、分享、提升，把各种创意转变为现实。

此外，学校科学馆的两个计算机房共有 90 台台式电脑及 Arduino 套件，主要用于机器人大班教学。

（三）引进专业师资

该校专门引进了计算机专业的优秀毕业生黄秦祺老师担任机器人教学，学校出资送他去深圳、上海等地参加机器人方面的各级各类培训，接触、了解关于机器人教学最前沿的内容、方法，提升专业素养。黄秦祺老师在全国第三届中小学机器人教学展评活动中执教的观摩课《智能泡泡机》获得现场专家评委的一致好评，并于 2016 年 4 月代表江苏省赴海南省参加第四届全国中小学机器人教学展评活动的初中组机器人教学基本功竞赛。

（四）谋求高校支持

该校是江南大学人文学院信息技术系的教学实践基地，也是江南大学数字媒体学院的科技实践基地。人文学院在教学理论等方面对该校提供全面支持，并邀请该校老师共同参与机器人课题的研究；数字媒体学院则在技术上进行支持，教授和研究生定期来该校给学生作讲座并辅导。

（五）注重校际交流

该校是江苏省天一中学科技实践基地，并且与江苏省锡山中学、无锡市第一中学等无锡市热门高中在机器人教学上有着频繁的交流和互动。该校定期组织机器人任课教师前往高中课程基地学习课程教学经验，并组织该校学生与高中学生进行机器人对抗竞赛与科技作品展示，让学生在交流中获得比赛经验、灵感和启发。

（六）多渠道筹措经费

顺利开展机器人教育需要一定的资金保证，为此学校主动承办第三届全国中小学机器人教学展评活动，寻求相关部门给予人力、物力、财力的大力支持。学校还积极寻求社会力量的合作与帮助，2016 年起尚善文化交流中心每年提供 3.5 万元的资金，将连续支持 3 年，专门用于学校的机器人教学。

近两年的机器人教育教学实践受到了多方关注，该校钱孝伟校长、黄秦祺老师在省内外各种重要场合介绍机器人办学经验十余次，各类组织机构、学校在该校参观取经 20 余次。

第二节 温州中学基于创客空间开展机器人教育的实践

所谓创客空间，是指开展创客活动或创客教育的专门场所。较早的创客空间（Makerspace or Hackerspace）可以追溯到麻省理工学院 Neil Gershenfeld 教授于 2005 年创立的 Fab Lab[①]，但这一术语真正流行始于 2012 年春《创客杂志》(*Maker Magazine*) 的创办发行。根据维基百科的定义，创客空间可以看成开放交流的实验室、工作室、机械加工室，有着不同经验的人们聚集在这里共享资料和知识，以制作/创作他们想要的东西。[②]简单说，创客空间就是创客（Maker）创作活动的地方，而创客就是热衷于创意、设计、制造的个人或群体。

近年来，世界创客空间的发展极为迅速，截至 2014 年年底，全球创客空间数已达 1800 多个[③]。创客空间之所以受重视，是因为其对整个社会经济的发展均有革命性意义，正如创客运动教父克里斯·安德森（Chris Anderson）所言，创客运动具有三个变革性特点：①人们使用数字桌面工具设计新产品并制作模型样品（"数字 DIY"）；②在开源社区中分享设计成果、开展合作已经成为一种文化规范；③如果愿意，任何人都可以通过通用设计文件标准将设计传给商业制造服务商，以任何数量规模制造所设计的产品，也可以使用桌面工具自行制造，两种途径均大大缩短了从创意到创业的距离，其作用不亚于互联网为软件、信息和内容带来的革新[④]。究其本质，创客运动与知识社会的创新 2.0 是殊途同归的。教育工作者也敏锐地感受到了创客空间的教育价值，在《新媒体联盟地平线报告：2014 高等教育版》中，"学生从教学消费者转变为创造者"作为促进教育学习变革的数字策略之一，被列为中期发展趋势[⑤]。而在《新媒体联盟地平线报告：2014 基础教育版》中，"追求面向真实世界的深度学习"被列入近期趋势[⑥]。两者均与创客教育

---

① Gershenfeld N. Fab: The coming revolution on your desktop—from personal computers to personal fabrication [J]. Las Vegas Business Press，2007，435(7038)：23.

② Hackerspace[DB/OL]. http://en.wikipedia.org/wiki/Hackerspace#cite_note-2[2014-12-28].

③ List of Hacker Spaces[DB/OL]. http://hackerspaces.org/wiki/List_of_Hacker_Spaces[2014-12-28].

④ Anderson C. Makers：The New Industrial Revolution[M]. New York：Random House，2012：21.

⑤ Johnson L，Adams B S，Estrada V，Freeman A. NMC Horizon Report[M]. 2014 Higher Education Edition. Austin，Texas：The New Media Consortium，2014：14.

⑥ Johnson L，Adams B S，Estrada V，Freeman A. NMC Horizon Report[M]. 2014 K-12 Edition. Austin，Texas：The New Media Consortium，2014：8.

（maker education）密切相关。可以说，学校教育创客空间和创客教育具有革新教与学的潜力[1][2]。在这方面，无疑美国又走在了世界的前列。2012 年年初，美国政府计划未来四年内在 1000 所美国学校引入创客空间，配备 3D 打印机和激光切割机等数字制造工具[3]；而一个标志性事件，美国政府于 2014 年 6 月 18 日举办了首届"白宫创客嘉年华"（White House Maker Faire），奥巴马在活动上宣布了由白宫主导的推动创客运动的整体措施，并宣布 6 月 18 日为自造日（National Day of Making）[4]。

相比较而言，中国在政府和政策层面尚缺少针对性的措施，不过中小学校中却不乏先行者，陆续出现了一些中小学创客空间。截至 2014 年年底，北京景山学校、浙江省温州中学、浙江省温州实验中学、浙江省温州四中、北京清华附属中学、四川省广安友谊中学、贵州省贵阳第六中学、浙江省舟山市嵊泗县初级中学、上海格致中学、江苏省无锡南长实验中学等十余所学校筹建了创客空间。此外，由民间力量组织的"中小学 STEAM 教育创新论坛"自 2012 年创办以来，已经聚集了国内大批有志于开展创客教育的一线教师，可以展望不久的将来，中小学创客空间将在全国各地生根发芽。不过整体而言，作为一个新生事物，创客空间的建设面临诸多挑战，如何有效地开展创客空间的建设，还有很长的路要走。幸运的是，我们发现，国内中小学创客空间的开拓者之一，浙江省温州中学通过自身的努力，在创客空间建设方面取得了不错的成效，是国内中小学创客空间中的佼佼者，其建设经验无疑值得总结和梳理。

一、分析框架

研究将聚焦温州中学创办的创客空间，通过再现和还原温州中学创建创客空间的肇因和过程，总结相关经验并加以解释，以揭示一个成功的学校创客空间的产生和发展过程，为其他中小学校建设创客空间提供经验支持和理论指导。因此，研究一方面依赖于获取丰富的一手资料，另一方面需要找到一个合适的理论框架，

---

① Peppler K & Bender S. Maker movement spreads innovation one project at a time[J].Phi Delta Kappan，2013，95（3）：22-27.

② Kurti R S，Kurti D L，Fleming L. The philosophy of educational makerspaces[J]. Teacher Librarian，2014，41（5）：8-11.

③ Anderson C. Makers：the new industrial revolution[M]. Random House，2012：18-19.

④ Obama B. Presidential Proclamation—National Day of Making，2014[R]. Washington，DC：White House Office of the Press Secretary，2014-6-17.

以便将历史寓于逻辑中，做到历史与逻辑的统一。就目前看来，混合学习（blended learning）理论也许是一个不错的选择，它提供了一种新的理解教育的方式。

当然，我们关注到有关混合学习的理解并不统一，甚至可以说非常多元[1]。根据 Charles R. Graham 等的研究，有三个较常应用的定义[2]：

1）混合学习=教学形式（或教学媒体）的结合（combining instructional modalities or delivery media）

2）混合学习=教学方法的结合（combining instructional methods）

3）混合学习=在线教学与面对面教学的结合（combining online and face-to-face instruction）

鉴于第三个定义强调了以计算机和网络技术为中心角色的混合，能够体现教育技术的专业色彩，故 Charles R. Graham 等认为这一定义体现了混合学习的本质。显然，从教育技术学专业的角度来说，这一界定无疑有其必要性和合理性。在此定义之下，混合学习有两个明显的特征：以计算机和网络技术为中心、以在线学习为主导的混合；关注的是学习资源、环境和方法的混合，不涉及教师、学生、内容等的混合。但是，一些学者认为应该采用更为宽广的视野来理解混合学习，其中有两位学者的观点较为突出。

一位是 Michael Orey，他建议从学习者、教学设计者/教师、教育管理者三个不同的主体视角来理解混合学习[3]：

1）学习者的视角：混合学习是一种学习能力，指能够从所有可以获得的设备、工具、技术、媒体和教材中选择与自己已有知识和学习风格相匹配的资源，以达到预定的学习目标。

2）教学设计者/教师的视角：混合学习是组织和分配所有可以得到的设备、工具、技术、媒体和教材，以达到教学目标的过程，即使这些资源有可能交叉重叠。

3）教育管理者的视角：混合学习是尽可能经济地组织和分配一些有价值的设备、工具、技术、媒体和教材，以达到教学目标，即使这些资源有可能交叉重叠。这些设备、工具、技术、媒体和教材包括了书籍、计算机、学习小组、教师、教室、虚拟教室、非传统教室、教学指南等。总之，各种技术、媒体、人力资源都

---

① Driscoll M. Blended learning：Let's get beyond the hype[J].E-learning，2002，1（4）：1-3.

② Graham C R. Blended Learning Systems：Definition，Current Trends，and Future Directions[A]. In Bonk C J & Graham C R. Handbook of Blended Learning：Global Perspectives ，Local designs[C]. San Francisco：CA：Pfeiffer Publishing，2004：3-5.

③ Orey M. One year of online blended learning：Lessons learned[R]. Sarasota，FL：Annual Meeting of The Eastern Educational Research Association，2002-2-15.

可以在教学活动中混合运用。

上述从不同教学主体角度所作的界定，不仅说明了混合学习有更为广泛的意义和表现，实质上也说明了存在三种不同层面的混合理念，即学生层面的混合学习、教师层面的混合教学、教育者（广泛意义上的教师）层面的混合教育，由微观到中观再到宏观，外延不断放大，教师的混合、内容的混合甚至学习者的混合都已经包含在内了。

无独有偶，另外一位学者对混合学习的界定有异曲同工之妙。Harvey Singh 认为，混合学习混合了各种基于事件的活动，包括面对面的课堂教学、实时的在线教学和自定步调的学习；这种混合常常也是传统教师主导的教学，同步在线教学，异步自定步调的学习，以及有经验的劳动者/导师（experienced worker or mentor）指导的结构化培训的混合[①]。在这一定义里面，除了包容学习、教学和培训以外，还将"有经验的劳动者/导师"列为教育者之一，表达了教师层面的混合意义，以拓展教育教学的师资来源。

为方便讨论，本节拟从操作性的角度为混合学习提供一个新的工作定义（working definition），同时为避免概念混淆，采用"混合教育"替代"混合学习"。

所谓混合教育，是教育诸要素的混合，主要包括教师的组合、学习内容的整合、学生的混编、学习资源和环境的融合、学习方法的综合、教育经费的多源等。

同样需要说明的是，在这个定义中，尽管包含了更多的内容，但它并不是一个无所不包的泛化概念。问题的关键在于如何理解混合（blended）的含义，而不在于其究竟涉及多少教育的要素。对于混合的理解，就一般意义而言，任何教育都是"混合"的，在任何一所学校里面，都有从事各门课程、来自不同学科背景的教师，有不同知识起点、学习风格和家庭背景的学生，有多样的科目设置，有适合不同老师和科目的多种教学方法，有不同的教学资源，有普通教室、计算机房、多媒体教室、图书馆、校园环境等不同的教育场所，等等。这是我们理解的混合教育吗？非也！要点在于，此处所指的"混合"只发生在特定的教学时空场合中，而非全时空意义上的混合，即在一定的时空范围内的教育要素，用传统的教育方式无需或未被混合，而在新的教育方式中，这些要素得以混合并能产生特定的教育效果。例如，在传统的教学中，在一个学科范围内，以学科为中心设置的教学内容即非混合（非整合）的教学内容，而混合教育则要求体现不同学科教学内容的整合；又如，在传统的课堂教学环境中，授课对象均为同一个建制班级的学生，而混合教育的对象则可能来自不同建制的班级甚至不同的年级；再如，

---

① Singh H. Building effective blended learning programs[J]. Educational Technology, 2003, 43 (6): 51-54.

就某个班级的某门课程而言，传统教育一般都只有一位教师，而混合教育则可能因实际需要而有不同来源的教师参与教育指导。

以混合教育为参照，基于创客空间的创客教育模式，即是一种典型的混合教育模式，与前述狭义的混合学习相对的是，它有两个突出的特点：以面对面教学为主体的混合学习；多种教育要素均有可能产生混合。因此，本节将以混合教育的工作定义为分析框架，为读者解析温州中学创客空间的成功经验及可供改进的方向。

二、温州中学创客空间简介

温州中学创客空间的前身为 2008 年设立的科技制作社的活动室，占地面积 20 多平方米；2013 年 10 月正式挂牌成立创客空间，由知名信息技术教师 X 老师担任领导者；2014 年 2 月新学期伊始，创客空间获得快速发展，各项活动进入正轨。

温州中学创客空间旨在为爱好动手、制作的学生提供一个固定的活动和交流场所，通过各种创客分享活动鼓励学生主动参与创新实践，研究跨学科的综合性项目，提升技术并交流创意，最终形成一个汇聚创意的场所，一个让想法变成现实的"梦想实验室"[①]。

根据中学生的特点，温州中学创客空间主要装备了一些空间资源（表 4-1）。其中，Arduino 作为创客课程的主要实施平台，配制的 Arduino 数量可以适合大班学习；Raspberry Pi、Banana Pi、pcDuino 等硬件平台用于小组学习或教师演示；小型化、安全的木材、金属、塑料加工机械，方便学生从电子世界步入物理世界；两台 3D 打印机和一台激光雕刻机满足了学生的"造物"意愿，不间断地打印他们的精彩设计；两类工作台，一类具有稳定、坚固、防火的特点，用于焊接和放置 3D 打印机这类需放置震动的设备，另一类具有轻便、容易移动和拆卸的特点，便于改变创客控件的格局或者释放空间；最后，各种创客视频、书籍为自学创作了条件。

表 4-1　温州中学创客空间的器材清单

项目	名称	数量/个
电子	Arduino 学习套件	10
	互动媒体技术学习套件	16
	创意机器人学习套件	16
	Scratch 测控板、酷乐宅、Kinect、Makeblock、yeelight 套件、树莓派套件、pcDuino 套件等	若干

---

① 谢作如. 如何建设适合中小学的创客空间[J]. 中国信息技术教育，2014（9）：13-15.

续表

项目	名称	数量/个
加工	小型焊台	1
	手持多功能电钻	1
	多用锯套装	1
检测维修	数字示波器	1
	实验室工具套装	3
	防静电工作台，大小为 180cm×80cm×75cm	4
展示/收纳	3D 打印机（桌面型）	2
	激光雕刻机	1
	激光打印机	1
	公用电脑	3
	大屏幕电视机	1
	不同规格的透明储物盒	30
学习	《Arduino 创意机器人入门》教材及配套网络课程、各种创客视频	若干
	各种创客类书籍（含《爱上制作》系列、清华大学科技创新丛书系列）	若干

目前，温州中学创客空间有多位教师轮流值班，并安排了创客空间的骨干成员为志愿者，协助教师管理创客空间。创客空间平时仅对学生会员和 Arduino 相关选修课程的学生开放，以项目学习方式开展创作活动；此外，一周组织一次小规模的会员交流活动，一个月组织一次面向全校学生开放的展示活动，活动由各种讲演或 WorkShop 组成[①]。图 4-3 为学生在创客空间里活动的情景。

图 4-3　温州中学创客空间一角

① 谢作如. 如何建设适合中小学的创客空间[J]. 中国信息技术教育，2014（9）：13-15.

　　据统计，目前每个学期约有 30 多位学生在创客空间中开展各类创作实践并从中受益，有多项优秀学生作品参评各类活动，表 4-2 为部分代表性作品；每个进入创客空间的学生均需要主持或参与制作一个项目作品，100%的参与者均表示喜欢创客活动，无一人中途退出，直至完成某个项目作品。事实上，在创客空间里活动的学生常常需要指导教师"赶"才愿离开。

表 4-2　温州中学创客的部分作品列表

No.	项目名称	学生	指导教师	赛事
1	虚实结合的安卓娱乐机器人	陈昕欣	谢作如、张洁、刘正云	第 29 届温州市青少年科技创新大赛
2	基于物联网技术的小鸡孵化实验	马肃爽、潘艺文	谢作如、张丽芳、刘正云	
3	Flaperon 远程实验平台	孙宏川、陈俊廷	谢作如、阚莹莹、董丽娜	
4	趣味抽奖机	陈俊廷	谢作如、刘正云	温州市第十七届青少年科技节信息技术创客作品比赛
5	语音互动蓝牙小车	陈昕欣	谢作如、刘正云	
6	睡眠身体监测仪	金孜达、陈俊廷	谢作如、刘正云	
7	Plaperon 实验平台	孙宏川、陈俊廷、陈琪	谢作如、董丽娜、阚莹莹	
8	通用机器人蓝牙控制端（语音版）	陈昕欣	谢作如、张洁	第六届浙江省中小学信息技术创作大赛

注：上述作品均为进入决赛阶段的参赛作品，因时间问题，评审结果尚未公布。

三、温州中学创客空间建设经验解析

　　温州中学创客空间之所以能够在短短 2 年左右的时间取得较好的业绩，并呈现茁壮成长的态势，根据笔者的分析，其突出的经验在于做到了或初步做到了教师、内容、学生、资源与环境、方法、经费等层面的混合。当然，资源和环境的融合、学习方法的综合是混合教育（混合学习）中最为基本的混合内容，在温州中学创客空间中亦是如此。资源和环境方面，如表 4-1 所列的器材，从纸质资源到数字资源，从本地数字资源到网络资源，从手工加工工具到自动化加工工具，可谓丰富多样；学习方式和方法方面，根据学生的实际情况，会在不同的时间点分别引入教师的统一讲解、个别辅导、小组合作学习、基于项目的学习等。实际上，资源和环境的融合、学习方法的综合是任何一个创客空间都可以做到也必须做到的基本要求，对这些方面的混合，本节不拟赘述，而将重点聚焦在教师、内容、学生、经费等四个方面。

（一）教师的组合

教师层面的混合（组合）主要指由不同来源和专业背景的教师共同指导学生。创客教育与其他学科教育相比的一个重要不足就在于缺乏师资，这种缺乏不仅仅因为创客教育是新生事物，学校来不及配置专门的岗位和教师，更重要的问题在于，创客教育是一种典型的跨学科教育，无对口专业培养的师资，而依赖单一的学科教师（如信息技术教师）。因此，做好师资来源的组合工作是办好创客空间的要件之一。

温州中学创客空间之所以能够顺利运转，一个重要的原因就在于该校做到了师资来源的多样性，这种多样性主要包括三个方面：

一是大学研究力量的加入。2014 年 2 月下旬，N 大学教育信息工程研究所的 3 位研究生正式加盟创客空间建设，执行校本课程的开发与教学、创客空间的管理与指导等工作，改变了初创时期仅有校内一位信息技术教师支撑的局面，使各项创客活动进入正规；2014 年 9 月，在 N 大学 2 位研究生的基础上，又有 B 大学科学教育专业（且具有科技馆实习的经验）的 2 位研究生加盟，同时温州中学新增 2 位年轻教师参与创客空间的建设，同一时期教师力量达 7 位之多。

二是企业力量的加入。温州中学创客空间在领导者 X 老师的运作下，幸运地得到了国内经营开源硬件的某知名创客类公司的支持，在参与一些大型创客活动时派遣专业创客来校作演讲和 WorkShop，并邀请创客空间成员参加每年一度的上海创客嘉年华展示活动，接受专业创客的现场指导。

三是学生家长的参与。只要用心挖掘，总会有在计算机、电子、工程制造等相关专业工作的学生家长，这些具有丰富一线工作经验的家长，如果能参与到学校创客空间的建设中来，无疑是师资力量的有效补充。温州中学创客空间便幸运地找到了一位"最佳第六人"，这位家长在电子电焊方面特别有经验，因此成为创客空间的编外导师。这样的家长，恰是 Harvey Singh 指出的"有经验的劳动者/导师"。

遗憾的是，因为诸种原因，温州中学校内的师资未能做到有效整合，与创客教育关系最为紧密的信息技术教师和通用技术教师名义上合并为一个教研组，实质上相对独立，教师之间也未有实质性的合作。如果这两种师资能够整合打通，则可以形成校内和校外两种师资力量的混合，这当是一种最为有效的教师混合模式。但无论如何，我们依然可以清楚地看到，作为一名国内知名的颇有实力的 X 老师，在建设创客空间的过程中也必须依赖于各种力量的支持，那么对于其他教师而言，在建设创客空间时更需意识到这是一个团队的工作，只依靠某个人或某个学科"单打独斗"是远远不够的。

（二）学习内容的整合

内容层面的混合指的是学习内容或者说创作项目需要卷入多个学科知识的运用，而不是单一学科内容的学习，因而创客教育也是实施 STEM 教育的一种重要方式。STEM 不是课程的简单组合，而是把学生学习到的零碎知识与机械工程转变成一个探究世界相互联系的不同侧面的过程，强调学生在"杂乱无章"的学习情境中提升设计能力、合作能力、问题解决能力和实践创新能力[1]。例如，表4-2中的"Flaperon 远程实验平台"是一个远程控制的跨学科实验系统，以其中的宠物饲养实验为例，除技术、工程、数学知识和技能的运用外，还特别涉及水的 pH 等化学指标和水温等物理指标的测量和应用；又如，"基于物联网技术的小鸡孵化实验"涉及鸡蛋的生物特性和孵化装置的物理性能（如热量计算）。

大量的研究表明，在创客空间中自然地发生着 STEM 教育[2]。创客教育能够有效改变学生在 STEM/STEAM 中习得的内容和学习的方式[3]。学生创客们努力在 STEM 课程中寻找可以改进他们项目的内容，通过跨学科整合达到项目目标，而不是把自己"封闭"在某一个学科里面[4]。更重要的是，创客教育不仅仅是简单地卷入 STEM 课程的内容，更重要的是它能够促进有效教学——使学生能够深入沉浸于课程内容、批判性思考、问题解决、协同合作、学会学习等[5]。创客教育与 STEM/STEAM 的这种紧密关联性，究其根本在于创客教育是一种基于真实的工程问题的解决。对此，我们显然看到了学界所达成的普遍共识，但问题的关键在于，我们如何才能帮助学生创客快速地找到"真实的工程问题"，这是一个看上去简单实则颇具挑战性的问题。事实上，我们在一些学校创客空间和社会创客空间里面所看到的琳琅满目的"项目"，有很多并不那么"真实"，人们绞尽脑汁地搜寻，

---

① 钟柏昌，张丽芳. 美国 STEM 教育变革中"变革方程"的作用及其启示[J]. 中国电化教育，2014（4）：18-24.

② 吴俊杰. 创客运动与 STEM 教育——专访"创客教父"Mitch Altman[J]. 中小学信息技术教育，2013（12）：39-42.

③ Peppler K & Bender S. Maker movement spreads innovation one project at a time[J]. Phi Delta Kappan，2013，95（3）：22-27.

④ Hlubinka M，et al. Makerspace Playbook School Edition[DB/OL]. http://makered.org/wp-content/uploads/2014/09/Makerspace-Playbook-Feb-2013.pdf[2014-12-10].

⑤ Honey M & Siegel E. Proceedings from the Innovation，Education，and the Maker Movement Workshop[C]. New York：Hall of Science，2010：2.

结果往往是为了创作而创作。那么，在温州中学创客空间里，是否有比较成功的经验？就我们的观察，如下几种项目来源具有启示意义。

一是源于某学科课程教师布置的任务，学生在创客空间里面将其转化为一种创作任务。例如，某生物课老师布置作业，要求用实物模拟细胞分裂图。学生创客们很快发现，这个作业可以在创客空间里利用草图大师和画图软件建立实物模型，再采用激光雕刻机把细胞分裂图刻在木板上，甚至做成别具一格的工艺品。

二是参与"模拟经营"，化学生需求为创作项目。这是目前最具特色的一种拓展创客项目的渠道。在温州中学有学校官方组织的校园"模拟经营"活动，该活动每个学年举办一次，主要场地为食堂和教学楼的走廊，班级、社团、个人都可以公开售卖各种小件物品。创客空间的学生"主顾们"正是利用这种机会，将自己设计的一些小制作拿到"模拟经营"的活动场所中叫卖，如 3D 打印的书签作品、用激光雕刻机雕刻的小件艺术品（如写有座右铭的铅笔等）、利用胸章机手工制作的胸章等。一开始他们只是售卖预先制作好的物件，品种比较单一，但很快发现，由于所有这些物品都可以根据学生的个性需要定制，且成本低廉，通过同学圈和朋友圈的传播，越来越多的学生找到创客空间定制他们想要的个性化物品，品种也就越发丰富了。这样，对于创客空间的学生来说，一学期一次的"模拟经营"被拓展为一种"新常态"，"主顾们"有了源源不断的源自真实需求的创作项目单子，发现了自己创造的价值，更加激发了创作热情，不断开发出新的创意和想法供学生"顾客"选择参考。

三是源自某些"集团用户"的需求。学校社团之间或者班级活动的时候，因为活动的需要可能会产生一些创作需求，这种需求所转化的创作项目要相对"模拟经营"中的项目复杂一些。例如，舞蹈社团在迎新晚会上要表演节目，就和创客空间定制了一个作品，使用舵机带动一个大大的纸盒子左右摇摆，纸盒子上面用 LED 灯带摆出特定的造型；又如，某个班级的节日晚会，需要设计一个新颖别致的抽奖机，于是有了表 4-2 中的"趣味抽奖机"。

（三）学生的混编

必须意识到，创客教育的活动形式与传统课堂教学的一个重要差别在于没有建制班级的概念，试图采用传统建制班级的方式实施创客教育有违开放共享的创客精神。因此，以课外兴趣小组的方式集中学生是一种比较好的方式。但是，创客教育的实践创新特质又使其超越了传统兴趣小组的学习方式。以温州中学创客空间为例，这种超越主要体现在两个方面，一是以项目形式开展学习，每个进入创客空间的学生都要主持或参与某个制作项目，有明确的目的和任务，如表 4-2 所列的作品都是以学生项目的方式实施的；二是学生来源的混合性特征非常明显，即同时在创客空间里面活动的学生成员可能是跨班级和跨年级的。不同班级和不同年级的学生可以在创客空间里独立从事各自的项目，但更多的时候是相互观摩、头脑风暴和提供技术支持。例如，一个项目可能需要用到 3D 打印，那么擅长 3D 打印的学生就会临时加到这个组里提供支持。而且，相当一部分的项目成员本身就具有混合性，例如表 4-2 中的"Flaperon 远程实验平台"项目成员分别来自高三（2）、高二（11）、高二（10），"Plaperon 实验平台"的项目成员分别来自高三（2）、高二（11）。这种形式的混合，正是过往社团活动和课外兴趣小组所缺少的。

　　当然，这种跨年级和跨班级的混合实践的实现过程并非无本之木、天然产生的，而是有着先期工作的影响和支持。在个案里面，有两项前期工作不容忽视，一是自 2011 年开始陆续开设了"S4A 互动媒体技术""Arduino 创意机器人""物联网和大数据实验""App inventor 手机游戏编程"等选修课程（走班制），这几门课程与创客教育所需要的技术基础直接相关，起到了很好的启蒙作用，先期培养了一批创意制作的爱好者，成为创客空间的主要成员来源；而这些课程均以选修课的方式开设，因而一开始就为跨班级的学生组合创造了基础。另外一个就是温州中学拥有百年的社团文化，其中的科技制作社是影响力较大的学生社团之一，汇集了数十位爱科技、"爱折腾"的学生，他们同时也是创客空间的主力；他们所从事的创作项目一开始都统一由科技社负责组织申请，减少了创客空间初创时人手不够的压力，之后随着创客空间各项工作进入正轨，项目组织的工作自然水到渠成转移到由创客空间负责；但是，由于科技社的存在，在学生组织方面依然发挥着重要的作用，如果说选修课实现了跨班级的混合，那么科技社则很好地实现了跨班级和跨年级的双重混合，这种混合也是创客空间学生混合的重要基础。

（四）教育经费的多源

　　根据观察，很多心怀创客教育梦想的教师因为得不到学校经费的支持而只能望而却步。可以说，创客教育经费是影响学校建设创客空间的重要因素，是众多创客空间起步艰难的主要原因之一。温州中学创客空间之所以能够在短时间内快速发展，一个很重要的原因就在于领头人没有坐等学校的支持，而是积极行动，努力做到了建设经费来源的多样化。具体而言，除所在学校的场地和经费支持外，还主要得到了如下方面直接或间接提供的经费或设备支持：

　　一是得到了国内经营开源硬件的某知名创客类公司的支持，该公司不仅捐赠了 3D 打印机和一些学习套件，还邀请创客空间成员参加每年一度的上海创客嘉年华展示活动并承担相关费用。

二是与前述 N 大学的教育信息工程研究所开展合作研究，该研究所聘请空间领导者 X 老师为客座研究员，不仅派送研究生到创客空间承担教育辅导工作，而且在起步阶段为空间购置设备提供了直接经费支持。

三是创客空间开张之后，根据创作活动的需要，在得到学生家长认可的前提下，家长积极主动地为自己的孩子采购创作作品所需要的部分零配件，减轻了空间运转所需的经常性经费支出压力。

四是能够获得周边学校的硬件支持。与温州中学同地区的 S 中学建设有创客空间，虽起步较晚，但部分设备比温州中学要更加精良。例如，S 中学拥有比温州中学更大型的雕刻机，可以雕刻体积更大的作品。由于两校创客空间建立了良好的互动关系，在温州中学设备出现故障或不能满足特定需要的情况下，可以到 S 中学借用相关器材。例如，今年"模拟经营"期间，恰遇温州中学的 3D 打印机出现故障，创客空间的老师就带领学生到 S 中学打印作品。

由此可见，温州中学的创客空间建设并非"一个人的战斗"，而是汇集了多方的资金支持，事实上，不仅建设经费如此，在上述教师的组合中，我们也清楚地看到了多方人力资源的协作。同时，参与各方都从中有所获益。对于学生家长来说，孩子的优秀表现是最好的回报；对于周边学校而言，设备和场地的利用本身就是双向的；对于提供设备和经费支持的公司而言，产品的有效利用不仅为产品的市场营销提供了优秀的应用案例和解决方案，而且随着创客空间知名度的提升，越来越多的外地和外校的老师到创客空间参观学习，产生了极好的广告效应；而对于开展合作研究的高校研究单位来说，不仅提供了教育研究所需要的实验实践基地，同时也为研究生人才培养开拓了新路，据了解，在大学教授和具有丰富一线教师的双重指导下，该研究所派送到创客空间实验实习的学生均获得了不错的专业发展，目前该所进入该空间的 4 位学生均获得了国家奖学金或优秀研究生称号等荣誉。

综上，在混合教育的框架下，我们看到了温州中学创客空间的卓越表现和有待改进的地方，更幸运地看到了以下合作教育理念已经照进了现实：

师师合作：不同来源和专业背景的教师协同工作，共同指导学生。

生生合作：以项目为中心，实现跨班级、跨年级的学生合作。

校校合作：区域学校相互共享空间资源，或有可能发展为区域教育创客空间联盟。

院校合作：大学研究力量与中（小）学的合作无间，有力推动了创客空间的发展。

校企合作：企业的赞助和支持，建立了良好的校企合作关系，实现了互惠共赢。

家校合作：学生家长的参与，不仅体现在经济上的支持，更补充了教师资源的不足。

不难发现，这些理念本质上体现的却是共建共享、互惠互利的精神，只不过，与 Mooc 等线上资源的共建共享不同，创客空间是以线下资源为主体的共建共享。正是创客空间的领导者有意或无意地践行了上述理念和精神，才初步实现了创客空间的混合教育模式，才有了如今创客空间蓬勃发展的势头。创客空间发展过程和经验，无疑有许多值得同行思考和借鉴的地方，而本节所揭示的最重要的一点就是：学校创客空间建设的领导者应该充分意识到共建共享精神和混合教育模式的重要性，拥有开放、包容的胸怀和视野；即便在学校建设经费有保障的情况下，这种理念和模式依然有着十分重要的意义；不仅可以吸引更多人关心、关注和支持创客空间，实现可持续的发展，而且在合作共赢中，可以不断放大创客空间的教育、经济、社会价值。

第五章

中小学优秀机器人教学设计与反思

本章集中展示笔者在浙江温州和江苏无锡等地开展机器人教学实验过程中设计和开发的部分优秀教学案例。这些教学案例按照主题可以分为四大类别：智能风扇类、小车驱动类、科学探究类和趣味互动类。从学习难度上看，第一类主要涉及初级入门类教学内容，后三类要求相对较高，需要学生具备一定的 Arduino 机器人知识基础。从前述 4I 教学模式分类看，也基本覆盖了四种类别的教学模式，其中第一、二、三节包含实验模拟型和发明创造型两类教学模式，第三节为科学探究型教学模式，第四节为趣味交互型教学模式。每个案例均采用项目化教学形式展开，陈述结构基本相同，主要包括项目背景介绍、项目方案设计、硬件组成与搭建、程序编写、拓展应用、教学实践、教学反思等七个部分。有关教学活动的设计，尤其是项目方案设计与拓展应用环节，能较好地体现我们所倡导的聚类化教学设计思想[①]。通过设计一系列具有内在联系的学习活动，帮助学生举一反三，在最近发展区中不断扩散出新的创意，循序渐进地进行项目式学习。

第一节　智能风扇类教学设计与反思

本节主要包括三个案例，均与风扇控制有关，分别为"'声控风扇'教学实践与反思"（主要利用声音传感器和电机控制风扇的开关）、"'自动变速风扇'教学实践与反思"（主要利用超声波传感器测距以控制风扇转速）和"'自动跟踪风扇'

---

① 钟柏昌，李艺. 信息技术课程内容组织的三层架构[J]. 电化教育研究，2012（5）：17-21.

教学实践与反思"（主要利用防跌落传感器实现风扇随手势方向摇头）。

一、"'声控风扇'教学实践与反思"[①]

纵观当前的机器人教育，多数是以竞赛、兴趣小组的形式开展的，真正进行课堂教学的少之又少，而教学中主要是以小车为主，缺乏实际的生活意义。本课题以声控风扇为例，引导学生在学习机器人知识和技术的同时，体验机器人技术的生活应用，培养学生对科技生活的热爱和向往。

（一）选题背景

在中小学机器人教育教学中，对直流电机的控制既是热点又是重点。经调查发现多数教材在涉及电机时都是借用小车来进行设计的，虽然学生对小车有足够的学习兴趣，但是小车与实际生活的联系并不紧密。因此，该节课借用日常生活中的风扇来讲解 Arduino 机器人对直流电机的控制。传统的风扇是一个简单的电器装置，缺乏智能控制功能，该节课选取声控风扇，可以增加学生的学习兴趣，拓展学生的视野。通过亲身实践，学生不仅能够制作出本课题的相关作品，也对生活中相关的智能控制产生更大的兴趣，以激发更多的创意想法，设计出更加有趣、有生活意义的作品。例如，从传感器的角度提出光控风扇、温控风扇、倾倒自动停止风扇，从风扇的角度提出控制风扇的转动方向和转动速度等。

（二）方案设计

1. 教材与学生情况分析

本课题是教材《Arduino 创意机器人入门》[②]第二章"智能风扇"的第一课。该节课主要涉及直流电机（自带风扇）和模拟声音传感器两种器件，并使用模拟声音传感器制作出声控风扇，最后从传感器、风扇等不同角度，激发学生更多的创意。在本课之前，教材中已有"智能 LED"一章，涉及传感器的基本使用方法以及 Arduino 机器人的基本控制方法，为本课题的教学奠定了一定基础。因此，本课题将以此为基础，重点解决利用 Arduino 控制直流电机。当学生学会通过 Arduino 控制直流电机之后，便可利用前面学过的传感器知识轻松地制作声控风扇。

该节课的教学对象是高一学生。通过前面的学习，学生已经熟练掌握了 Arduino

---

① 该案例作者：张禄（无锡市第一中学），谢作如（温州中学），张开杨，钟柏昌。

② 谢作如，张禄，等. Arduino 创意机器人入门[M]. 北京：人民邮电出版社，2016：42-46.

机器人的输入输出，掌握了传感器的一般使用方法，熟悉了 ArduBlock 的基本模块。另外，通过"智能 LED"一章的学习，学生对 Arduino 机器人不仅产生了浓厚的兴趣，而且对继续深入了解 Arduino 机器人有了迫切的需要。

2. 教学目标

（1）知识与技能

掌握 Romeo 控制板的 L298 驱动控制电机的方法；掌握模拟声音传感器的使用方法。

（2）过程与方法

通过使用模拟声音传感器，理解传感器的一般使用方法。

（3）情感态度与价值观

通过 Arduino 制作声控风扇，感受传感器控制为生活带来的方便，体验 Arduino 机器人的乐趣。

3. 可选方案的设计与选择

通过对教材与学生情况的分析可知，该节课最重要的是让学生学会 Arduino 对直流电机的控制，当学生可以控制直流电机之后，为检验和巩固他们对直流电机在具体项目中的运用能力，并激发他们的成就感和创造力，笔者设计了一个简单的声控风扇作为学生模仿的基础。另外，根据声音传感器对风扇的不同控制方式，笔者初步设计了四种声控风扇的方案（表 5-1）。

表 5-1 声控风扇方案设计

方案名称	方案描述	编程知识
方案一	声音传感器检测到声音时，风扇按某一速度转动；检测不到声音时风扇保持静止	选择结构
方案二	声音传感器检测到声音时，风扇开始转动，声音越大，风扇转动速度越快；检测不到声音时风扇保持静止	选择结构、映射
方案三	声音传感器检测到声音时，风扇开始转动；再次检测到声音时，风扇停止转动	选择结构、变量、非运算
方案四	声音传感器检测到声音时，风扇开始按某一方向转动；再次检测到声音时，风扇按相反方向转动；检测不到声音时风扇保持静止	选择结构、变量、非运算

对于以上四种方案，所使用的硬件是相同的，都是 Romeo V1.2、模拟声音传感器、直流电机（带风扇），不同之处在于涉及的编程知识点与程序编写的复杂度。该节课的主要目的是让学生学会 Arduino 对直流电机的控制，同时希望学生独立做出作品，以满足其成就感，从而对 Arduino 机器人更加感兴趣。比较以上四种方案可以看出，除方案一外，其他几种方案都或多或少涉及两到三个编程知识点。

综合考虑教学目标和课堂时间等因素后，该课题选择了方案一。其实，方案一是其他三种方案的基本形式，当学生理解之后，其他三种方案也会变得简单。

（三）硬件搭建

声控风扇用到的硬件器材主要包括 Romeo 控制板、迷你小风扇、直流小电机、模拟声音传感器、USB 数据线和 3P 线等。

1. Romeo 控制板

该节课使用的控制板是 DFRobot 出品的 Arduino Romeo V1.2，该控制器采用的是最基础且应用最广泛的 UNO 板卡。

2. 模拟声音传感器

该节课用到的模拟声音传感器是 DFRobot 生产的，Arduino 能够通过它来感知声音的大小，并转化为模拟信号，即通过反馈的电压值来体现声音的大小。这种传感器有一个特点，就是可以用吹气的方式代替声音，这样可以有效避免课堂教学中其他学生的声音干扰。这种传感器美中不足的是只能检测声音的大小，并不能进行语音识别。

3. 硬件搭建

搭建时，将风扇连接在直流电机上，然后通过电机固定件（使用 3D 打印机打印的）固定在 U 条上。另外，在接线时需要注意的是，直流电机接到 Romeo 控制板的电机模块（M1 和 M2 两组绿色接线柱），声音传感器接到模拟针脚端，接线图如图 5-1 所示。

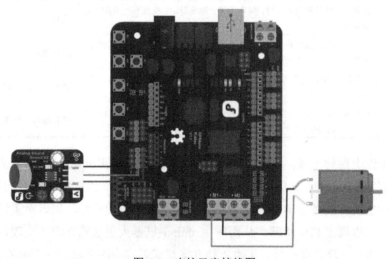

图 5-1　声控风扇接线图

（四）程序编写

硬件搭建好之后，接下来就需要编写程序了。该节课采用的编程环境是图形
化编程软件 ArduBlock。ArduBlock 是一款为 Arduino 设计的图形化编程软件，是
Arduino 官方编程环境的第三方软件，目前必须依附于 Arduino IDE 软件运行，使
用图形化积木搭建的方式编程，可视化和交互性强，编程门槛低，即使没有编程
经验的人也可以尝试给 Arduino 控制器编写程序。

声控风扇的程序编写分为两个部分：一是通过串口监视器输出声音传感器检
测到的音量值的程序，通过这个程序，学生可以清楚地知道听到声音时，传感器
值变化的范围；二是根据串口监视器读到的值编写声控风扇的程序。读取声音传
感器值的程序如图 5-2 所示，程序中声音传感器连接的是模拟针脚 1。假如声音有
明显变化时，通过串口监视器读取到的值大概是 30，则声控风扇的程序如图 5-3
所示，程序中设定的风扇转动速度为 200，其取值范围是 0～255，这里并没有设
定风扇的转动方向，系统会默认风扇按照某一方向转动（转动方向与实际的电机
接线有关）。

图 5-2　读取声音传感器的值

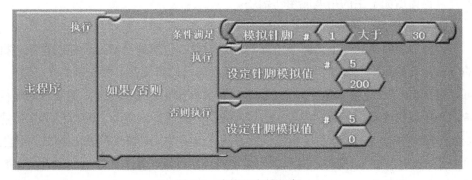

图 5-3　声控风扇的程序

（五）拓展应用

人类学习具有"聚类"特点，不管是新知识的获取还是原有知识的同化，都
习惯以"类"为依据进行加工、存储和提取。教学设计与实施也理应体现这种逻

辑，以某种聚类方式将相关学习内容连成组块，从而在局部上聚类知识内容，在宏观上形成课程内容的集合，逐步呈现给学习者，从而达到较好的教学效果。根据已有研究，大致有三种聚类方式：以相似的功能、相似的目标、相似的技术思想聚类。①

　　该课最主要的是希望学生能够学会 Arduino 控制直流电机的方法，以声音控制为例，按照上述聚类思想，可以拓展出很多应用。比如，以相似的功能（声音控制风扇）进行聚类，可以设计声音控制风扇的转动方向或转动速度等；以相似的目标（控制风扇）进行聚类，可以分别采用温控、光控等单一传感器或不同传感器组合来实现；以相似的技术思想（声音控制）进行聚类，可以设计出声控台灯、声控闹钟、声控窗帘等。除此之外，还可以将机器人的各种元器件及解决问题所需的相关学科知识逐一卷入学习中。因此，教学中希望学生以声音控制为触发点，尽可能多地发散出有聚类性质的作品。

（六）教学实践

　　在实际教学中，该课题是通过以下四个环节完成的：复习旧知，引入新课；突破重点，解决困惑；合作学习，成就自我；拓展提升，课堂总结。

1. 复习旧知，引入新课

　　该环节主要是通过带领学生回顾前一章"智能 LED"所学过的各种传感器及对 LED 的控制，引导学生进一步熟悉机器人的三大组成部分，以便于该课教学的展开，也为后面学生的拓展应用作铺垫。

2. 突破重点，解决困惑

　　该环节主要是向学生讲解该节课的重点问题，也就是 Arduino 控制直流电机的方法。首先向学生表明，Arduino 中对直流电机的控制并不像控制 LED 那样，可以直接将 LED 连接到数字口上。因为针脚直接输出的电流太小，无法带动电机转动，所以需要专门的电机输出——（Romeo）的 L298 驱动。然后向学生讲解 Romeo 控制板的 L298 驱动控制电机的方法（包括 PWM 模式和 PLL 模式，这里只介绍 PWM 模式）。同时，提示学生将电机连接到板子上，这一过程中，大多数学生会将电机接到 M1 接线柱上，但也会有个别学生连接 M2 接线柱，此时要提醒学生记住连接的是哪个接线柱，这关系到控制电机的针脚是 4 和 5（M1），还是 6 和 7（M2）。

---

① 钟柏昌，李艺. 信息技术课程内容组织的三层架构[J]. 电化教育研究，2012（5）：17-21.

　　当学生连接好线路之后，便可以进行电机控制的程序编写了，这也是该课题的基础任务之一：编写程序，尝试控制直流电机，使风扇转动起来。由于学生此时已经了解了 Arduino 控制电机的原理，因此笔者在上课实践时便让学生小组合作尝试一下编写控制电机的程序，但需提示学生，数字针脚 4 和 5 分别控制电机 M1 的方向和速度，数字针脚 6 和 7 分别控制电机 M2 的速度和方向。经过实践，班上有几位同学可以做出来，然后请这几位同学向其他组传递经验，很快全班学生都可以完成此任务。

3.合作学习，成就自我

　　该环节主要是对上一环节的延续，因为经过上一环节的小组讨论与合作，学生不太愿意让教师继续控制课堂，所以，笔者便提出该课题的最终作品，也就是声控风扇，让学生继续通过小组合作学习的形式完成。同时，希望能够通过设定简单的任务，使学生完成之后产生学习机器人的成就感，进一步增加对 Arduino 机器人的兴趣。

　　虽然学生已经学习过一些传感器的使用方法，但是并没有接触过模拟声音传感器，所以在这个环节，笔者将模拟声音传感器的使用说明发给了每个小组，作为他们的学习支架。而此任务也是该课题的基础任务之二：先通过程序读取模拟声音传感器的值，再根据读取到的值编写程序，最后实现听到声音时风扇转动，否则风扇保持静止。

4.拓展提升，课堂总结

　　学完该课，为鼓励学生产生一些创意想法，笔者为学生提供了一份表格供学生参考，如表 5-2 所示。同时提示学生，这份表格只供参考，任何有创意的想法都可以，也可以通过网络手段查询，但是必须要做的是把创意作品的设计思路写下来。

表 5-2　创意表格

创意维度	描述	举例
声音控制风扇	利用声音传感器对风扇的控制都有哪些方式	声音传感器检测到声音时，风扇开始转动，声音越大，风扇转动速度越快；检测不到声音时风扇保持静止
控制风扇	还可以通过哪些方式控制风扇	利用温度传感器控制风扇
声音控制	利用声音传感器还可以控制什么	声控窗帘

　　最后对该课进行总结：Arduino 对直流电机的控制原理和程序其实并不复杂，学习该课最重要的目的是思考如何设计风扇会更有生活意义。因此，学习 Arduino 机器人并不只是学习机器人的知识和技术，更希望大家在学习完机器人课程后能

够设计与开发出更有创意和生活意义的作品。

（七）教学反思

该课题的重点是 Arduino 对直流电机的控制方法，从学生的课堂反映来看，所有学生基本都已掌握了这个知识点。从教学设计中的任务完情况来看，全班 30 人（共 15 组）全部完成了基础任务。对于拓展任务，有 1 组学生利用课堂时间做出了光控风扇，还有 1 组做出声音同时控制风扇的转动方向和转动速度，许多学生都提出了创意想法，比如温控风扇、声控窗帘、声控闹钟等。通过该节课的学习，学生不仅学到了 Arduino 机器人的知识，提高了动手能力、团队合作能力，同时对 Arduino 在实际生活中的应用也有了更多的思考。

另外，该节课还有一些需要改进的地方。比如，如何正确引导学生进行小组合作，提高合作的效率；对学生拓展的提示和引导过于详细，制约了学生思维的发散；对学生作品的评价不够细致，造成了部分学生在问题出现后不能及时得到解决。希望在之后的教学中对这些地方进行改进，以更好地组织课堂教学。

二、"'自动变速风扇'教学实践与反思"[①]

在中小学机器人课程中，控制理论是必不可少的，根据人的干预情况可以将控制过程分为自动控制和人工控制。该节课以自动变速风扇为例，引导学生在理解机器人控制中自动控制的同时，感受机器人控制的多样性和趣味性，体验机器人技术的生活应用，培养其对科技生活的热爱和向往。

（一）选题背景

自动控制是指应用自动化仪器仪表或自动控制装置代替人自动地对仪器设备或工程生产过程进行控制，使之达到预期的状态或性能指标。从机器人的角度来讲，笔者认为自动控制是在没有人干预的情况下，利用控制装置对机器人进行的调节与控制。电风扇是学生耳熟能详的家用电器，但通常都是人工控制风扇的开关与风速，缺少科技色彩，该节课从自动控制的角度出发，让学生体验自动变速风扇的设计，不仅能够让学生认识自动控制技术，而且能够在学生既有认知经验的基础上产生认知冲突，激发学生参与设计制作的欲望。通过亲身实践，学生不仅能够制作出该节课的相关作品，对自动控制有了更多的了解，同时也能对生活

---

① 该案例作者：张禄（无锡市第一中学），谢作如（温州中学），钟柏昌。

中的自动控制产生兴趣，激发出更具创意的想法，设计出更加有趣、有生活意义的作品。例如，从自动控制的角度提出光控窗帘、自动浇水花盆、自动加湿器等；从风扇的角度提出温控风扇、光控风扇、倾倒自动停止风扇等。

（二）方案设计

1. 教材与学生情况分析

该节课是教材《Arduino 创意机器人入门》中第二章"智能风扇"的第三课，主要涉及声波传感器与直流电机两种器件的使用，并使用超声波传感器制作出自动变速风扇，最后从自动控制的角度，激发学生更多的创意。在该节课之前，教材中已有"智能 LED"一章和该章"智能风扇"的前两课，"智能 LED"一章主要涉及传感器的基本使用方法及 Arduino 机器人的基本控制方法，"智能风扇"的第一课主要是 Arduino 控制直流电机的方法，第二课则是用按钮制作换挡风扇，是典型的人工控制，这些都为该节课的引出及教学奠定了一定基础。因此，该节课将以此为基础，引导学生制作自动变速风扇，帮助其理解自动控制。

该节课的教学对象是高一学生。通过前面的学习，学生已经熟练掌握了Arduino 机器人的输入输出，掌握了传感器的一般使用方法及直流电机的控制方法，熟悉了 ArduBlock 的基本模块。另外，通过对直流电机的学习，学生对 Arduino机器人控制电机产生了浓厚的兴趣，并迫切的需要深入了解。

2. 教学目标

（1）知识与技能

了解超声波传感器的测距原理；

掌握超声波传感器的使用方法。

（2）过程与方法

通过制作自动变速风扇，了解自动变速风扇进行自动控制的一般过程。

（3）情感态度与价值观

通过 Arduino 制作变速风扇，感受自动控制与人工控制的不同，体验 Arduino机器人的乐趣。

3. 可选方案的设计与选择

通过对教材与学生情况的分析可知，该节课主要是让学生在制作自动变速风扇的同时，理解自动控制，并激发出更多的创意想法。针对自动变速风扇，笔者从距离控制和温度控制两个角度出发，初步设计了四种方案，如表 5-3 所示。

表 5-3　自动变速风扇方案设计

方案名称	方案描述	主要器材	编程知识
方案一	利用超声波传感器测距，在某个范围内，距离越大，风扇转动速度越大；距离越小，风扇转动速度越小	Romeo V1.2、超声波传感器、电机	选择结构、映射
方案二	利用热释电红外传感器检测人，当有人时利用超声波传感器测距，在某个范围内，距离越大，风扇转动速度越大；距离越小，风扇转动速度越小	Romeo V1.2、超声波传感器、热释电红外传感器、电机	选择结构（嵌套）、映射
方案三	利用红外距离传感器测距，在某个范围内，距离越大，风扇转动速度越大；距离越小，风扇转动速度越小	Romeo V1.2、红外距离传感器、电机	选择结构、映射
方案四	利用温度传感器控制风扇，温度高于一定值时，风扇开启，温度越高，风扇转动越快	Romeo V1.2、温度传感器、电机	选择结构、映射

比较以上四种方案，该节课最终选择了方案一进行教学。主要有以下几点原因：从学习内容的难度来看，方案二要涉及热释电红外传感器，并且还有选择结构的嵌套，难度较大，其他三种方案比较适中；从学生的兴趣方面来看，他们对距离控制比温度控制更感兴趣，无论是超声波传感器还是红外距离传感器都具有一定的吸引力；从教学成本的角度来看，使用红外距离传感器的成本要远远高于使用超声波传感器。因此，综合考虑教学目标、课堂时间和成本等因素后，该节课选择了方案一。其实，方案一与其他三种方案都有或多或少的相似之处，当学生理解之后，其他三种方案也会变得简单。

（三）硬件搭建

变速风扇用到的硬件器材主要包括 Romeo 控制板（Arduino 板）、迷你小风扇、直流小电机、HC-SR04 超声波传感器、USB 数据线和 3P 线等。

1. Romeo 控制板

该节课使用的控制器是 DFRobot 出品的 Arduino Romeo V1.2，该控制器采用的是最基础且应用最广泛的 UNO 板卡。

2. HC-SR04 超声波传感器

该节课用到的 HC-SR04 超声波传感器采购自淘宝网，该传感器基于声呐原理，通过监测发射一连串调制后的超声波及其回波的时间差来得知传感器与目标物体间的距离值。其性能比较稳定，测度距离精确，盲区为 2cm，最大探测距离为 450cm。它有 4 根针脚，分别是 VCC，GND、Echo 和 Trig，其中，Trig 是超声波发射端，Echo 是超声波接收端。在使用时，先将其在 Arduino 板上插好再通电，避免产生高电平的误动作，如果产生了，重新通电方可解决。

3. 硬件搭建

搭建时，直流电机、风扇与 Romeo 控制板的连接可参见《声控风扇》案例中的介绍。自动变速风扇在搭建硬件时，HC-SR04 超声波传感器的 Trig 和 Echo 分别连接数字针脚，接线图如图 5-4 所示，Trig 和 Echo 分别连接数字针脚 8 和 9。

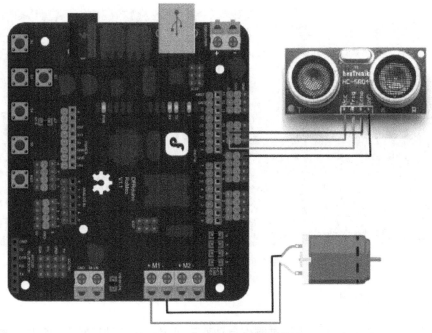

图 5-4　自动变速风扇接线图

（四）程序编写

硬件搭建好之后，接下来就需要编写程序了。该节课采用的编程环境是图形化编程软件 ArduBlock。

自动变速风扇的程序编写分为两个部分：一是通过串口监视器输出超声波传感器测距的程序，通过这个程序，学生可以清楚地看到超声波传感器测到的距离值；二是根据串口监视器读到的值编写自动变速风扇的程序。读取超声波传感器值的程序如图 5-5 所示，程序中超声波传感器的 Trig 和 Echo 分别连接数字针脚 8 和 9。假如超声波传感器测到的距离大于 40cm 时，风扇开始转动，且转动速度随距离的增大而增大，则自动变速风扇的程序如图 5-6 所示。

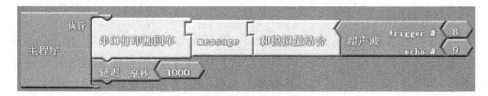

图 5-5　读取超声波传感器的值

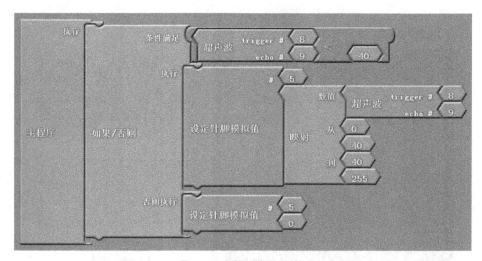

图 5-6　声控风扇的程序

（五）拓展应用

该节课主要是希望学生通过制作自动变速风扇，对自动控制有一定的了解，可以区分自动控制和人工控制，以拓展思路，在进行创意时有明确的方向感，即可以从自动控制和人工控制的角度分别去拓展创意。比如，按照聚类思想①进行聚类时，以相似的功能（距离控制风扇）聚类，设计红外测距控制风扇、激光测距控制风扇等；以相似的目标（测量距离）聚类，设计出激光测距测高仪、超声波距离探测车等；以相似的技术思想（自动控制）聚类，设计出光控窗帘、自动浇水花盆、自动加湿器等。因此，教学中希望学生以自动控制为触发点，尽可能多地发散出有聚类性质的作品。

（六）教学实践

在实际教学中，该节课主要通过以下四个环节完成的：复习旧知，引入新课；

---

① 钟柏昌，李艺. 信息技术课程内容组织的三层架构[J]. 电化教育研究，2012（5）：17-21.

问题分析，激发兴趣；自主学习，解决问题；拓展提升，课堂总结。

1. 复习旧知，引入新课

该环节主要是通过带领学生回顾以前做过的 Arduino 控制 LED 和风扇的各种作品，引导学生从自动控制和人工控制的角度去分析与总结，为学生打开畅想之窗，以便于该节课教学的展开。

2. 问题分析，激发兴趣

该环节首先向学生介绍自动变速风扇的工作原理，其次引导学生讨论：使用哪种传感器可以检测距离。从而引出当前进行高精度测距时主要使用三种方法：激光测距，红外测距和超声波测距。其次讲解它们测距的原理是相同的，即对准需要测距的障碍物发射一束激光（红外线或超声波），检测接收到其反射回来所用的时间，再用光速（或声速）乘以时间，再除以 2，则可以得出距离值。最后介绍 HC-SR04 超声波传感器的使用，此时要特别强调它有四根线，其中两根是连接数字针脚的。同时向学生说明在 ArduBlock 中超声波传感器有相关的模块。

学生在认识了超声波传感器之后，请学生将设备线路连接好继续提出问题：如何制作自动变速风扇。引导学生讨论得出结果，首先需要利用串口监视器读取超声波传感器检测到的距离值，然后利用距离值制作自动变速风扇。指导学生编写读取超声波传感器值的程序，也是该节课的基础任务一：利用串口读取超声波传感器测到的距离值。由于学生已经比较熟悉 ArduBlock 中串口监视器的使用，这里只是为学生简单介绍了超声波测距模块的使用。经过实践，只要学生在连接超声波传感器时接线没有错误，程序一般都不会出错。

3. 自主学习，解决问题

该环节主要是在前一环节的基础上，以学生小组合作为主进行自主探究学习。笔者向学生介绍自动变速风扇的具体含义，即通过感知人与风扇的距离，改变风扇的速度，比如，人离风扇比较近的时候，风扇转动很慢，甚至静止，距离越远，转动越快。当然，如果我们离风扇很远时（测距值大于某个值，比如 40cm 时），风扇也会停止转动。在这里提示学生，需要解决的核心问题是实现距离值和风扇转动速度值的一一对应，这样学生便自然地想到了映射。然后布置该节课的基础任务二：制作自动变速风扇；同时，请学生以小组合作的形式完成任务。

4. 拓展提升，课堂总结

学完该节课后，为鼓励学生产生一些创意想法，笔者为学生提供了一份表格供学生参考，如表 5-4 所示。同时提示学生，这份表格只供参考，任何有创意的想法都可以，也可以通过网络手段查询，但是必须要做的是把创意作品的设计思路写下来。

表 5-4 创意表格

创意维度	描述	举例
距离控制风扇	通过距离对风扇的控制还可以有哪些	利用红外距离传感器测距，实现对风扇转动方向和转动速度方面的控制
	……	……
测量距离	测距机器人可以应用在哪些方面	将超声波传感器安装在小车上，制作成测距小车，帮助人们在恶劣的环境中测量距离
	……	……
自动控制	生活中还可以制作哪些自动控制的机器人呢	利用土壤湿度传感器检测盆栽的土壤湿度，实现自动浇水的花盆
	……	……

对该节课进行总结：Arduino 机器人中的控制可分为自动控制和人工控制，其实生活中也有很多类似的控制，尤其对一些恶劣环境中的操作，自动控制显得尤为重要。通过该节课的学习希望学生可以从这两个方面出发去思考，如何设计机器人会更有创意、更有生活意义，或者还可以设计出哪些更有生活意义的机器人。

（七）教学反思

该节课主要是希望通过制作自动变速风扇，学生能够认识到控制过程可以分为自动控制和人工控制两大手段，以便于以后进行制作和创意时能够更有方向感。从学生的课堂反应来看，所有学生基本都能够理解并区分这两种控制手段。从教学设计中的任务完情况来看，绝大多数学生完成了规定任务。许多学生都提出了创意想法，比如光控窗帘、自动浇水花盆、超声波距离探测车等。通过该节课的学习，学生不仅学到了 Arduino 机器人的知识，提高了动手能力、团队合作能力、自主学习能力，同时在制作 Arduino 机器人创意作品时，也有了更明确的思考方向。

另外，该节课还有一些需要改进的地方。比如，在教学过程中，笔者对自动控制和人工控制的渗透不够到位，使学生对概念只能够简单认识，并没有深刻理解；在学生自主学习的环节，不能够关注到每个学生，不能提供及时、有效的帮助；对学生作品的评价不够细致，造成部分学生在出现问题后不能及时得到解答。希望在之后的教学中对这些地方进行改进，以更好地组织课堂教学。

三、"'自动跟踪风扇'教学实践与反思"①

一般来讲，机器人可分为主控制器、传感器、驱动器、执行器四大部分②，而作为中小学机器人课堂中不可或缺的驱动器之一，舵机的引入能够使学生的学习发生质变。舵机对学生的硬件搭建和程序编写提出了更高要求，同时也会促使学生产生更多的创意。该节课结合学生学过的手势识别技术，以制作自动跟踪风扇为例，引导学生综合运用所学知识解决实际问题，从而体验机器人技术在日常生活中的应用，培养学生创新思维和解决问题的能力。

（一）选题背景

机器人是一门综合性很强的学科，它要求学生在了解基本原理的前提下，能独立地动手操作，并能够结合简单的生活问题设计解决方案，通过硬件装配、程序编制、调试，完成相应作品。③因此，笔者认为中小学机器人教学应从机械、传感、控制三个方面进行展开，它们分别对应机器人的硬件搭建、工作原理、程序编写。如果学生已经具备了基本的硬件搭建经验，熟悉了机器人工作的基本原理，掌握了程序编写的一般方法，那么引入舵机可以使学生的学习发生质变。这是因为舵机与相对简单一点的直流电机有一些相似之处，同时舵机的固定方式、舵机的工作原理、控制舵机转动的程序编写也都有一定的复杂性，在教学中，舵机可以作为知识螺旋上升结构中的一个转折点。另外，前面教学中接触到的都是控制风扇的开关与风速，并不能实现摇头功能，与实际生活还有一定差距。该节课利用舵机使风扇摇头，同时结合手势识别技术实现风扇自动跟踪摇头，让学生体验自动跟踪风扇的设计，不仅能够让学生了解舵机的基本使用，而且能够促使学生解决实际生活问题，体验科技为人类生活带来的便利。通过亲身实践，学生不仅能够制作出相关作品，对舵机控制有了更多的了解，同时也能对机器人在生活中的应用产生兴趣，激发出更具创意的想法，设计出更加有趣、有生活意义的作品。例如，从传感器的角度提出趋光风扇、除湿风扇等；从驱动器的角度提全方位跟踪风扇等；从执行器的角度提出模拟探照灯、超声波避障车等。

---

① 该案例作者：张禄（无锡市第一中学），谢作如（温州中学），张卫，钟柏昌。
② 毛勇. 机器人的天空——基于 Arduino 的机器人制作[M]. 北京：清华大学出版社，2014：3-5.
③ 郑立新，王振强. 义务教育阶段机器人模块内容标准解读[J]. 中国电化教育，2012（11）：28-30.

（二）方案设计

1. 教材与学生情况分析

该节课源自教材《Arduino 创意机器人入门》中第二章"智能风扇"的第六课，主要涉及数字防跌落传感器、直流电机及舵机的使用，并通过两个数字防跌落传感器的配合使用制作出自动跟踪风扇，最后从传感器、驱动器和执行器等不同角度，激发学生更多的创意。该节课是"智能风扇"一章中最后一个知识点，之前的"智能 LED"一章主要涉及传感器的基本使用方法及 Arduino 机器人的基本控制方法，以及"智能风扇"一章的前几课主要讲述了风扇的基本控制方法，都为该节课的引出及教学奠定了一定基础。

该节课的教学对象是高一学生。通过前面的学习，学生已经熟练掌握了 Arduino 机器人的输入输出，掌握了传感器的一般使用方法及直流电机的控制方法，熟悉了 ArduBlock 的基本模块。另外，通过对手势控制 LED 的学习，学生掌握了手势控制的基本原理和方法；通过课外兴趣小组形式的学习，部分学生对 3D 打印技术的应用有了一定的了解；通过对风扇的学习，学生对控制风扇在生活中的应用产生了浓厚的兴趣，对 Arduino 机器人的深入学习有了迫切的需要。

2. 教学目标

（1）知识与技能

认识舵机，掌握舵机的使用方法；

能够使用两个数字防跌落传感器制作自动跟踪风扇。

（2）过程与方法

通过制作自动跟踪风扇，了解控制舵机的一般方法。

（3）情感态度与价值观

通过 Arduino 制作自动跟踪风扇，感受 Arduino 机器人的强大功能，体验 Arduino 机器人在生活中的应用。

3. 可选方案的设计与选择

由教材与学生情况的分析可知，该节课主要是希望学生能够学会控制舵机，在制作自动跟踪风扇的同时，对相关的生活问题产生更多思考，激发出更多的创意想法。针对自动跟踪风扇，笔者从传感器和舵机两个角度出发，初步设计了三种方案，如表 5-5 所示。

表 5-5　自动跟踪风扇方案设计

方案名称	方案描述	主要器材	编程知识
方案一	根据传感器检测到的手势方向控制风扇摇头：手势从左到右，风扇则从左到右摇头；势从右到左，风扇则从右到左摇头	Romeo V1.2、两个数字防跌落传感器、电机、一个舵机	循环结构、选择结构、与运算、非运算、延时
方案二	利用热释电红外传感器检测人，当检测不到人时，风扇在舵机转动角度范围内（0~180°）反复摇头，直到检测到人后停止摇头	Romeo V1.2、热释电红外传感器、电机、一个舵机	选择结构（嵌套）、与运算、非运算、延时
方案三	根据传感器检测到的手势方向控制风扇摇头：手势从左到右，风扇则从左到右摇头；手势从右到左，风扇则从右到左摇头；手势从上到下，风扇则从上到下摇头；手势从下到上，风扇则从下到上摇头	Romeo V1.2、四个数字防跌落传感器、电机、两个舵机	循环结构、选择结构、与运算、非运算、延时

　　经过比较，该节课最终选择了方案一进行教学，原因如下：从课堂教学的可控性来看，方案二涉及的热释电红外传感器是不利于课堂操作的，这是因为热释电红外传感器的检测角度和距离都比较大，易受干扰，可用于学生课外兴趣探索；从学习难度来看，方案三虽然用到的编程知识与方案一相同，但是程序的复杂度确实增加了，而且方案三在组装搭建时要困难得多；从教学成本的角度来看，热释电红外传感器几块钱一个，而数字防跌落传感器几十块钱一个，所以在不用热释电红外传感器的前提下，也需要尽量减少数字防跌落传感器的数量，也可让感兴趣的学生利用课外时间使用两个小组的器材实现方案三。因此，从影响因素、难易程度和成本这三个方面出发考虑，方案一是最佳选择。其实，在完成方案一之后，感兴趣的学生很容易通过小组探究学习的形式实现方案二和方案三。

（三）硬件搭建

　　自动跟踪风扇用到的硬件器材主要包括 Romeo 控制板、迷你小风扇、直流小电机、数字防跌落传感器、舵机、USB 数据线和 3P 线等。

　　1. Romeo 控制板

　　该节课使用的控制器是 DFRobot 出品的 Arduino Romeo V1.2，该控制器采用的是最基础且应用最广泛的 UNO 板卡。

　　2. 数字防跌落传感器

　　该节课使用的手势识别传感器是 DFRobot 的数字防跌落传感器，它采用了夏普公司的距离传感器，是一种光电开关传感器，输出数字信号，有效检测距离为10cm。该传感器具有受可见光干扰小、易于装配、使用方便等特点。教学时要注意的是该传感器检测到障碍物时输出低电平，即0，而没有检测到障碍物时输出高电平，即 1。

3. 舵机

舵机又称伺服电机，其工作过程是把所受到的电信号转换成电动机轴上的角位移或角速度输出。该节课使用到的舵机是 TowerPro 的 SG90 舵机，它有三条控制线，其中棕色线接 GND，红色线接 5V，橙色线接数字针脚。另外，舵机的最大转动角度有 180°和 360°之分，而该节课使用的 SG 舵机的转动范围为 0～180°。教学时需注意：Arduino 板上支持舵机的只有数字针脚 9 和 10，因此，舵机橙色线只能连接数字针脚 9 或 10。

4. 硬件搭建

搭建时，将风扇连接在直流电机上，然后通过电机固定件（使用 3D 打印机打印）固定在长条的中间部位，将两个数字防跌落传感器分别固定在长条左右两侧，再把长条固定在舵机的舵盘上，同时将舵机通过舵机固定件（使用 3D 打印机打印）固定在 U 条上。在接线时，直流电机接到 Romeo 控制板的电机模块（M1 或 M2 接线柱），舵机连接数字针脚 9，左右两个数字防跌落传感器分别链接数字针脚 11 和 12，接线图如图 5-7 所示。

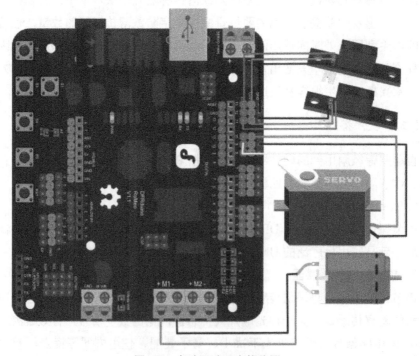

图 5-7　自动跟踪风扇接线图

（四）程序编写

硬件搭建好之后，接下来就需要编写程序了。该节课采用的编程环境是图形化编程软件 ArduBlock。

笔者为自动跟踪风扇的程序编写设计了两种思路，第一种是通过循环结构和选择结构的嵌套实现条件的判断（即手势方向判断和舵机转动角度保持在 0～180°范围内），程序如图 5-8 所示；第二种是只通过循环结构判断条件，程序如图 5-9 所示。两种思路的程序中硬件的接线是一样的，直流电机链接 M1 接线柱，数字防跌落传感器分别连接数字针脚 11 和 12，舵机连接数字针脚 9。两种思路各有优缺点，第一种虽然降低了逻辑判断难度，但是增加了嵌套结构，第二种恰好相反，具体实施时可根据学生情况合理采用。该节课中使用的是第一种，但是也有少数学生会自行编写出第二种来。

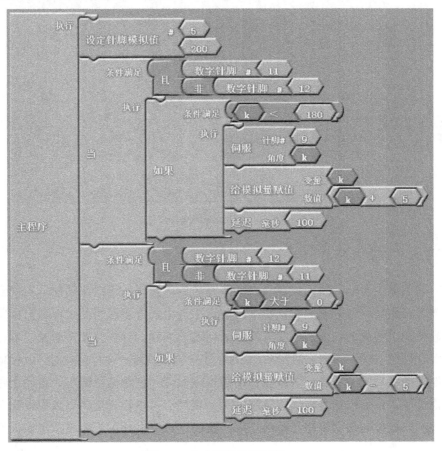

图 5-8　自动跟踪风扇程序一

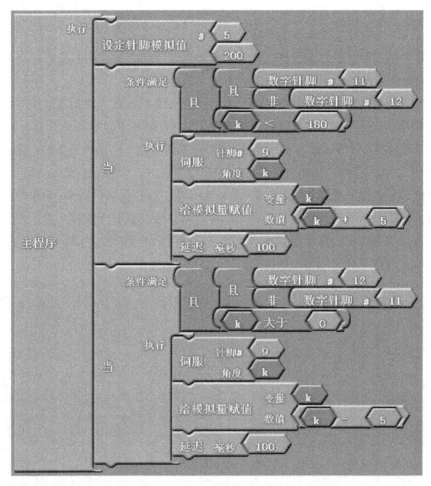

图 5-9 自动跟踪风扇程序二

（五）拓展应用

该节课主要是希望通过制作自动跟踪风扇，实现风扇摇头功能，启发学生将学习和生活有效联系起来，使学生明白生活中的许多应用是可以通过课堂学习思考加以实现的，激发学生解决生活问题的兴趣，并依此发挥想象，制作出更多有创意、有生活意义的作品。比如，按照聚类思想[1]进行聚类时，以相似的功能（摇头功能）聚类，可以设计出模拟探照灯、超声波避障车、自动全角拍摄像机等；以相似的目标（使风扇摇头）聚类，可以设计出趋光风扇、除湿风扇等；以相似的技术思想（手势识别）聚类，可以设计出手势模拟鼠标、手势

---

① 钟柏昌，李艺. 信息技术课程内容组织的三层架构[J]. 电化教育研究，2012（5）：17-21.

控制家电等。因此，教学中希望学生能够以自动跟踪风扇为基础，对生活中各种问题产生兴趣并积极思考，同时提出解决方案，尽可能多地发散出有聚类性质的作品。

（六）教学实践

在实际教学中，该节课主要通过以下四个环节完成的：创设情境，导入新课；分析问题，突破重点；分组合作，完成任务；拓展提升，课堂总结。

1. 创设情境，导入新课

该环节主要是通过创设情境，鼓励学生"学起于思，思源于疑"，在学习和生活中要善于思考、敢于怀疑，密切学习与生活的联系，做到学以致用。引导学生认识到前面做过的风扇在实际生活的应用中仍存在一些不便之处，其中最主要的就是不能摇头。

2. 分析问题，突破重点

该节课的重点内容是让学生学会使用舵机实现风扇的摇头，该环节则主要是帮助学生学习舵机的使用。承接上一环节，首先，引导学生讨论：如何使风扇摇头。很多学生会想到用电机实现风扇的摇头，可由此引出与电机极其相似的舵机（其实舵机内部结构包含了一个电机），当然如果有接触过的学生已经想到了舵机，这里就可以让学生教学生了。其次，简单讲解舵机的结构——它是由电机和许多齿轮构成的复杂机械结构，可以实现旋转角度和转动速度的控制。最后，介绍一下该节课用到的 180° 舵机，此时要特别强调舵机的接线，即棕色线接 GND、红色线接 5V、橙色线接数字针脚，并且只能连接数字针脚 9 或 10。

在认识了舵机之后，请学生将设备线路连接好。然后向学生讲解在 ArduBlock 中舵机相关的模块。ArduBlock 中控制舵机的模块主要有两个，即"伺服"模块和"360 度舵机"模块，如图 5-10 所示，而该节课用到的是前者。"伺服"模块的使用非常简单，向学生讲解的时候可以类比常用的"设定针脚数字值"和"设定针脚模拟值"模块，它们的使用几乎一样。这里要继续强化学生，与设定针脚值不同的是舵机只能连接数字针脚 9 或 10。另外，提示学生模块中的角度既可以是常量也可以是变量。这时，学生们会跃跃欲试来控制舵机了，适时地提出该节课的基础任务一：尝试控制舵机，使其从 0° 缓慢转动到 1800°，仍然要提示学生，可以通过舵机角度的缓慢递增（即延时）实现。经过实践，学生的完成率还是较高的，图 5-11 是基础任务一的程序。

图 5-10 "伺服"模块和"360度舵机"模块

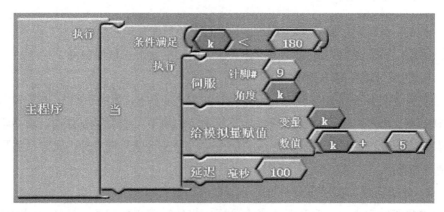

图 5-11 基础任务一

3. 分组合作，完成任务

该环节主要是让学生通过小组内部的分工合作完成自动跟踪风扇的创作。首先向学生讲解该节课的自动跟踪风扇是通过检测人手的运动方向，实现摇头跟踪。而小组内部的分工可分为搭建和编程。提醒学生：第一，舵机一定要固定好，因为承重比较大，可借鉴直流电机的固定方式，用 3D 打印机打印固定件（其实上课时笔者已准备了这样的固定件，只是没有直接提供给学生，以激发其更多的想法）；第二，检测人手的运动方向，可以使用前面学过的手势识别技术，即通过手势识别使舵机跟随手势方向旋转。然后布置该节课的基础任务二，即制作自动跟踪风扇。同时，请学生小组内部合理分工，共同完成任务。当完成任务后，经小组内部讨论不再做修改后，请每个小组展示自己的作品。展示中穿插小组间的互评，以及教师的简单点评。

4. 拓展提升，课堂总结

学完该节课，为鼓励学生更多关注生活问题，在生活中寻找创意，笔者为学生提供了一些创意实例供学生参考，如表 5-6 所示。同时提示学生，这份表格只供参考，任何有创意的想法都可以，也可以通过网络手段查询，但是必须要做的是把创意作品的设计思路写下来。

表5-6　创意表格

创意维度	描述	举例
传感器	通过改变传感器的方式控制风扇摇头的应用	利用温湿度传感器检测温湿度，当达到一定值时启动摇头功能，实现降温除湿功能
	······	······
驱动器	通过改变驱动器（舵机）的方式控制风扇的应用	为自动跟踪风扇再增加一个舵机，使其不仅可以左右摇头，还可以上下摇头，实现全方位摇头
	······	······
执行器	通过改变执行器（风扇）的方式实现其他方面的控制	通过手工制作将 LED 改装为探照灯，利用舵机实现模拟探照灯
	······	······

对该节课进行总结：Arduino 机器人不仅可以制作一些有趣的"小玩具"，还可以制作一些有实际生活价值的作品。学习不仅为了满足大家的求知欲和好奇心，也希望学生可以将学习和生活有机结合，做到学以致用，希望学生在以后的生活和学习中积极思考，思考还可以制作哪些机器人为我们的生活带来方便。

（七）教学反思

该节课主要是希望通过制作自动跟踪风扇，学生能够认识到 Arduino 机器人不仅有趣好玩，而且可以完全可以应用于生活实际，甚至可以创作出一些作品为生活带来方便。从学生的课堂反应来看，所有学生基本都能够制作出摇头风扇，并认识到 Arduino 机器人在生活应用中的价值，偶尔有个别小组可能由于对手势识别的知识有所遗忘，在完成基础任务二时需要寻求帮助。从学生创意的角度来看，很多学生都能有自己的美好想法，比如趋光风扇、除湿风扇、模拟探照灯等。通过该节课的学习，学生不仅学到了 Arduino 机器人的相关知识，提高了动手能力、团队合作能力、自主探究能力，同时在遇到生活问题时，也能够更多地通过所学知识进行解决。

另外，该节课还有一些需要改进的地方。比如，在教学过程中，笔者对所学知识（手势识别）的复习引导不到位，使学生不能及时回想起具体内容；在评价环节，学生小组间的互评和师评都做得过于简单和匆忙，造成了部分学生在发现问题后不能及时解决和强化。希望在之后的教学中对这些地方进行改进，以更好地组织课堂教学。

第二节 小车驱动类教学设计与反思

本节主要包括三个案例，均与小车平台有关，分别为"'自动跟踪小车'教学设计与反思"（主要利用超声波传感器和红外数字避障传感器控制小车对人的跟随）、"'巡线挑战赛'教学设计与反思"（主要利用循线传感器实现小车对复杂路线的循线运动）和"'障碍停车挑战赛'教学设计与反思"（主要利用超声波传感器实现精准停车）。

一、"'自动跟踪小车'教学设计与反思"[①]

目前，小车是中小学机器人教学的一个主要载体。然而，有关以小车为载体的教学，往往局限于避障小车、巡线小车、防跌落小车等，这些单一性、重复性的、缺乏趣味性的内容，既没有体现机器人蕴含的教育价值，也不能很好地激发学生的探究欲望和创新意识。本课题以自动跟踪小车为例，综合应用所学的知识和技术制作有创意的机器人作品，培养学生利用 Arduino 设计智能小车的能力。

（一）选题背景

自动跟踪是连续跟踪并测量运动目标轨迹参数的系统，它由位置传感器、信号处理系统、伺服系统和跟踪架等部分组成。目前，人们一般采用较为复杂的算法来实现自动跟踪,如质心跟踪算法、相关跟踪算法、相位相关算法、多目标跟踪算法、边缘跟踪算法、组合跟踪算法等。[②]显然这些算法超越了中学生的可接受能力，在教学中不易实现。考虑到教学的可行性，本节课采用了具有测障功能的传感器来实现小车的自动跟踪功能，基本思路是利用两个红外数字避障传感器检测人或者物体移动的方向，决定小车的左转和右转；利用超声波传感器检测小车与物体之间的距离，根据检测出的距离决定小车的前进、后退或者停止。因此，利用传感器实现自动跟踪是本节课的教学重点和难点。

---

① 该案例作者：张丽芳（太原西苑小学），谢作如（温州中学），钟柏昌。
② 杨超华. 基于 LABVIEW 和 MATLAB 混合编程技术的视频运动目标检测与跟踪方法研究[D]. 南京理工大学硕士学位论文，2013：10-18.

（二）方案设计

基于以上利用传感器实现小车自动跟踪功能的思路，笔者首先对教材和学生情况进行了分析，然后确定了这节课的教学目标，最后设计了小车自动跟踪的方案。

1. 教材与学生情况分析

该节课是教材《Arduino 创意机器人入门》第三章"智能小车"的第七节课。该节课主要涉及红外数字避障传感器模块和超声波传感器两种器件，并通过这两种器件的组合应用制作出自动跟踪小车，最后从自动跟踪、小车、传感器等多个角度，引导学生产生更多的小车创意。该节课的教学对象是初一学生。通过前面几节课的学习，学生已经熟练掌握了 ArduBlock 软件的使用、机器人的搭建等内容，掌握了传感器的一般使用方法，掌握了 L298 电机驱动的一般方法，并且具备了一定的编程能力。该节课设计的自动跟踪小车，主要目的是让学生综合应用所学的机器人知识和技术制作一些有创意的机器人作品，提高学生利用 Arduino 制作智能小车的能力。

2. 教学目标

（1）知识与技能

了解一些常见的自动跟踪技术；

掌握利用传感器技术实现自动跟踪。

（2）过程与方法

经过编写、下载程序的过程，体验现代控制中软件、硬件结合制作自动跟踪功能小车的方法；

通过自动跟踪小车实验，体验软件、硬件结合的调试方法。

（3）情感态度与价值观

感受机器人的魅力，激发学习和探索机器人的热情，提高综合应用所学知识制作机器人作品的应用能力。

3. 可选方案的设计与选择

基于以上分析，笔者初步设计了五种自动跟踪小车的方案，如表 5-7 所示。

表 5-7　自动跟踪小车方案（预设）

方案名称	方案内容	器材	编程知识	备注
方案一	利用超声波传感器和红外数字避障传感器实现小车的自动跟踪。其中，红外数字避障传感器用于检测人移动的方向（左转或者右转），以控制小车作相应的转向；超声波传感器用于检测小车与人或者物体的距离，并根据检测的距离控制小车的前进、后退和停止	Romeo 控制板、红外数字避障传感器、超声波传感器	选择结构、且运算	简单、易实现

续表

方案名称	方案内容	器材	编程知识	备注
方案二	利用舵机和超声波传感器实现小车的自动跟踪。其中，超声波传感器用于检测小车与物体的距离以控制小车的方向；舵机用于控制超声波传感器 180°范围内扫描小车与物体的距离	Romeo 控制板、舵机、超声波传感器	选择结构、当循环、变量	程序复杂
方案三	利用遥控器和红外接收头实现小车的自动跟踪。其中，遥控器用于发出小车前进、后退等指令；红外接收头用于接收遥控发出的指令，并根据接收的指令控制小车方向	Romeo 控制板、遥控器、红外接收头	字符串、选择结构、串口输出	学生对字符串暂未接触
方案四	利用语音模块实现小车的自动跟踪。语音模块用于接收人发出的指令，并根据接收的指令控制小车方向	Romeo 控制板、语音模块	库、字符串、选择结构	语音模块有误差
方案五	利用摄像头实现小车的自动跟踪。摄像头用于捕捉人体移动方向，并根据检测到的人体移动方向控制小车方向	Romeo 控制板、无线摄像头	文本式代码	代码复杂

注：除了表中列出的核心器材，还有一些器材也是要用到的，如 USB 数据线、3P 线等。

综合五种方案的不同特点，该节课最终采用方案一作为教学的基本内容，主要原因如下：

第一，从硬件搭建的角度来看。方案一只涉及学生已经掌握的测障传感器，而其他的方案有的涉及语音模块，有的还涉及舵机模块。该节课的目的主要是让学生综合利用所学的机器人知识和技术制作有趣味性的机器人作品，因此，呈现给学生的内容应该是学生所熟悉的硬件。

第二，从程序编写的角度来看。方案一涉及的编写程序的知识是比较简单的选择结构和且运算，其他三种方案还涉及变量、字符串等知识。

第三，从自动跟踪的角度来看。方案一中的小车根据自身带的传感器便可以实现自动跟踪，而其他的方案还需要外界的辅助才能实现自动跟踪，如方案二需要用到舵机，方案三需要用到遥控器，方案四需要用到一个手势端的语音模块，方案五还需要用到摄像头，后面的四个方案虽然可以实现自动跟踪，但是还需要外界信号的输入，显然有些笨拙，没有实现自动化、智能化。

第四，从学生的角度来看。通过前面的学习，学生对机器人已经产生了浓厚的兴趣，掌握了一般传感器的使用方法，并具备了一定的编程能力，但缺乏综合应用所学机器人知识和技术的设计机器人作品的能力，因此，呈现给学生的硬件、算法等最好是学生已经掌握或者熟悉的。

（三）硬件组成与搭建

自动跟踪小车需要用到的硬件器材有 Romeo 控制板、Mini-Q 小车、USB 数据线、红外数字避障传感器、超声波传感器、锂电池、USB 数据线及 3P 线。

1. Mini-Q 小车

该节课使用的小车是 DFRobot 出品的 Mini-Q 小车[①]，如图 5-12 所示。Mini-Q 小车是一款专门为教育机器人设计的小型轮式机器人，该款机器人具有外观小巧、功能强大等特点，学校不需要搭建专门的机器人教学场地，非常适合作为学生学习和娱乐的工具。这款小车也不需要学生懂得太多的复杂电子电路知识，只需要将 USB 数据线插入电池对小车供电，通过编译一些简单的指令对小车进行控制，能帮助学生快速上手移动机器人和 Arduino 平台。这款小车完全兼容 Romeo 控制板，配合该控制器与一些传感器可以搭建很多不同功能小车，此外还可以通过 3D 打印机给小车打印不同风格的外壳，搭建自己喜欢的造型。

图 5-12 Mini-Q 小车

2. 红外数字避障传感器

该节课采用了 DFRobot 出品的红外数字避障传感器，它是一种集发射与接收于一体的光电开关传感器，具有探测距离远、受可见光干扰少、价格便宜、易于装配、使用方便等特点，可以广泛应用于机器人避障、互动媒体、工业自动化流水线等众多场合。该传感器的有效距离是 0～80cm，且检测距离可以根据需要调节传感器背面的电位器，在其有效距离范围内输出的是数字信号，即探头前方检测到障碍物输出 0（低电平），没有检测到障碍物输出 1（高电平）。

---

① Mini 两轮自平衡机器人底盘[EB/OL]. http://www.dfrobot.com.cn/goods-54.html［2014-8-3］.

3. 超声波传感器

该节课采用的超声波传感器是 HC-SR04 超声波传感器,它基于声呐原理,通过监测发射一连串调制后的超声波及其回波的时间差来得知传感器与目标物体间的距离值。其性能比较稳定,测度距离精确,探测距离为 2～450cm,感应角度不大于 15°。在使用 HC-SR04 超声波传感器时,应先将其插好在电路板上再通电,避免产生高电平的误动作,如果产生了高电平的误动作,重新通电即可解决。该传感器的针脚定义,如表 5-8 所示。

表 5-8　HC-SR04 超声波传感器针脚定义

针脚	说明
VCC	电源+5V 输入
GND	电源地线
Echo	超声波接收端
Trig	超声波发射端

4. 硬件搭建

1)将两个数字红外避障传感器固定在支架上面,即支架左边一个传感器,右边一个传感器(使用支架的目的是便于学生区分左右两个传感器及判断人移动的方向)。然后将两个传感器分别接在 Romeo 控制板的数字口上面,同时记录连接到数字口的针脚号,如左右两个传感器分别接在数字口 10 和 11 上,如图 5-13 所示。

2)将 HC-SR04 超声波传感器的四个针脚分别接在 Romeo 控制板的 VCC、GND、两个数字口上,同时记录其数字针脚号,如 Echo 接在了数字口 8,Trig 接在了数字口 9 上,如图 5-13 所示。

3)将 Mini-Q 小车的两个电机线分别接在电机接线柱 M1 和 M2 上面,一般黑线接 GND,红线接 VCC,同时将电池接在外接电源接线柱上面,如图 5-13 所示。

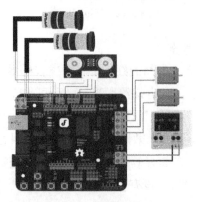

图 5-13　硬件接线图

（四）程序编写

该节课采用的编程环境是图形化编程软件ArduBlock，该软件里面已经有专门的 Romeo 控制板电机驱动模块、超声波模块，只要直接拖动模块就可以编写程序，自动跟踪小车的参考程序如图 5-14 所示。

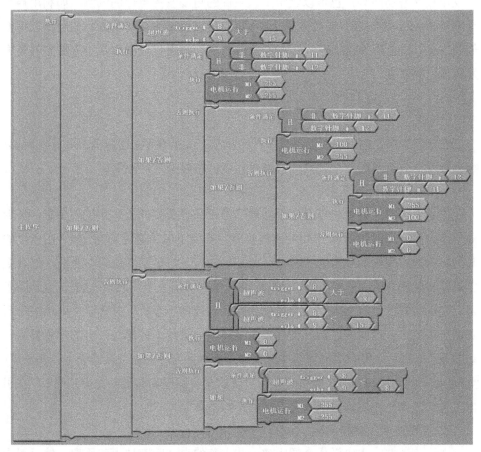

图 5-14　参考程序

（五）拓展应用

学生通过该节课的学习与动手操作，已经掌握了用红外数字避障传感器和超声波传感器制作自动跟踪小车。在该节课的基础上，可以从不同的角度引导学生进行知识迁移和延伸，充分发挥学生的想象力和创造能力，制作出一些有创意的作品。

例如，可以让学生在自动跟踪小车的基础上发挥他们的创意，如小车跟着指定的人实现自动跟踪，当小车找不到此人时可以播放声音，当人行走速度太快时可以添加报警功能等；也可以让学生从硬件的角度发挥自己的创意，如利用声音传感器和 MP3 模块制作声控音乐小车等；也可以让学生从自动跟踪的角度发挥他们的创意，如自动跟踪风扇、自动跟踪 LED 等；还可以让学生从小车造型的角度发挥他们的创意。

（六）教学实践

在该教学中，笔者主要通过以下四个环节来完成教学：温故知新，导入新课；抛出疑问，分析问题；搭建硬件，编写程序；拓展提升，课堂总结。

1. 温故知新，导入新课

在上课之前，笔者先带领学生回顾了上一节课所学的内容即避障小车，然后向学生抛出一个问题："除了用超声波传感器实现小车的避障功能，能否用所学的其他传感器实现呢？"学生的回答可能五花八门，如数字防跌落传感器、红外数字避障传感器、触碰传感器等。接着继续向学生提出一个问题："这类传感器除了可以实现小车的避障功能，还可以制作哪些功能的小车？"并让学生以小组的形式展开讨论，一段时间之后，请各个组阐述并记录他们的想法，有的学生提到自动变速小车等。如果学生的答案中并未涉及自动跟踪小车，可以给学生一些提示："既然小车能够避障，那么能否让小车自动的跟着障碍物移动的方向走呢？"在引出"自动跟踪"之后，出示课题"自动跟踪小车"。

2. 抛出疑问，分析问题

在这一环节，先给学生介绍当前一些主流的自动跟踪技术和原理，然后引导学生小组讨论："如何利用所学的机器人知识和技术实现小车的自动跟踪功能？需要哪些传感器呢？"让他们大胆地说出想法并尝试实现。此时可以给学生一些提示，例如，利用传感器检测人或者障碍物移动的方向前进、后退、左转和右转等。经过讨论之后，初步得出需要用到的传感器是两个红外数字避障传感器或者两个数字防跌落传感器，这两个传感器用于检测人或者物体移动的方向左转和右转。由于数字防跌落传感器的有效距离只有 10cm，如果人或者障碍物与小车的距离大于 10cm，则无法实现小车的自动跟踪功能，因此选取了红外数字避障传感器。然后继续向学生抛出问题："小车如何根据人或者障碍物的前进或者后退而实现自己的前进后退呢？"让学生以小组形式继续讨论，这时可以给学生一些提示，比如根据小车与障碍物或者人的距离实现前进后退等，经过讨论之后，得出可以使用超声波传感器来实现。

经过上述讨论之后，与学生一起整理自动跟踪的思路：

如果小车距物体的距离大于 15cm，并且两个传感器同时检测到物体，此时小车前进；

如果小车距物体的距离大于 15cm，并且左边传感器检测到物体，右边传感器没有检测到物体，此时小车左转；

如果小车距物体的距离大于 15cm，并且左边传感器没有检测到物体，右边传感器检测到物体，此时小车右转；

如果小车距物体的距离大于 8cm 小于 15cm，此时小车停止；

如果小车距物体的距离小于 8cm，此时小车后退。

自动跟踪小车的思路清晰之后，引导学生将上述自然语言转化为流程图，如图 5-15 所示。

3. 搭建硬件，程序编写

向学生提出任务：搭建硬件，编写程序实现小车的自动跟踪。

演示红外数字避障传感器、超声波传感器与 Romeo 控制板的连接及自动跟踪小车程序的编写。然后让学生自己搭建硬件，编写程序完成任务。这里要提醒学生 Romeo 控制板的电机驱动占用了数字口 4、5、6 和 7，所以传感器在与 Romeo 控制板连接的时候，应该避开这几个针脚。学生在下载程序观察现象时，可能会发现并未实现小车的自动跟踪功能，此时可以让学生从不同的角度（如红外数字避障传感器的检测距离、程序不同的角度）对小车进行调试。

4. 拓展提升，课堂总结

在学生完成任务时，笔者从机器人造型、功能、算法等方面对学生的作品进行评价。此外，还有部分学生在完成以上任务时，还提出了自己的想法并且写了详细的实现步骤，图 5-15 是两组学生的创意想法：

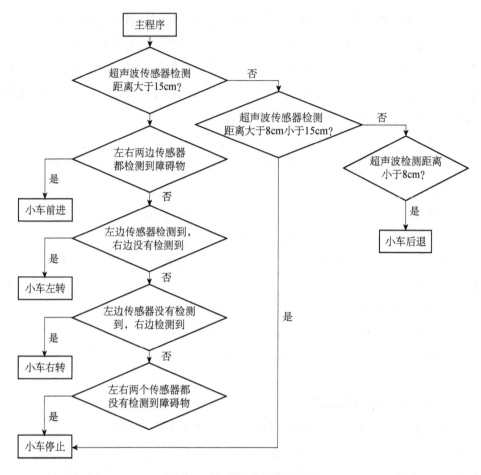

图 5-15 自动跟踪小车流程图

其中一组学生给他们的小车取名为"追着宠物奔跑的小车",初步想法是:在小车身上安装红外接收管,而宠物身上安装红外发射管,当红外接收管收到信号时,小车沿着红外接收管的方向走,这里要特别注意不管是小车还是宠物上面,都要分别安装多个接收管和发射管。另外一组的学生给他们的小车取名为"智能颜色识别小车",初步想法是:在小车上方装上颜色识别传感器,使得小车自动跟着指定颜色的人或者物。遗憾的是,由于课堂时间有限,学生并未将该想法变为现实。

最后笔者对该节课进行了总结:机器人课程不仅只是让学生掌握机器人的知识和技术,还要让学生综合应用所学的知识和技术制作一些有创意、有趣的智能人造物,或者解决日常生活中存在的一些问题。

（七）教学反思

在该节课中，虽然部分学生比较安静、不活跃、参与性比较低，但是从学生掌握的角度看，大部分学生实现了小车自动跟踪的功能，部分同学还增加了其他的功能，如小车停止时蜂鸣器报警、通过三个数字避障传感器小车自动跟踪功能更加完善。学生的探究精神与动手能力的培养与锻炼正是机器人课程开设的价值所在，而学生的兴趣则是探究精神、动手能力培养的前提。该节课基本上成功地激发了学生综合应用所学知识和技术制作机器人作品的学习兴趣。除此之外，笔者还对教学中的一些其他地方进行了总结：

第一，以旧知为起点，鼓励学生设计创造。

本节课以回忆"避障小车"创设情境，让学生思考"还可以利用哪些传感器实现小车的避障功能？这些具有避障功能的传感器还可以制作哪些有趣的机器人作品？"等问题，然后利用这些传感器，进行个性化创作，以制作自动跟踪小车为例，既巩固了所学的知识和技术，又激发了学生的学习兴趣。

第二，以传感器为辅助，讲解自动跟踪技术。

该节课在自动跟踪之前，首先让学生进行大胆实验，尝试实现自动跟踪功能，建构对于自动跟踪的感性认识，然后通过教师的提示，变抽象为形象，学生能够直观地感受自动跟踪技术，并能够自主分析出可以利用哪些传感器实现自动跟踪功能，帮助学生更好地理解自动跟踪的原理，由感性认知上升为理性认识，从而突破教学重难点，也为进一步探究自动跟踪打下良好的基础，有利于学生更好地利用传感器技术实现小车的自动跟踪功能。

二、"'循线挑战赛'教学设计与反思"[①]

机器人循线赛在青少年机器人比赛中占有很大比重，如国际奥林匹克机器人大赛（WRO）中的常规赛，国际青少年机器人世界杯比赛（RCJ）中的搜救，中国科学技术协会的综合技能比赛，RobRave 国际机器人大赛中的循线挑战赛等。该课是第一届 RoboRave 国际机器人大赛亚洲公开赛前期极限工作坊的课程内容，在 Roborave 循线挑战赛的基础上进行设计，通过生动有趣的情境创设，在掌握循线传感器使用的基础上，引导学生根据实际场地图进行编程、测试、调试。

---

① 该案例作者：刘正云（南通大学附属中学），张卫，钟柏昌。

（一）方案设计

1. 学生情况分析

极限学习工作坊课程以循线挑战赛为基本目标进行设计，旨在通过课程的开设，最大程度挖掘学生学习机器人课程的潜力，激发其学习兴趣。课程时长 2 天，最后一天下午班级内部及班级之间以循环淘汰的方式进行比赛。

该节课是极限学习工作坊课程中的一课，教学对象是来自全国各地的小学生，以重庆贝尔机器人、昆明未来机器人俱乐部、常州市武进区湖塘桥实验小学、常州市虹景小学、星辰实验学校的学生为主，学段在四年级到六年级，班级人数 25 人，学生有一定的机器人学习基础。

2. 教学目标

（1）知识与技能

了解之字循线原理；了解处理循线小车过路口的一般方法。

（2）过程与方法

通过编程、测试、调试小车，了解循线挑战赛的一般过程。

（3）情感态度与价值观

通过比赛，体验积极主动参与 Arduino 机器人学习的乐趣。

3. 可选方案的设计与选择

该次循线挑战赛分为资格赛与正规赛两大部分。正规赛小车循线路径为：沿黑线行走—遇到丁字路口转弯到直线赛道上—沿黑线行走到起点。

比赛难点在于小车遇到丁字路口原地转身进行处理的过程，笔者针对"遇到丁字路口"及"成功转身"两方面进行考虑，初步设计了以下几种方案，如表 5-9 所示。

表 5-9　正规赛小车转身思路

类别	方案名称	方案描述	主要器材	方案细节	优缺点
丁字路口	方案一	使用循线传感器进行丁字路口判断	Romeo 控制板、Mini-Q 小车、外接电源、循线传感器	当左右循线传感器同时检测到黑线时，说明小车遇到丁字路口	简单便捷，不需要再多加传感器
	方案二	使用触碰传感器进行判断（检测丁字路口前方的卸货塔）	Romeo 控制板、Mini-Q 小车、外接电源、循线传感器、触碰传感器	当触碰传感器检测到障碍物（卸货塔）时，说明小车走到了丁字路口	触碰传感器负责丁字路口检测，准确高效，但电路搭建及编程难度增加

续表

类别	方案名称	方案描述	主要器材	方案细节	优缺点
成功转身	方案三	使用延时时间控制转身角度	Romeo 控制板、Mini-Q 小车、外接电源、循线传感器（触碰传感器）	当小车遇到丁字路口时，小车原地转圈，调整延时时间，使小车转身到直线赛道上	程序简单，调试复杂，可移植性不强
	方案四	使用循环判断控制转身角度	Romeo 控制板、Mini-Q 小车、外接电源、循线传感器（触碰传感器）	小车遇到丁字路口时，原地转圈（或后退一段距离再原地转圈）。转多长时间由左右传感器检测到的黑白线状态决定	程序比较复杂，控制精准，可适应性强

比较以上四种方案，各有优劣。从学习内容的难度来看，方案一只涉及循线传感器，相对简单。方案二在循线传感器的基础上增加了触碰传感器的使用，有一定难度。但由于前面课程讲过避障小车的具体操作，适应能力强的学生可结合避障小车及简单循线小车的内容，使用方案二对丁字路口进行判断。因此，在丁字路口环节，教师提供两种思路供学生自由选择。方案三比较简单，可作为小车成功转身环节的必讲方案。方案四作为方案三的拓展提升，对学有余力的学生进行重点讲解。

（二）硬件搭建

循线挑战赛用到的硬件器材包括：Romeo 控制板、Mini-Q 小车、2 个 MINI 循线传感器、USB 数据线（触碰传感器可选）。

1. Romeo 控制板

该节课采用的主控板是由 DFRobot 出品的 Arduino Romeo V1.3，该控制器采用最基础但应用最广的 UNO 主控板。

2. Mini 循线传感器

该节课采用的 Mini 循线传感器（图 5-16）以稳定的 TTL 输出信号帮助机器人进行白线或者黑线的跟踪（可以检测白背景中的黑线，也可以检测黑背景的白线），遇到黑线输出低电平，遇到白色输出高电平。

图 5-16　Mini 循线传感器

3. 触碰传感器

该节课采用的触碰传感器（图 5-17）是一个利用接触片实现检测触碰功能的电子部件，主要用于检测外界触碰情况。例如，行进时，用于检测障碍物；走迷宫时，用于检测墙壁等。触碰传感器是一种数字传感器，碰到障碍物时，返回值为 0，同时触碰传感器上的 LED 会点亮；否则返回值为 1，LED 熄灭。

图 5-17　触碰传感器

4. 硬件搭建

根据教学流程，硬件搭建分为三个部分。

第一个环节是资格赛环节，使用一个循线传感器完成循线任务，需要将一个循线传感器接在 Arduino 主控板的数字针脚，如数字针脚 2，如图 5-18 所示。

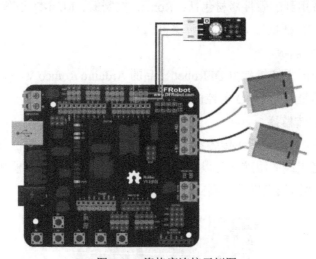

图 5-18　资格赛连接示例图

第二个环节是正规赛环节，使用两个循线传感器完成循线任务，需要将两个循线传感器接在 Arduino 主控板的数字针脚，如数字针脚 2、3，如图 5-19 所示。

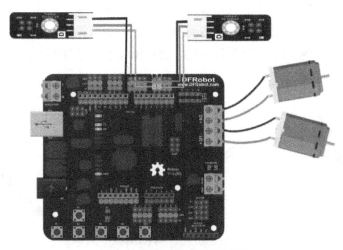

图 5-19　正规赛连接示例图

第三个环节是使用触碰传感器对丁字路口检测进行完善。此时需要将触碰传感器接在 Arduino 主控板的数字针脚，如数字针脚 11，如图 5-20 所示。

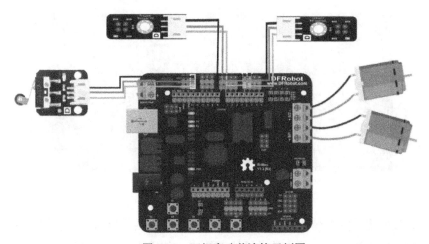

图 5-20　正规赛改善连接示例图

（三）程序编写

硬件搭建完毕，下面的任务是编写程序。该节课采用的编程环境是图形化编程软件 ArduBlock。

循线挑战赛程序主要包括三个部分：

第一部分使用一个循线传感器，利用之字循线法完成循线任务。如图 5-21 所示，小车的循线传感器位于靠近黑线的左侧。在完成循线任务时，循线传感器若是检测到黑线，小车左转；若是检测到白色地板，小车右转；以此不断反复。整个过程中，小车按照"之"字路线前进。这种循线法对摆放小车的初始位置有要求，循线传感器要靠近黑线或者正好在黑线上才行。

图 5-21　之字循线法示例

参考程序如图 5-22 所示，具体参数可以根据实际情况进行调整。

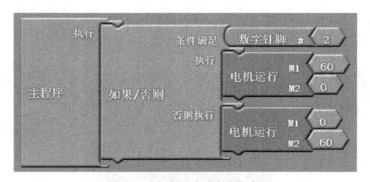

图 5-22　之字循线法参考程序

第二部分使用两个循线传感器完成循线任务，包括基础循线、检测到丁字路口转身回到直线赛道上、再次基础循线到原点。使用方案一和方案三组合进行编程。参考程序如图 5-23 所示，具体参数以实际情况为准。

第三部分在第二部分的基础上，使用方案二和方案四的组合对程序进行改进，在引入触碰传感器进行丁字路口判断的同时，使用循环语句控制转身角度，减少失败的可能性。参考程序如图 5-24 所示。

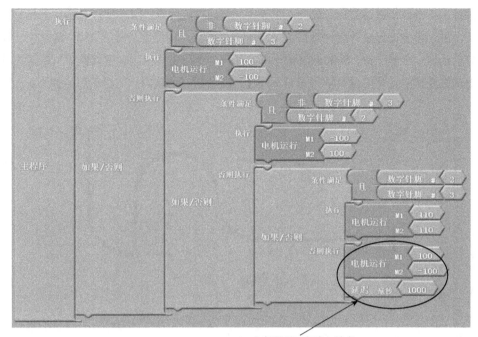

小车遇到丁字路口转身，
转身时间由实际测试得到

图 5-23 正规赛基础程序

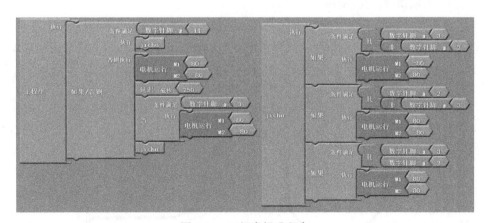

图 5-24 正规赛提升程序

（四）拓展应用

该节课旨在通过循线挑战赛的方式，增强学生对小车循线过程的进一步理解。在此过程中，可以对该节课的内容进行横向及纵向的延伸以促进学生知识迁移与转化。

例如，与多种传感器结合，解决该节课丁字路口检测问题；除教师重点讲解的转身方式，鼓励学生提出多种途径解决该问题；提供其他循线场地（图 5-25），与学生一起分析场地、分解任务、编写测试程序等。如此，不仅可以引导学生掌握该节课所用场地的循线挑战，且可提高学生面对不同场地时分析、解决问题的逻辑思维能力。

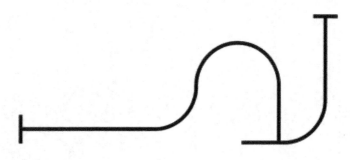

图 5-25　场地示意图升级版

（五）教学实践

在实际教学中，该节课通过以下四个环节完成：创设情境，引入赛制；合作学习，突破重点；整合完善，成就自我；拓展提升，课堂总结。

1. 创设情境，引入赛制

该环节主要通过情境创设（使用机器人模拟未来世界中的自动驾驶载重汽车，这些汽车可以自动沿着规划好的轨迹将货物从仓库运送到卸货码头，然后返回仓库），引入比赛机制，激发学生探究思考、动手实践的兴趣。场地示意图如图 5-26 所示。

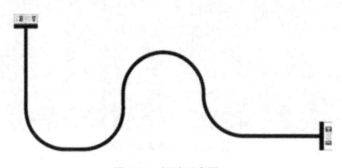

图 5-26　场地示意图

此次比赛由资格赛和正规赛两部分组成，两场比赛场地如图 5-26 所示。

资格赛要求两人一组，用一个循线传感器控制小车，使其沿着黑线从起点走到终点（塔前），不限时间和次数，成功完成任务即可获得正规赛的参赛资格。

正规赛要求裁判员发令后，小车在起点起跑，沿黑线到前方丁字路口，掉头回来，再沿黑线跑回起点即可（只要到达起点位置，可以越过起点，也可以停止或转弯）。

正规赛一共两轮，每轮按照评分表进行打分，如表 5-10 所示，最后取最高得分作为最终成绩。

表 5-10　循线挑战赛评分表

参赛成员：＿＿＿＿＿＿＿　　　　　　　　　　　　　　　　　　　　　　　组别：＿＿＿＿＿＿＿

事项	分值/分	完成情况	得分
离开起点	15		
到达丁字路口	25		
转身并循线返回	35		
成功回到起点	25		
完成任务时间	每 1 秒减 1 分		
总分			

2. 合作学习，突破重点

该部分主要分三个步骤进行。

步骤一：学生使用一个循线传感器编程并完成资格赛。教师在黑板上具体讲解之字循线法的原理与实现过程。学生运用之字循线法编写并调试程序。这个过程中，教师可特别提醒学生小车在运行初始时的摆放位置。

步骤二：两人一组，根据上节课内容，回忆并编写使用两个循线传感器进行简单循线的过程，可在场地图上进行测试。若小车能一直运行到丁字路口前，表示该任务完成。

步骤三：教师抛出问题，什么情况表示小车检测到丁字路口；同时，小车到达丁字路口后要进行什么运动。学生讨论并回答（两个循线传感器同时检测到黑线，表示到达丁字路口；到达以后，小车需转身返回）。教师在学生讨论的基础上，鼓励其根据讨论结果进行编程测试并发现问题（主要问题：小车转身时间需经过不断测试得到）。

3. 整合完善，成就自我

该部分主要是对小车遇到丁字路口及成功转身进行完善。

教师在上一环节的基础上，鼓励学生使用已经学过的知识（触碰传感器）解决丁字路口检测问题（触碰传感器检测到丁字路口前方的卸货塔），引导学生使用多种方法解决问题。

同时，针对转身角度难以精准的问题，鼓励学生使用循环语句进行准确控制。将整个程序分为两大部分，以触碰传感器检测到卸货塔为分界点。检测到（遇到丁字路口）之前，小车进行基础循线；检测到之后，小车原地转圈一定时间，使其处在图 5-27 的方框位置（转圈时间不需要特别精准，只要满足小车处于方框即可）。此时对小车右边的传感器进行判断，当该传感器遇到黑线时，小车不再转圈，表明小车已经回到黑线上，可以继续执行基础循线的程序。由于基础循线程序使用了两次，故而可将其写成子程序进行调用，小车转身程序如图 5-28 所示，基础循线子程序如图 5-29 所示。

图 5-27　整合完善分析示例图

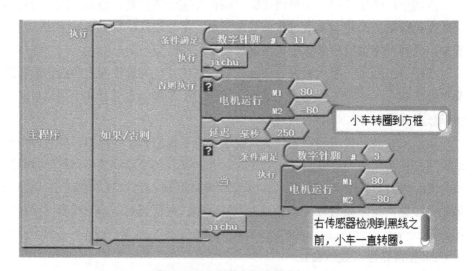

图 5-28　小车转身参考程序

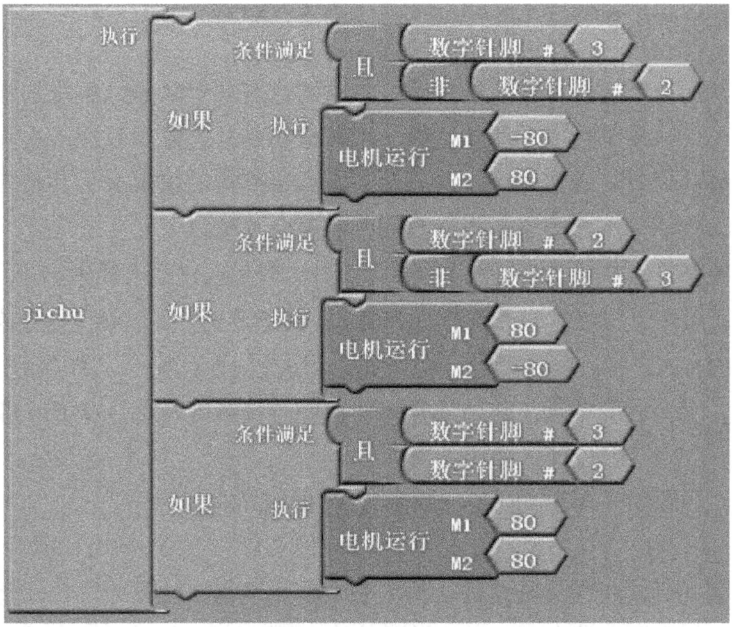

图 5-29　基础循线子程序

学生以组为单位，调试、修改参数、完善程序并参加正规赛的比赛。

4. 拓展提升，课堂总结

学完该节课，为进一步加强学生的理解，可引导学生使用其他方式完善上述程序，也可提供其他场地图供学生思考探究。同时，为了方便学生总结该节课的所学所想，笔者为学生提供一份表格作参考，如表 5-11 所示。

表 5-11　循线挑战赛心得表格

心得	方法一	方法二	方法三
丁字路口判断			
成功转身			

最后对该节课进行总结：小车循线挑战赛看似复杂，但其原理及编程控制都很简单。学习该节课的主要目的，除了参与比赛取得一个良好的成绩，更重要的是学会对项目的运行流程进行分析、分解并逐步解决。在不断调试中，提高逻辑思维能力；在不断优化完善中，提高解决问题的能力。因此，学习 Arduino 机器人并不只是学习机器人知识，更希望大家在学习完机器人课程后，逻辑思维能力及解决问题的能力有所提高。

（六）教学反思

该节课是一节有具体赛制的课程，教学对象是四年级到六年级的学生。该年龄阶段的学生，参与比赛的积极性高，同时分析解决完整项目的能力有待提升。这要求笔者在课堂实施过程中，对项目进行由易到难的层层分析并将其分解成多个小任务，供学生不断完成以提升自我，获得成就感。

该节课在教学难度上，小梯度螺旋式上升。学生通过动手操作实践，一步步获得直接经验以作为解决下一个问题的基础。在教学方式上，以学生讨论为主、教师讲解为辅的方式进行，鼓励学生分组合作，大胆提出自身观点，课堂氛围活跃。

当然，因为时间关系，该节课在拓展提升的具体展开上，有待改进。

三、"'障碍停车挑战赛'教学设计与反思"[①]

将比赛的形式应用到具体的机器人教学实践过程中，设计符合课堂教学情境的比赛形式，为学生带来不一样的学习体验。《障碍停车挑战赛》一课尝试将知识点的讲解寓于比赛的准备阶段，将程序的迭代过程寓于比赛的测试阶段，并在比赛过程中提供学生不同的角色扮演机会，以此过程进行教学实践从而提高学生学习兴趣与解决问题能力。

（一）方案设计

1. 教材与学生情况分析

该节课选自冀教版八年级下册机器人第十四课《障碍停车挑战赛》，主要涉及小车在规定的时间和距离内实现精准停车。在该节课之前，教材已经呈现了"超声波传感器的功能及使用方法"与"Mini-Q 小车运动控制"的相关内容，并且已经完成了小车循线挑战的比赛，这为该节课的教学奠定了理论及实践基础。

该节课的教学对象为八年级的学生，通过前面的学习，学生已经习得了小车运动方向、速度等基本控制方法，具备了一定的机器人测试与调试的实践经验；同时，在实践过程中已经逐渐形成不断改进机器人功能的迭代思想。

2. 教学目标

（1）知识与技能

进一步熟悉超声波传感器的使用；

---

① 该案例作者：韩蕾，张禄（无锡市第一中学），钟柏昌。

掌握"上电运行时间"模块在 ArduBlock 中的使用方法；

能够使用超声波传感器制作避障小车。

（2）过程与方法

了解障碍停车挑战赛的一般过程，了解各个角色在比赛中的职责和作用；

在完成障碍停车挑战赛的过程中体验机器人的测试与调试，将迭代思想迁移到实际问题的解决过程中。

（3）情感态度与价值观

通过比赛的形式，激发学生学习机器人的兴趣，并促使学生主动投入学习过程中。

3. 可选方案的设计与选择

该比赛要求学生制作的避障小车能够在 10 秒内到达终点线，并实现小车与终点线之间距离的最小化（不能超越终点线），难点在于控制小车的运动时间和小车与障碍物之间的距离。

通过对比赛任务进行分析，笔者就"计时"和"测距"两方面设计了以下几种方案，如表 5-12 所示。

表 5-12 避障小车方案设计

类别	方案名称	方案描述	主要器材	编程知识
计时	方案一	利用计时工具计时	Romeo 控制板、Mini-Q 小车、外接电源、超声波传感器或红外线传感器、秒表	选择结构的使用
	方案二	利用"上电运行时间"模块控制小车运动的时间	Romeo 控制板、Mini-Q 小车、外接电源、超声波传感器或红外线传感器	"上电运行时间"模块的使用；选择结构的嵌套
	方案三	设置变量 m 获取程序首次执行时间,设置变量 n 获取实时时间,利用 n 与 m 的差值控制小车运动的时间	Romeo 控制板、Mini-Q 小车、外接电源、超声波传感器或红外线传感器	变量的使用；"上电运行时间"模块的使用；选择结构的嵌套
测距	方案四	利用超声波传感器测距	Romeo 控制板、Mini-Q 小车、外接电源、超声波传感器	选择结构的嵌套；超声波模块的使用
	方案五	使用红外线传感器测距	Romeo 控制板、Mini-Q 小车、外接电源、红外线传感器	选择结构的嵌套

对比表 5-12 中"计时"的三种方案，方案一无需考虑编程因素，但需耗费人力，且计时不够自动与精确，方案二只需要使用"上电运行时间"模块，而方案三则涉及多个变量的使用。相较而言方案二更简洁，而方案三可以更加精确地获

取程序某一阶段运行的时间而不是程序运行的总时间。由于该节课实例要求程序
的运行时间与小车运动时间相等，故选择方案二。在"测距"的两种方案中，方
案四与方案五均能实现测距功能，但红外线传感器的成本远高于超声波传感器，
考虑到经济因素，选择方案四。

（二）硬件搭建

障碍停车挑战赛需用到的硬件器材主要包括 Romeo 控制板、Mini-Q 小车、
超声波传感器。

1. Romeo 控制板

该节课采用的主控板是由 DFRobot 出品的 Arduino Romeo V1.3，该控制器采
用最基础且应用最广的 UNO 板卡。

2. HC-SR04 超声波传感器

该传感器运用声呐原理，通过监测发射一连串调制后的超声波及其回波的时
间差来得知传感器与目标物体间的距离值。其性能比较稳定，测度距离精确，盲
区为 2cm，最大探测距离为 450cm。它有 4 根针脚，分别是 VCC、GND、Echo
和 Trig，其中 Trig 是超声波发射端，Echo 是超声波接收端。

3. 硬件搭建

分别将超声波传感器、Mini-Q 上的电机与 Romeo 控制板相连接，其中超声
波传感器的 Trig 和 Echo 分别与 Romeo 控制板的连接数字针脚，如图 5-30 所示，
图中 Trig 和 Echo 分别连接数字针脚 9 和 8。

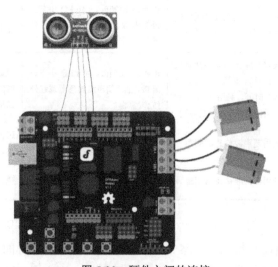

图 5-30　硬件之间的连接

（三）程序编写

将硬件搭建好后，接下来进行程序的编写，该节课所采用的编程环境为图形化编程软件 ArduBlock。

该节课的程序设计包含两部分，其一为小车运动时间的控制，其二为小车与障碍物之间距离的控制。利用 **上电运行时间** 模块获取程序运行时间即小车运动的时间，比赛的规则要求小车在 10 秒内完成比赛，因此当小车运动时间小于 10 秒时小车运动，否则小车停止。利用超声波传感器测量小车与障碍物之间的距离，由于超声波传感器的 Trig 和 Echo 分别连接数字针脚 9 和 8，终点线距离障碍物 10cm，因此当小车与障碍物的距离大于 10cm 时小车运动，否则小车停止。该节课中时间与距离控制均用到了选择结构，因此为了使得时间控制与距离控制同步进行，在编程的过程中运用了选择结构的嵌套，如图 5-31 所示。

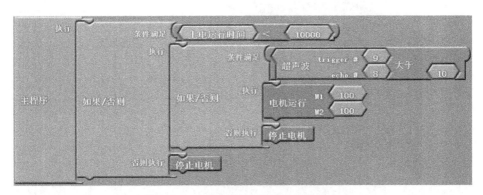

图 5-31　小车 10 秒内行至终点线停止

（四）拓展应用

实现小车避障功能可以有很多种方法，该节课采用小车遇到障碍物时停止运动避免碰撞的方法，还能使用其他的方法进行拓展应用。例如，当小车距离障碍物一定范围时向左转弯或向右转弯时，需要运用双轮差速原理来控制小车运动的方向，并且在小车转弯的过程中继续进行小车与障碍物之间距离的探测，若距离仍在可能发生碰撞的范围内时小车需继续调整行驶的方向。相较该节课案例的程序设计思路，拓展应用中的程序设计涉及的编程知识更丰富，而且小车的避障功能更加智能。

（五）教学实践

在教学的实际过程中，该节课通过以下四个环节来完成：引入主题，了解赛制；梳理思路，合作探究；测试作品，完成比赛；拓展应用，课堂总结。

1. 引入主题，了解赛制

在该节课开始时，首先引入"避障小车"这一主题，介绍 "避障小车"，让学生对避障小车的运动方式及工作原理有所了解。

比赛中，距离障碍物 2m 处的线作为起始线，距离障碍物 10cm 处的线作为终点线。小车从起始线开始行驶，到终点线停止，行驶时间不得超过 10 秒钟。小车停止位置离终点线最近者为胜，小车越过终点线则成绩作废，比赛场地如图 5-32 所示。

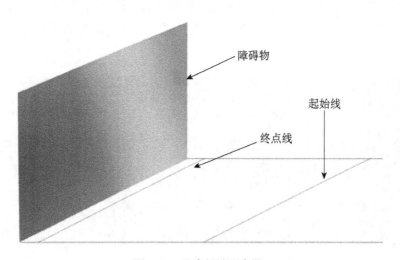

图 5-32　比赛场地示意图

将班内学生每两人分为一组，即共分为 16 个小组进行比赛，比赛将分为初赛和复赛两轮进行。初赛时以抽签的形式将每四个小组结合并分为 A 组、B 组、C 组、D 组分别进行比赛，每大组中的优胜组有资格参加复赛并评出优胜队伍。比赛用表可参考表 5-13，若小车超过终点线或者在规定时间内电机没有停止则成绩作废，每组中成绩的距离值最小者为优胜队伍，若距离值相等，则取使用时间最短者胜出（即最先到达终点位置的组）。

表 5-13　障碍停车挑战赛记分表

| 初赛/复赛 | 成绩 | | 备注 |
组别	时间	距离	
A组			
获胜小组：		评分员：	记分员：

2. 梳理思路，合作探究

完成项目需要解决以下三个问题：第一，小车必须在 10 秒内停止运动；第二，小车停止运动时距离障碍物的距离≥10cm；第三，小车的时间控制与距离控制同步执行。在该环节中需要引导学生整理解决这三个问题，并与组员配合完成避障小车程序的编写。

首先教师提出问题：在比赛中如何控制小车运动的时间？归纳学生提供的方法，并分析所提方法的可行性。结合学生的回答给出以下三种计时方式，第一种方法是利用计时工具计时，淘汰运动时间超时的队伍；第二种方法是利用 ArduBlock 中的上电运行时间控制程序的运行时间即控制小车的运动时间；第三种方法是获取小车开始运动的时间与小车运动的实时时间，利用时间差来控制小车的运动时间。要求学生对这三种方法进行分析，选择可执行度最高的方法并给出理由，教师总结学生的回答并给出结论。第一种计时方式误差最大且消耗人力，第二种方式计时较精确且自动化，第三种方式计时精度最高但编程较复杂。最后引导学生确定选择第二种计时方式，并介绍"上电运行时间"模块的应用。

在此次比赛中，小车距离终点线越近越好，即控制小车停止运动时与障碍物之间的距离。教师提出问题：如何实现小车与障碍物之间距离的控制？因为在之前的学习过程中学生已经对超声波传感器的应用有所了解，在此学生很容易回答出"利用超声波传感器来测距"的答案。教师带领学生们复习超声波传感器的应用方法及工作原理，并且与红外线传感器对比表现此次比赛中使用超声波传感器来测距的优势。

教师提出问题：小车运动过程中既要执行时间控制又要实现距离控制，如何使得这二者同步执行呢？在学习该节课之前，学生们已经接触过选择结构的使用，在此引导学生思考并引出利用选择结构的嵌套来实现小车时间控制与距离控制的同步执行。

小组成员合作完成避障小车程序的编写，在学生编写程序的过程中教师予以适当的指导。

3. 测试作品，完成比赛

在学生完成编写避障小车程序的基础上，测试小车的运行情况，由于每台小车的性能各不相同且由于惯性的原因小车会在程序终止后继续运动一段距离。因此，此时教师提醒学生根据小车的运动情况对避障小车程序进行修改，在经过不断调试之后找到合适的参数，以使避障小车的运动效果达到最佳，也就是既快又稳地到达终点线。在此，就此次调试过程联系到实际生活中，当遇到问题时应尝试选择最佳方案，并在执行的过程中不断完善，使学生体会迭代思想的价值，深化学生对迭代思想的认知。

根据比赛流程进行比赛，每一大组中各选取一位评分员与记分员，评分员的职责为测量小车距终点线的距离，记分员的职责为记录各组的成绩。初赛时若其中一组进行比赛则由其他三组的评分员与记分员进行分数统计。复赛时由被淘汰组的评分员与记分员来进行分数的统计。

4. 拓展应用，课堂总结

基于该节课所执行的项目，提供学生拓展思路，即小车实现避障功能可使用遇到障碍物停止运动的方式，也可使用小车遇到障碍物更改运动方向的方式。引导学生借鉴该思路进行该项目的拓展提升，鼓励学生提出更好的想法并付诸实践。

总结该节课中学生的表现，对学生操作过程中出现的共性问题予以讲解，对表现较好的同学给予积极的评价。

（六）教学反思

在课堂教学过程中引入比赛的形式能够更好地激发学生对 Arduino 机器人的学习兴趣，通过分析学生对知识点的掌握情况来看，学生在比赛过程中能够更加主动地进行障碍小车编程的优化，并在该过程中深化对知识点的理解与认知。"评分员"与"记分员"在比赛过程中不仅作为参赛组的组员更承担了分数统计工作，该部分学生能够很好地完成相应的任务，并均表现出了扮演评委角色所该具有的责任意识。

当然，该节课就以下几点还有提升的空间：

首先，尽量将教室内的可用空间进行合理的规划，能够使每组的作品在参赛前都能进行充分的测试与调试。

其次，设置更多的"角色"以供学生进行选择，如比赛主持人、纪律监督员等，从而使学生在比赛中感受到较强的存在感与主体意识并体会不同角色带来的实践体验。

最后，可将该节课的基础知识与基本技能部分作为学生的课前学习任务。尝试使用翻转课堂的形式，在课上针对学生学习中的问题进行答疑解惑，从而提高教学效率，为程序测试、调试及比赛争取更多的时间。

第三节　科学探究类教学设计与反思

该节课主要包括四个案例，均与科学探究有关，分别为《〈小鸡孵化装置〉课堂教学及反思》（主要利用温湿度传感器自动控制孵化器孵小鸡）、《〈探究单摆周期〉课堂教学及反思》（主要利用红外数字壁障传感器检测小球运动轨迹获取单摆数据）、《〈简易校园气象仪〉课堂教学及反思》（主要综合利用 PM2.5 传感器、紫外线传感器、温湿度传感器等检测周围环境数据）和《〈探究匀变速直线运动〉课堂教学及反思》（主要利用超声波测距传感器获取小车的直线运动数据）。

一、"'小鸡孵化装置'课堂教学及反思"[①]

机器人是一门涉及运动学、动力学、系统结构、传感技术、控制技术等多领域的交叉学科。学习机器人的设计与开发，不仅可以获得机器人的技术知识，而且可以促进学生所学科学、技术、工程、数学即 STEM 相关领域知识的整合。然而，反思我国中小学的机器人教育，往往局限于机器人技术本位知识的学习，很少关注机器人所涉及的其他学科内容。据此，该节课另辟蹊径，将机器人课程与生物学科进行整合，制作了小鸡孵化的装置——恒温恒湿箱，并利用制作的装置完成了一轮小鸡孵化任务。

（一）选题背景

在基础教育领域，机器人课程可以与信息技术课程整合，也可以与通用技术课程整合，还可以与物理、生物、化学等相关课程整合，这种整合并不是要把与机器人有关的学科知识转移到机器人课程上讲授，而是要在机器人课堂上帮助学

---

① 该案例作者：张丽芳（太原西苑小学），谢作如（温州中学），钟柏昌。

生应用和理解这些学科的知识，并培养学生的 STEM 素养。[①]以数学学科为例，机器人课程与数学学科的整合，不仅有助于学生掌握机器人的知识和技术，还可以帮助学生在机器人课堂上应用一定的数学建模知识，创造性地运用数学思想、方法和知识解决实际问题；通过机器人项目体验数学与日常生活及其他学科的联系，感受数学的实用价值，增强应用意识，提高实践能力等。因此，在了解学生已有学科知识水平的基础上，教师可以充分挖掘机器人与其他学科知识的相关性，设计有针对性的教学活动，激发学生在解决问题的过程中综合贯通相关学科知识。该节课在讲授 DHT11 温度传感器和 LCD 1602 显示屏与学生关于小鸡孵化知识的研究性学习进行了整合，制作了小鸡孵化装置，不仅可以帮助学生学习机器人的知识和技术、理解和应用小鸡孵化的知识，还可以帮助学生顺利地开展小鸡孵化的研究性学习。

小鸡孵化研究性学习课题源于城市学生对小鸡孵化过程的好奇，但是对于城市学生而言，并不方便去农家观察小鸡孵化过程，即便有去农家观察的条件，也不能监控小鸡孵化的完整过程及孵化过程中的环境指标，自然难以真正探究小鸡孵化的过程与知识，况且此类观察活动，学生能做的事情很少，参与性低，也不能有效激发学生的探究欲望。因此，让学生在实验室内搭建孵化装置开展孵化实验是一种更为有效的办法。目前国内外的研究者已经开发出了多种基于不同微处理器的小鸡孵化装置，常见的有基于 PLC、FPGA、DSP 等控制的小鸡孵化装置[②]。但由于这些装置不仅技术复杂，而且价格昂贵，中学（小学）通常经费紧张，不太可能为学生购买类似的装置让学生亲身体验小鸡孵化的整个过程。值得高兴的是，Arduino 开源平台正好弥补了这一空缺，使用它完全可以自己制作一个小鸡孵化装置，不仅可以帮助学生理解和应用所学的机器人知识和技术，而且还渗透了小鸡孵化等生物知识的运用，真正培养了学生自主探究学习的意识和能力。

（二）方案设计

首先笔者对学生情况进行了分析并确定了该节课的教学目标，然后搜集并整理了有关小鸡孵化的相关资料，最后初步设计了小计孵化装置的方案。

1. 学生情况分析

该节课的教学对象是高一学生，学生对 Arduino 机器人已经有了浓厚的兴趣。

---

① 孙媛媛. 中小学机器人课程的研究与开发[D]. 首都师范大学硕士学位论文，2006：3-10.
② 李大军. 基于单片机的恒温恒湿孵化器系统设计[D]. 电子科技大学硕士学位论文，2013：1-4.

通过前面几节课的学习，学生已经理解了 Arduino 机器人的输入输出，掌握了传感器的一般使用方法，能够正确使用串口监视器，掌握了库的调用，具备了一定的编程能力。另外，通过之前的积累，学生已经认识到机器人课程和物理课程、信息技术等课程有一定的关联，对 Arduino 机器人的创意设计也有了更多的个人想法。

2. 教学目标

1）知识与技能

掌握 Arduino 机器人中 DHT11 的使用；

掌握 LCD 1602 显示屏的使用。

2）过程与方法

通过自主浏览网页搜集有关小鸡孵化的相关资料，提高观察、分析、判断的思维能力，掌握收集有效信息的方法；

通过模仿制作出小鸡孵化装置，初步掌握 LCD 1602 显示屏和 DHT11 传感器的一般使用方法。

3）情感态度与价值观

体验 Arduino 机器人在现实生活中带来的乐趣，激发学习兴趣和制作智能人造物的欲望。

3. 教学重点和难点

通过前面几节课的学习，学生已经掌握了传感器的一般使用方法及库函数的调用，但是 DHT11 传感器与前面单一功能的检测声音、光线等信号的声音传感器、光线传感器等有所不同，它具有双重功能，不仅可以检测温度还可以检测湿度，因此 DHT11 传感器的使用是该节课教学的重点之一。LCD 1602 显示屏是学生第一次接触，它采用了 IIC 接口，需要接在 Romeo 控制板的 IIC 口或者支持 IIC 口的针脚上面，此外，该显示屏也有库函数，库函数里面有很多不同功能的子函数，如初始化显示屏、清屏等，因此 LCD 1602 显示屏与 Romeo 控制板的连接与 LCD 1602 函数的调用是该节课教学的重点之一，也是该节课教学的难点。

4. 小鸡孵化装置的可选方案的设计与选择

1）小鸡孵化条件的保障

第一：受精。孵化的鸡蛋一定要受精的，否则无法孵化。

第二：温度。温度是胚胎发育的首要条件，也是决定孵化成败的关键。一般来说，1～19 天事宜温度为 37.8℃，20～21 天适宜温度为 37.3～37.5℃。

第三：湿度。孵化对湿度要求比较宽松，一般简称"两头高，中间低"，即孵化1～7天的相对湿度为65%；8～18天的相对湿度为50%～55%，19～21天的相对湿度为65%。

第四：通风换气。胚胎对氧气的需要量随胚龄的增大而加大，因此随着天数的增加，孵化箱的通风口越来越大。

第五：翻蛋。翻蛋的目的是使鸡蛋改变位置，受温均匀，防止胚胎和壳膜粘连，促进胚胎运动，保证胎位正常；正常翻蛋时转动角度为45°，每小时转动一次。[①]

2）孵化期间操作

第一：照蛋。在小鸡孵化的过程中，需要对鸡蛋进行照光操作，剔除无精蛋、破蛋，同时观察小鸡的孵化现象，注意保持记录。

第二：出壳。小鸡在20～21天的时候一般会啄壳而出，小鸡在出壳的时候要注意保持湿度，而且温度要降低一些。

3）雏鸡处理

第一：拣鸡。在看到小鸡已经出壳的时候，我们保证小鸡在恒温箱里面不超过12个小时，等小鸡的绒毛烘干后，将小鸡拣出来。

第二：消毒。刚出壳的小鸡要对其进行消毒操作。

第三：保管。刚出生的雏鸡，在第一个7天内，恒温箱的温度控制在30～33℃，以后每周降低两度。

4）可选方案的设计与选择

基于以上搜集到的小鸡孵化条件的保障，笔者初步预设了两个方案，分别是温湿度控制装置方案和温湿度监视装置方案[②]。

① 温湿度控制装置

温度是小鸡孵化的是首要条件，大约是37～38℃，所以需要一个温湿度控制装置，该装置需要用到的硬件设备，如表5-14所示。当温度大于小于37℃时，电暖器打开，提高箱内温度；当温度大于38℃，电暖器关闭。根据搜集到的资料，小鸡孵化对湿度的要求不是很高，所以此次教学时对湿度的控制采取了手动加水控制，即箱内放入一个标有刻度的塑料盒，当盒内水位低于一定高度时，采取手动加水。

---

① 小计孵化技术[EB/OL]. http://baike.baidu.com/view/2925210.htm?fr=aladdin[2014-5-23].
② 杨小中，戴文琪.基于数字传感器的低成本孵化器设计[J]. 电子器件，2009（32）：482-484.

表 5-14　温湿度控制装置

硬件名称	功能	个数	备注
Romeo 控制板	整个装置的核心部件	1	传感器等接到控制器上
温湿度传感器	检测温湿度	2	需要用到 DHT11 库；校准，求平均值
继电器插座	控制 220V 的电暖器	1	学生自制
LCD 1602 显示屏	显示箱内温湿度	1	接到 IIC 口
电暖器	控制箱内温度	1	接在继电器插座
无盖塑料盒	控制箱内湿度	1	位于孵化箱内

注：除了表中列出的核心器材，还有一些器材也是要用到的，如 USB 数据线、3P 线等。

② 温湿度监视装置

为了便于观察孵化箱内温湿度的情况、电暖气的状态等，还需要增加一个温湿度监控装置，笔者初步提供了两种方案（表 5-15 所示）。

表 5-15　温湿度监控装置

方案	方案描述	硬件
方案一	将箱内温湿度显示到显示屏	LCD 1602 显示屏
方案二	将箱内温湿度实时传递到网络上	网络扩展板、路由器

综合以上两种方案的不同特点和功能，该节课最终采用方案一作为教学基本内容，主要如下：

第一，从硬件的角度来看，方案一只涉及此次课需要用到的硬件设施，而方案二还涉及网络扩展板等，学生对这些硬件设施还未接触。

第二，从程序的角度来看，方案一涉及的编写程序知识是比较简单的选择结构、库的调用，而方案二的程序还涉及了比较繁琐的语法和复杂的代码，不易理解与实现。

第三，从学生的角度来看，方案二涉及物联网、计算机网络等知识和技术，尽管该节课的目的是将机器人课程与其他学科进行关联，但是学校并未开设这类课程，大部分学生对这些知识和技术仅仅停留在知道而已，显然方案一符合我们的教学需求。

除了上述两种装置外，还需要制作一个小鸡孵化箱，并将完成的两种装置放在箱中合适的位置。在此次教学中，笔者选取了一个纸箱作为小鸡孵化箱，并对其进行了改造，制作了小鸡孵化箱，这里要提醒一下孵化箱不能是封闭型的，要能随时打开，便于照蛋、拣鸡、通风、翻蛋等操作。小鸡孵化箱主要涉及的器材如表 5-16 所示。

表 5-16 "恒温箱"装置

名称	功能	个数/个	备注
纸箱	用于制作小鸡孵化箱	1	40cm×40cm×40cm
亚克力板	便于观察箱内的状况	1	30cm×30cm
棉花	用于保温鸡蛋	视情况	棉花保温效果好
支架	在箱内分割出一层放鸡蛋	n	固定装置和鸡蛋等

（三）硬件搭建

小鸡孵化用到的硬件器材有 Romeo 控制板、DHT11 传感器、继电器插座、USB 数据线及 3P 线等。

1. 核心配件

（1）DHT11 传感器

该节课采用的温湿度传感器是 DFrobot 出品的 DHT11 数字温湿度传感器，用于检测所处环境的温湿度。它是一款含有已校准数字信号输出的温湿度复合传感器，使用了专用的数字模块采集技术和温湿度传感技术，使其产品具有极高的可靠性与卓越的长期稳定性。该传感器包括一个电阻式感湿元件和一个 NTC 测温元件，并与一个高性能 8 位单片机相连接，具有品质卓越、超快响应、抗干扰能力强、性价比极高等优点。更重要的是，该传感器含有库文件、调用库，可以很轻松地读出当前环境的温湿度。

（2）继电器插座

所谓继电器插座就是对普通的插座进行改造，将继电器器件接入插座中，继电器是一种电子控制器件，它具有控制系统（又称输入回路）和被控制系统（又称输出回路），通常应用于自动控制电路中，实际上是用较小的电流去控制较大电流的一种"自动开关"，在电路中起着自动调节、安全保护、转换电路等作用。

（3）LCD 1602 显示屏

该节课采用的显示屏是 DFRobot 出品的 IICLCD 1602 显示屏，与普通的 LCD 1602 显示屏相比较，该显示屏不需要为繁琐复杂的电路连线而头疼，而是采用了 IIC 接口，在接线时直接接到 Romeo 控制板的 IIC 接口即可（如果控制器没有 IIC 端口，可以将 LCD 1602 显示屏的四根针脚分别对应接到 GND、VCC、A4 和 A5 上面，其中 SDA 对应模拟针脚的 A4，SCL 对应的是模拟针脚 A5），无需再占用其他的数字口或者模拟口。该显示屏可以显示两行内容，每行 16 个字符，同 DHT11 传感器一样，它也有相应的库文件，调用库后只需几行 Arduino 代码就可以完成 LCD 1602 显示屏显示功能。

2. 硬件搭建

1）将两个 DHT11 数字温湿度传感器分别接在 Romeo 控制板的数字口，同时记录连接到扩展板的数字针脚号，如两个传感器分别接到数字针脚3、4上，如图 5-33 所示。

2）将继电器插座里面的继电器接在控制器的数字口，并记录其针脚号，如继电器接在了数字针脚上，如图 5-33 所示。

3）将 LCD 1602 显示屏接在 Romeo 控制板的 IIC 端口，在接线时，要注意显示屏的针脚与控制器的端口相对应，如图 5-33 所示。

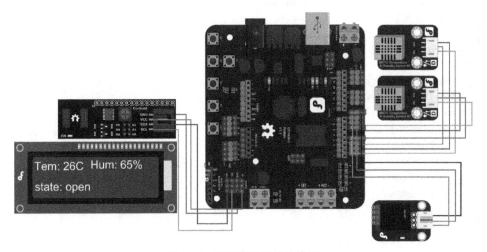

图 5-33　温湿度装置的连线图

4）通过 USB 数据线将 Romeo 控制板、UNO 控制器和电脑连接起来，正确选择板卡型号 UNO 和端口号。

（四）程序编写

硬件搭建好之后，接下来就需要编写程序了。该节课采用的是文本式的编程环 Arduino IDE。Arduino 文本式的编程环境是为不熟悉软件开发的人设计的。它包括一个代码编辑器和编译、下载、新建、打开、保存、窗口监视器六个菜单。Arduino 语言是建立在 C/C++ 基础上的，其实也就是基础的 C 语言，Arduino 语言把 AVR 单片机相关的一些参数设置都函数化，我们不需要了解它的底层，即使不了解 AVR 单片机也能轻松上手。为降低编程难度，Arduino 还提供了很多的库函数；得益于开源思想，全球的 Arduino 发烧友还编写了很多扩展库。小鸡孵化装置的代码如下：

```
#include <dht11.h>
#include <Wire.h>
#include <LiquidCrystal_I2C.h>
LiquidCrystal_I2C lcd(0x20,16,2);
dht11 DHT11;
int var1=0;
int var2=0;
void setup() {
    pinMode(13,OUTPUT);    //继电器插在数字口13
    lcd.init();                        //初始化显示屏
    lcd.backlight();
}
void loop() {
int th1=DHT11.read(2);
 int tem=DHT11.temperature;        //读取 DHT11 的温度
 int hum=DHT11.humidity;            //读取 DHT11 的湿度
lcd.setCursor(0,0);
    lcd.print("temp:");
    lcd.print(tem);
    lcd.print("C ");
    lcd.print("hum:");
    lcd.print(hum);
    lcd.print("% ");
     if (var2<37){
        digitalWrite(13,HIGH);
        lcd.setCursor(0,1);
        lcd.print("state:open    ");    //便于观察电暖器的状态
        }
     else    if (var2>38)
     {
        digitalWrite(13,LOW);
        lcd.setCursor(0,1);
        lcd.print("state:close");
     }
     delay(1000);
}
```

（五）可能的拓展

在基础教育领域，机器人课程可以与生物、化学、物理、信息技术等多门学科进行整合，制作一些有创意、有生活趣味的智能人造物。因此，我们可以从学科整合的角度让学生发挥自己的想象。例如，将 pH 传感器与化学学科中的溶液的《酸碱滴定定律》整合；将声音传感器、光线传感器、压力传感器、加速度传感器等与物理学科的声光力等知识进行整合；将土壤湿度传感器与地理学科中的植物等知识进行整合等。

除了以学科整合的角度，还可以在小鸡孵化装置上作一些变动，例如，从硬件、算法等角度让学生发挥自己的想象。从硬件的角度，将上述温湿度控制装置中的温湿度传感器变为土壤湿度传感器，可以制作自动浇水花盆装置；在原有温湿度控制装置上增加 PM2.5 传感器以制作校园气象站等。从改变算法的角度，利用以上器件制作物理学科中水加热实验现象观察装置；制作校园气象站装置等；对物联网和计算机网络有一定认识和具备一定编程能力的学生还可以完善制作好的小鸡装置，即将箱内温湿度实时传递到网络上，以便实时了解箱内温湿度等。学生还可以在完善制作好的小鸡孵化装置作一些变动，使其更加智能，如自动控制湿度、自动翻蛋等。

（六）教学实践

在此次教学中，笔者主要通过以下三个阶段来完成教学：教学准备阶段、教学实施阶段、课后观察总结阶段。

1. 教学准备阶段

这一阶段主要是让学生课后收集一些有关小鸡孵化的资料、准备制作小鸡孵化装置所需要的器材等。笔者先将不同知识水平和经验水平的学生分为五个组，每组六个人（其中有一个人是组长），每组都有不同的分工，如表 5-17 所示。该阶段只告诉学生尝试制作一个小鸡孵化装置，并没有告诉学生如何实现。

表 5-17　小组任务

小组名称	组长	成员	任务
第一组			收集小鸡孵化的有关资料（温度、湿度等）
第二组			收集孵化期间的相关资料（照蛋等）
第三组			关于雏鸡的相关资料（食物、温湿度等）
第四组			准备孵化箱的器材（纸箱等）
第五组			准备鸡蛋（受精等）

2. 教学实施阶段

在该阶段笔者主要通过以下四个环节来完成教学：抛出疑问，引入新课；确定器材，分析装置；讲授新知，边"搭"边"编"；拓展提升，课堂总结。

（1）抛出疑问，引入新课

在上课之前，笔者先分别让第一组、第二组、第三组的学生汇报了收集的小鸡孵化资料，并带领学生对资料进行了归纳整理，初步得出小鸡孵化的条件：①孵化的鸡蛋一定要受精，否则无法孵化；②最佳温度为 1～19 天 37.8℃，出雏期为 19～21 天 36.9～37.2℃；③孵化前期温度高则湿度低，出雏期温度低则湿度高；④翻蛋使其鸡蛋受热均匀。然后向学生抛出一个问题："能否利用机器人知识和技术制作一个小鸡孵化装置来实现小鸡的孵化？"让学生以小组形式带着问题展开讨论，五分钟之后，请几个小组代表来回答之前的问题，同时记录学生的答案。学生的答案可能有三种情况：能、不能和不确定。如果学生回答能，继续向学生抛出问题："需要用到哪些器材？如何实现？"如果发现班上一半甚至更多的学生觉得不能实现或者不确定，那么鼓励学生自己动手制作一个这样的装置来检验自己的答案是否正确，出示课题《小鸡孵化装置》。

（2）确定器材，分析装置

在这一环节，笔者主要带领学生根据小鸡孵化的条件与学生根据小鸡孵化的条件初步得出需要用到的器材是 Romeo 控制板、温湿度传感器、3P 线、USB 数据线、加热设备（这里为学生提供的是 mini 电暖器 220V）。学生在对孵化装置有了一定的认识之后，继续向学生抛出问题，小组讨论：如何知道箱内温湿度值是否符合小鸡孵化的温湿度呢？这时学生的答案可能是串口监视器。此时继续向学生抛出疑问：Romeo 控制板必须与电脑相连的时候才有串口监视器，而小鸡孵化装置做好之后，已经脱离电脑，串口监视器无法使用，该怎么办呢？学生小组讨论，引出可以借助于 LCD 1602 显示屏。

确定了小鸡孵化装置需要的器材之后，接下来笔者带领学生将小鸡孵化的温湿度等条件转化为易于理解的自然语言：如果温度小于 37℃，电暖器开始加热；如果温度大于 38℃，电暖器停止加热。这里需要提醒一下学生的是：Romeo 控制板只能输出 5V 的电压，而电暖器的电压是 220V，所以还需要提醒学生用到之前学习过的继电器插座，将电暖器接在继电器插座上。因为小鸡孵化对湿度的要求是比较宽松的，所以此次教学时，采用的是手动加水控制箱内湿度，有兴趣的同学可以使用加湿器等装置来控制箱内湿度等。学生对小鸡孵化的思路清晰之后，带领学生将自然语言转化为流程图，如图 5-34 所示。

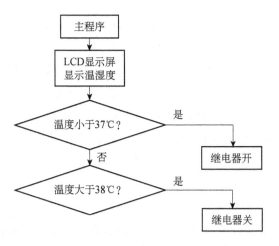

图 5-34　小鸡孵化流程图

经过对小鸡孵化条件的分析，已经将抽象的小鸡孵化变为易于理解的 Arduino 机器人项目。

（3）搭建硬件，编写程序

这一环节主要是向学生讲授 DHT1 传感器和 1602 LCD 显示屏的使用方法，然后完成小鸡孵化。

首先笔者向学生介绍了 DHT11 传感器使用的一般方法，即 DHT11 传感器是一种数字传感器，它可以检测所处环境的温湿度，该传感器有库文件，直接调用库即可检测出所处环境的温湿度。然后演示传感器与 Romeo 控制板的连接，并调用库通过串口显示当前环境的温湿度。向学生提出任务：搭建硬件编写程序，显示当前环境的温湿度。

接着向学生讲授 LCD 1602 显示屏的使用方法，这里需要重点讲授的是显示屏与 Romeo 控制板的连接和函数的调用。LCD 1602 显示屏使用的是 IIC 接口，需要接到 Romeo 控制板的 IIC 口，如果使用的控制器上面没有单独的 IIC 口，可以引导学生将其显示屏的 IIC 口分别接在 Romeo 控制板的 VCC、GND、A4 和 A5 针脚上，其中 SDA 要对应接在 A4 针脚，SCL 要接在 A5 上面。LCD 1602 显示屏的几个重要函数分别是：

LiquidCrystal_I2C lcd(0x20,16,2); //显示屏的地址是 0x20，可以显示两行，每行 16 个字符。

lcd.init();//初始化显示屏。

lcd.backlight();//背光灯设置。

lcd.setCursor(0, 1);//设置显示屏显示内容的光标位置。

lcd.print();或者 lcd.write();//显示内容，如 lcd.print("hello world")。

演示 LCD 1602 显示屏与 Romeo 控制板的连接，编写程序将其温湿度传感器检测出的温湿度显示到显示屏上，并让学生完成同样的任务。

这时学生已经掌握了 DHT11 传感器和 LCD 1602 显示屏的一般使用方法。然后让学生根据之前分析的小鸡孵化思路，利用 DHT11 传感器、LCD 1602 显示屏、Romeo 控制板等器件，在原有程序的基础上，修改程序，完成小鸡孵化装置的任务。

（4）拓展提升，课堂总结

学生完成任务之后，笔者请几个小组的代表分别展示了他们的作品并通过评价量规表（表 5-18）对其作品给予了一定的评价。然后给学生提供了以下表格（表 5-19），并留给学生一定的时间和空间，让学生思考机器人知识可以和哪些学科的知识和技术整合起来制作一些有趣的实验装置、智能人造物等，并将自己的想法记录下来，其想法不限学科、传感器等。同时，鼓励学生利用已有知识或上网查阅资料等多种途径尝试实现自己的想法。

表 5-18　评价量规表

评估指标	等级			分数
	A	B	C	
机器人知识和技术（15 分）	基本了解机器人的概念、工作原理及传感器的作用（0～9 分）	理解机器人的概念、工作原理及传感器的作用（9～12 分）	掌握并能应用机器人的知识和技术（12～15 分）	
跨学科的知识（15 分）	了解与机器人学科相关的其他学科知识（0～9 分）	掌握学科知识，但不能将机器人和其他学科联系起来（9～12 分）	能够将其他学科的知识和机器人学科联系起来（12～15 分）	
创新能力（20 分）	只能按部就班地完成分配的任务（0～12 分）	能够设计出比较有创意的作品，但未能将有创意的作品实现（12～16 分）	能够设计并实现比较有创意的作品（16～20 分）	
程序设计（15 分）	只会按照范例编写简单程序（0～9 分）	能够编写和调试程序（9～12 分）	能够编写、调试和优化程序（12～15 分）	
动手实践能力（20 分）	连接松散、连线无序（0～12 分）	连接牢固、连线有序，完成部分任务（12～16 分）	连接牢固、连线有序，整体合理巧妙，完成全部任务（16～20 分）	
实用性（15 分）	没有体现实用价值（0～9 分）	有一定的实用价值（9～12 分）	有较高的实用价值（12～15 分）	
作品总分				

表 5-19　创意记录表

维度	类别	硬件设备	项目描述
学科整合	化学	PH 传感器 、Romeo 传感板、LCD 1602 显示屏	检测溶液的酸碱度
		……	……
	物理	Romeo 传感器、压力传感器、4×4 薄膜按键	电子秤装置
		……	……
	生物……	Romeo 控制板、土壤湿度传感器、LCD1602 显示屏、水泵、继电器	自动浇水花盆
		……	……
小鸡孵化装置	硬件搭建	声音传感器、LED	增加声光报警装置
		……	……
	程序算法	……	……

最后笔者与学生共同将第四组学生准备的孵化箱进行了改造，选取了其中一组学生的小鸡孵化装置及第五组学生准备的鸡蛋放入了孵化箱中完成了此次教学并进行了总结：机器人作为一门综合性的课程，打破了学科与学科之间的活动界限，加强了信息技术、物理、化学等相关学科间的横向联系，不仅能够帮助大家掌握机器人的知识和技术，还能够理解和应用其他学科的知识和技术，拓宽视野，制作出一些有趣、有生活意义、有价值的智能人造物。

3. 课后观察阶段

该阶段主要是小鸡孵化期间一些操作如照蛋、翻蛋、观察记录等。该阶段笔者将学生分为 10 组，每组两人，每天由一组来完成表 5-20 所示的任务。其中，小鸡孵化第 5 天、第 10 天和第 15 天的小组成员需要完成照蛋操作；根据收集到的资料，小鸡孵化的前三天和后三天，所需要的湿度比较大，所以这几天的小组需要多加几次水以提高箱内湿度。随着孵化天数的增加，还需要逐渐增大通风口。

表 5-20　"小鸡孵化"记录表

组长				
成员				
日期		孵化天数		
翻蛋		鸡蛋个数		
记录时间	上午	中午	下午	晚上
箱内温度				
箱内湿度				

此次完成一轮的小鸡孵化任务从 2014 年 6 月 3 日开始，6 月 23 日结束。孵化箱中一共放入了 5 个鸡蛋，其中一个是未受精的蛋（照蛋时发现），一个是在学生照蛋时不小心打碎，如图 5-35 所示，此时已经发现有血管形成；剔除掉这两个无效鸡蛋，有效鸡蛋是 3 个，最后成功孵出一只如图 5-36 所示，其余两个鸡蛋的小鸡已经成型，但是胎死腹中。

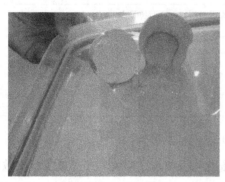

图 5-35　血管形成

图 5-36　小鸡

在小鸡成功孵出的那天，班上的两位学生还将小鸡出壳的整个过程进行了网络直播（http://v.youku.com/v_show/id_XNzMwNjgzNjE2.html），并且统计了在线观看小鸡出壳的人数，如图 5-37 所示。

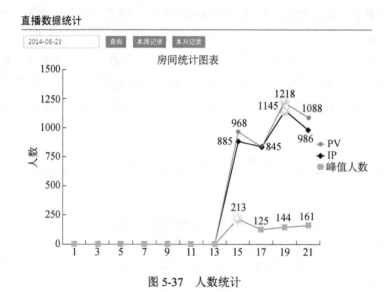

图 5-37　人数统计

（七）教学反思

该节课的主要意图是让学生将机器人课程的知识和技术与其他学科的知识和技术连起来，打破学科之间的界限，制作一些有趣、有意义的智能人造物。从学生掌握的角度来看，几乎所有的学生都制作了小鸡孵化装置，部分学生还增加了其他的功能，如温度过高的声光报警装置、在显示屏上显示孵化天数、将箱内温湿度实时传递到物联网平台上（温州中学的物联网）等。从学生课堂行为上可以看出学生对此次上课的内容是很感兴趣的；部分学生根据这节课的内容还提出了各种各样的创意，如水质监测机器人、激光测距仪、手机蓝牙控制小车等。总体来看，这节课将机器人与生物学科进行了一次大胆的整合尝试，整个教学过程生动有趣，课堂气氛活跃，教学进展顺利，师生交流融洽，圆满完成了预期的教学目标，并且通过这节课的学习笔者认为学生的 STEM 素养、团队合作能力、动手能力等得到了一定的提高。

除此之外，笔者还对这次课的一些得失进行了总结：

第一，这次课建议采用两个课时连续上的模式，这样更加注重知识点的整体性、关联性，有助于学生的学习、理解和应用；在教学实施过程中，最大的困难在于内容量很大，不仅涉及新的知识和技术，还要让学生利用所学的知识制作小鸡孵化装置，因此教学中一定要给予学生充分的讨论、交流、制作的时间。

第二，在教学中，笔者也存在一些不足。比如，课堂开放程度的把握、合作流于形式等。在今后教学中，一定要真正让学生在主体积极参与、操作、交流、动脑、动口的学习中理解和掌握知识和技术。实践证明，学生学习方式的转变，能激发学生的学习兴趣，让课堂焕发师生生命的活力，让课堂更精彩。

第三，根据收集的资料，小鸡孵化对湿度的要求不是很高，所以采取的是手动加水提高湿度；而最后小鸡胎死腹中的原因经查找资料分析是因为湿度没有控制好，所以在上述装置的基础上还需要修改湿度控制装置；一些学生还将孵化箱的温度上传到了学校物联网平台上，根据平台中一个小时显示的数据（图 5-38）可以看出，孵化箱内的温度变化很大，为此针对以上的小鸡孵化装置还需要进一步完善。

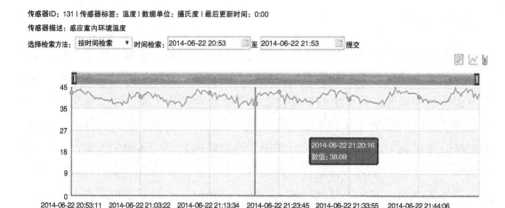

传感器ID：131 | 传感器标签：温度 | 数据单位：摄氏度 | 最后更新时间：0:00
传感器描述：感应室内环境温度
选择检索方法：按时间检索 ▼ 时间检索：2014-06-22 20:53 至 2014-06-22 21:53 提交

图 5-38　孵化箱内温度

二、"'探究单摆周期'教学实践及反思"[①]

当前的中小学机器人教育，多数还是以竞赛或兴趣小组的形式开展，即使走进课堂的大班教学，也只是将机器人技术的本体知识作为课程的核心或全部内容，机器人的教育价值没有得到充分的发挥。笔者认为，基于机器人的科学探究便是一种新的教学思路，该节题体现了这样一种尝试。

（一）选题背景

当下，中小学机器人教育已经成为教育工作者关注的焦点之一，随着机器人技术的更加普及，机器人进课堂也成为一种趋势。但是，从目前的机器人教学内容来看，机器人只是作为学习的对象，有关机器人技术的本体知识构成了机器人课程的核心或全部内容，以模拟实验或模拟再现生产生活中的科技产品作为主要教学方式。尽管这种教学对学习机器人的基础知识和基本技能是非常有效的一种方式，但显然不应该成为机器人教学的全部。而科学探究，作为一个世纪以来国际基础教育改革所努力追求的方向，各国一直提倡学生科学探究能力的发展，我国的新课程改革也特别强调科学探究活动。之所以重视科学探究，在于通过真实情境的探究过程让学生自主生成科学知识、掌握技能、认识科学本质、培养必要的科学素养和创新精神。该节课将机器人作为科学探究的一种工具和平台，开展科学探究活动，是中小学机器人教育的一个重要发展方向。因此，在探究单摆周

---

① 该案例作者：张敬云（镇江市实验高级中学），钟柏昌，李守良，谢作如（温州中学）。

期的课堂活动中，将红外数字避障传感器作为科学探究实验的一种工具，搭建探究单摆周期的实验装置，不但能够帮助学生学习机器人的基础知识和基本技能，掌握、理解与单摆实验相关的知识，还能够培养学生的科学探究能力，提高学生学习机器人的积极态度。

单摆实验是物理学科中的一个重要实验，但是在传统物理实验过程中，单摆来回摆动的次数和摆动的时间是用人工计数及秒表手动计时实现的，而且实验数据的处理和单摆周期的计算也是由人工来完成的，不仅费时费力，而且还存在一定的人为误差。因此，为了避免这种不必要的误差和繁琐的数据处理过程，该节课利用 Arduino 能够自动获取数据的优势，重新设计了探究单摆周期的实验，力求在帮助学生学习机器人本体知识的同时，培养学生自主探究的意识和能力。

（二）方案设计

1. 教学内容和学生情况分析

该节课的教学内容是利用 Arduino 探究单摆的周期，并学会红外数字避障传感器的使用方法。该节课的教学对象是温州中学高一学生，学生已经对 Arduino 机器人产生了浓厚的兴趣，通过前几节课的学习，已经理解了 Arduino 机器人的输入输出，掌握了传感器的一般使用方法及串口监视器的正确使用，熟悉了 Mixly 的基本模块。

2. 教学目标

1）掌握 Arduino 机器人中红外数字壁障传感器的使用；

2）通过自主设计探究单摆实验的探究方案，体验科学探究的过程和方法；

3）通过利用 Arduino 作科学探究的实验，感受传感器为工作带来的便利，提高学生学习机器人的积极态度。

3. 教学重点和难点

该节课的教学重点是通过利用 Arduino 探究单摆周期的实验，理解科学探究的一般过程和方法，难点是自主制订计划、设计探究实验方案。

4.探究单摆周期实验的可选方案设计

（1）单摆实验的注意事项

1）摆线不可伸缩，小球应选密度较大的金属球，直径应较小；

2）摆线的上端不要卷在夹子上，而要用夹子加紧，以免单摆摆动时摆线滑动或摆长改变；

3）小球摆动时要在同一个竖直平面内；

4）在小球通过最低点时，开始计时并开始计算单摆摆动的次数，最后用总时间除以总次数，如此反复三次，求得周期的平均值作为单摆的周期；

5）使用控制变量的方法，可以探究单摆周期与摆长、摆角及小球质量的关系。

（2）可选的方案设计

基于以上探究单摆周期实验的注意事项，笔者初步设计了四种利用 Arduino 探究单摆周期的实验方案，如表 5-21 所示。

表 5-21　利用 Arduino 探究单摆周期的实验方案

方案	方案描述	主要器材	编程知识
方案一	用手将小球拉至某一角度无初速度释放，利用红外数字壁障传感器检测小球是否到达最低点，如果到达，摆动的次数加 1，并且开始计时，最后将计算的结果从串口输出	Romeo V1.2、红外数字壁障传感器	选择结构
方案二	用手将小球拉至某一角度无初速度释放，利用红外数字壁障传感器检测小球是否到达最低点，如果到达，摆动的次数加 1，并且开始计时，最后将计算的结果从串口输出	Romeo V1.2、红外数字壁障传感器	选择结构、中断知识
方案三	用手将小球拉至某一角度无初速度释放，利用红外数字壁障传感器检测小球是否到达最低点，如果到达，摆动的次数加 1，并且开始计时，最后将计算的结果输出到显示屏上	Romeo V1.2、红外数字壁障传感器、LCD 显示屏	选择结构、中断知识
方案四	用电磁铁将小球固定在某一角度，并通过按钮释放小球，利用红外数字壁障传感器检测小球是否到达最低点，如果到达，摆动的次数加 1，并且开始计时，最后将计算的结果从串口输出	Romeo V1.2、红外数字壁障传感器、电磁铁、电磁继电器、按钮传感器	选择结构、中断知识

比较以上四种实验方案可以看出，方案二不同于方案一的地方在于使用了中断的编程知识，这可以减小编程的复杂程度，但这也是学生之前没有学过的知识，理解起来可能会比较困难；除方案一外，其他三种方案涉及的编程知识点是一样的，但由于使用了不同的器材，其程序编写的复杂度也不尽相同。方案三中提到的 LCD 显示屏，虽然方便了学生读取数据，但接线麻烦；方案四中的器材尽管可以很好地减少误差，更准确地测量单摆的周期，但是学生从未接触过电磁继电器模块，并且学生的编程能力有限，方案四较难实现。由教学内容及教学目标可知，该节课最重要的是让学生在理解单摆实验原理的基础上，自主制定探究活动的实验方案，从而体验科学探究的一般过程和方法，提高学生学习机器人的兴趣和积极态度，因此，综合考虑教学内容、教学目标及课堂时间等因素，该节课选择了方案一。

（三）硬件搭建

利用 Arduino 探究单摆的周期实验用到的硬件器材有 Romeo 控制板、红外数字壁障传感器、USB 数据线及 3P 线等。

1. Romeo 控制板

该节课使用的控制器是由 DFRobot 生产的 Arduino Romeo V1.2，该控制器采用的是最基础且应用最广泛的 UNO 板卡。

2. 红外数字壁障传感器

红外数字壁障传感器也称红外接近开关，是一种集发射与接收于一体的光电开关传感器，在传感器接收到信号后会引起后测指示灯的亮灭。这款传感器背面有一个电位器，可以根据需要调节障碍的检测距离。当探头前方无障碍时，红外数字壁障传感器输出高电平，有障碍时则相反。该传感器具有探测距离远、受可见光干扰小、价格便宜、易于装配、使用方便等特点，可以广泛应用于机器人避障、互动媒体、工业自动化流水线等众多场合。

3. 硬件搭建

红外数字壁障传感器自带了 3P 接线，其中红线对应 5V，绿线对应 GND，黄线对应信号线，将其按照对应的颜色接在 Romeo 控制板的数字针脚，同时记录连接到的数字针脚号。此处接在了 2 号数字针脚，接线图如图 5-39 所示，实物连接图如图 5-40 所示。

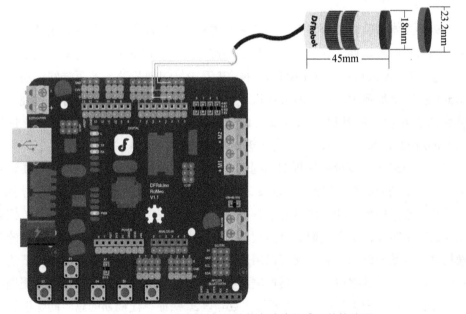

图 5-39　Romeo 控制板与红外数字壁障传感器的接线图

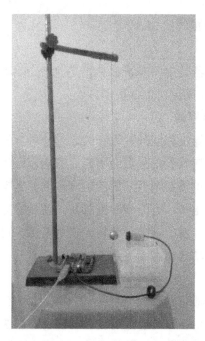

图 5-40　Arduino 与单摆实验装置的连接图

（四）程序编写

　　硬件及实验装置搭建好后，接下来就需要编写程序了。该节课采用的编程环境是图形化编程软件 Mixly（米思齐）。Mixly 是北京师范大学创客教育实验推出的一款新的 Arduino 图形化编程软件，基于 Blockly 开发，界面友好，功能比 ArduBlock 更加强大。使用图形化积木搭建的方式编程，不仅有更好的可视化和更强的交互性，而且编程门槛低，即使没有任何编程经验的人也可以尝试给 Arduino 控制器编写程序，实现自己想要的效果。

　　利用 Arduino 探究单摆周期的程序编写主要需要解决两个问题，一是要记录单摆来回摆动的次数和时间；二是根据检测到的次数和时间自动输出单摆的周期。由于单摆刚开始摆动的时候可能不是很稳定，因此我们有必要略过前几次单摆摆动的次数及时间，这里我们从单摆摆动的第三次开始计时和计数。测出需要的单摆摆动的次数和时间之后，就可以用总时间除以总次数求出单摆的周期。要注意的是，每次红外数字壁障传感器检测到小球经过最低点时，是经过了半个周期，因此在计算单摆周期的时候，需要将次数除以2，保证单摆周期的总时间除以的是单摆作周期运动的总次数，程序如图 5-41 所示。

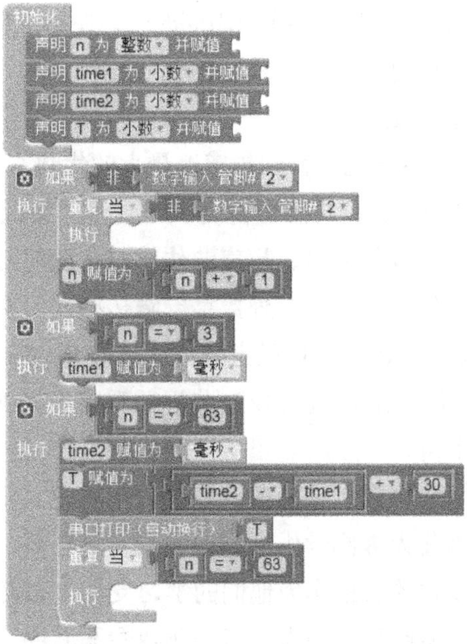

图 5-41　利用 Arduino 探究单摆周期的程序代码

（五）教学实践

在此次的教学实践中，笔者主要通过以下四个环节来完成教学。

1. 抛出问题，引入新课

出示一张钟摆的 PPT，同时给学生抛出一个问题：有同学注意到家里摆钟的钟摆在有规律的摆动，经认真观察发现钟摆来回摆动一次的时间刚好是 1 秒，就想，是不是所有的钟摆来回摆动一次的时间都是 1 秒呢？你们觉得是吗，为什么？然后让学生上网查找资料并以小组的形式展开讨论，最后请小组代表发表组内意见，同时对学生的观点给予肯定或者纠正。教师再以 PPT 的形式展示物理实验中单摆实验的示意图，并向学生解释钟摆来回摆动一次的时间叫作周期，钟摆的工作原理是利用了单摆的等时性，即钟摆来回摆动一次的时间是相等的，单摆是一种周期运动。接着向学生展示传统单摆实验的装置，并引导学生思考这样做实验可能产生的误差和不足。经过各抒己见之后，教师与学生作出总结：当人观察到小球到达最低点时，开始用秒表计时并人为计数，这样操作的结果可能存在很大的人为误差。那么，能否利用 Arduino 制作一套这样的实验装置，避免人为误差呢？即这套装置应该具有如下基本功能：自动检测到小球摆到最低点时，次数自动加 1，同时自动计时，自动求出单摆的周期时长。在引出用 Arduino 制作实验装置之后，出示课题——利用 Arduino 探究单摆的周期。

2. 讲解新知，制订计划

通过之前的学习，学生已经了解到传感器最大的优势在于能够自动获得数据，因此向学生提问：可以利用哪种传感器检测小球到达了最低点，并开始自动计时、计数呢？学生会回答：光线传感器、超声波传感器。此时对学生的答案进行总结并向学生介绍一款新的传感器——红外数字壁障传感器，在给学生简单地介绍此款传感器的使用方法之后，让学生自己完成传感器与 Romeo 控制板的连接并编写程序（结合之前学过的传感器），通过串口监视器观察当传感器检测到障碍物和检测不到障碍物时的输出值。

接着让学生以小组的形式制订探究计划并设计实验。由于之前学生没有接触过科学探究的实验，因此为鼓励学生顺利地完成实验任务，笔者为学生提供了一份有关科学探究一般步骤的表格作为他们的学习支架，如表 5-22 所示。在学生制订探究计划的过程中，教师要作为参与者的角色参与其中，遇到问题，也要作为引导者的角色引导学生走出困境。然后请小组代表汇报各小组的探究计划，并请其他的小组成员对他们的汇报内容进行评价，最后由教师对学生的计划进行总结。结束之后留给学生一定的时间，结合刚才同学及教师的意见，对探究计划作出进一步的修改和完善。

表 5-22 利用 Arduino 探究单摆周期导引

科学探究的步骤	具体内容
提出问题	摆钟来回摆动一次的时间都是 1 秒吗？
形成假设	查找资料，形成自己的假设
制订计划和设计实验	1）所需器材； 2）所需控制的变量； 3）实验步骤
进行实验和收集数据	数据记录表
分析数据和得出结论	数据可视化、假设正确与否
评价与反思	对实验进行总结

3. 进行实验，收集数据

这个环节主要是让学生按照制定好的实验步骤，以小组的形式认真细心地进行具体的实验操作，并在整个实验过程中，作好相关的数据记录。最后通过对数据的处理分析，各小组得出实验结论，验证或证伪假设。

4. 得出结论，评价交流

这一环节主要是让学生以小组的形式汇报各小组获取的实验数据及得出的实验结论，并对自己小组和其他小组的探究实验作出正确的评价。

首先，笔者让完成探究实验的小组展示他们的实验装置，再汇报他们获得的数据和分析结论。此次教学，全班一共 30 个学生，3 个学生为一组，一共 10 组。在这 10 组中，单摆来回摆动一次的时间都不是 1 秒，并且有 5 个小组经过控制变量的方法，得出，当摆角和小球的质量一定时，摆线越长，单摆的周期越长，反之则越短；当摆线和小球的质量一定时，单摆的周期与摆角无关；当摆线与摆角一定时，单摆的周期与小球质量无关。最后，笔者选取了一个小组的探究实验作为范例，从器材选取、控制变量、程序算法、数据处理、误差分析等多个角度对作品进行了评价。在学生把握了评价尺度后，再让各个小组对其他小组的实验过程及结论进行评价并投票选出最佳的探究实验方案。

5. 拓展提升，课堂总结

单摆在摆角小于 5° 时，可近似认为是简谐运动，此时单摆运动的周期公式为：$T=2\pi\sqrt{L/g}$，其中 L 指摆长，g 是当地重力加速度。为了鼓励学生利用已有知识提高上网查阅资料的能力，在完成单摆周期的实验探究之后，笔者提出了一个新的问题：如何利用单摆实验测出当地的重力加速度？

最后对该节课进行总结：无论选取哪款传感器，它的工作原理和程序编写其实都不复杂，学习该节课最重要的目的是要掌握科学探究的一般过程和方法。因此，我们不仅要学习掌握 Arduino 机器人本身的知识和技能，更希望大家在遇到问题的时候，可以将它作为我们探究过程中强有力的辅助工具，帮助我们更准确地获取数据、更方便地解决问题。

（六）教学反思

此次教学主要是让学生通过自主设计探究单摆实验的方案，体验科学探究的一般过程和方法；并能够感受利用 Arduino 自动获取数据的优势给我们工作带来的便利，从而激发学生学习机器人的兴趣，同时提高学生科学探究活动的积极态度。从教学设计中学生的任务完成情况来看，全班一共 30 个学生（共 10 组），全部完成了制定探究实验的方案，并得出了实验结论。对于拓展任务，许多学生只是利用课堂时间查阅了相关资料，但由于时间原因，没有进行实验加以求证。然而令人欣慰的是，有 2 组同学满载好奇的心情，利用课余时间在创客空间里完成了测量重力加速度的任务。

另外，此次教学还有一些需要改进的地方。比如，在让学生制订探究计划之前，对知识点的讲解不够全面，尤其是控制变量的方法，让学生花费了较长时间；在编写程序的环节，对学生的提示和引导不够细致，放手让学生自己尝试，但通过观察发现还是有学生无从下手。因此希望在之后的教学过程中，对这些地方加以改进，以便更好地组织课堂教学。

三、"'简易校园气象仪'教学设计与反思"[①]

校园气象站为中小学校园气象科普教育提供了优秀实用的载体与平台，也为中小学生开展气象科技探究活动提供了基础工具与设备。该节课以制作简易校园气象仪为例，引导学生在掌握机器人知识和技术的同时，关注身边的问题，学会用所学的机器人知识去思考和解决现实生活中存在的问题，达到提高学生科学素养的目的。

（一）选题背景

随着科学技术的高度发达和教育改革的深入发展，气象科学教育已成为世界上所有国家对在校学生进行科学教育的载体与平台。经过半个多世纪的运转与发展，校园气象站的内在机制功能不断提高完善，结构格局不断更新发展，覆盖面不断扩大。据中国气象局网站报道，至 2012 年全国共建有 1000 多所校园气象站，如北京第十八中学的校园气象站、重庆市北碚区大磨滩小学的校园气象站、浙江省岱山县秀山小学的校园气象站等。其中，开展科普活动的占 80%以上，全国通过校园气象站接触到气象知识的约有 66.3 万人[②]。但是这些校园气象站不仅占地面积大，投资经费多，而且维护费用高，一些偏远、经济欠发达的地区，由于经费紧张，根本不可能建设这样一个平台，而且学生无法参与到气象站本身的建设过程。值得高兴的是，Arduino 平台可以弥补这一空缺。为此，该节课以 Arduino 为平台，引导学生综合利用传感器技术与气象知识制作简易校园气象仪，既提高了学生的机器人知识和技术，又激发了学生崇尚科学、关注气象的兴趣。

[①] 该案例作者：张丽芳（太原西苑小学），谢作如（温州中学），张开杨，钟柏昌。
[②] 林方曦. 小荷已露尖尖角：校园气象站发展初探[N]. 中国气象报，2013-5-15（A3）.

（二）方案设计

1. 校园气象站简述

所谓校园气象站是能够采集周围环境的温度、湿度、风向、大气压力、风速、降水量、太阳辐射、紫外线强度等多种气象参数的即时数据。校园气象站一般由传感器、变换器、数据处理装置、资料发送装置、系统电源等部分组成。其中，传感器是一种检验测量的装置，它能感受到被测量的信息，并能将检测感受到的信息，按一定规律变换成为电信号或其他所需形式的信息输出，如温度传感器、雨量传感器、风向传感器等；资料发送装置用有线或无线方式将采集的数据传给用户，或存贮在介质上如网络、数据库等。[①]

2. 教学内容与学生情况分析

"简易校园气象仪"这节课的教学内容是让学生制作简易的校园气象仪。该节课主要涉及 PM2.5 空气质量传感器、温湿度传感器、紫外线传感器和 LCD 1602 显示屏四种器件，利用这些传感器可以制作出简易的校园气象仪，另外还提供了风速传感器、风向传感器何雨量传感器等供学生完善校园气象仪之用。

通过上一节课"小鸡孵化装置"的学习，学生已经掌握了温湿度传感器和 LCD 1602 显示屏的使用，为该节课的教学作好了相应的铺垫。该节课的教学对象是高一学生。通过前面几节课的学习，学生已经熟练掌握了 Arduino 机器人的输入输出，掌握了传感器和显示屏的一般使用方法，熟悉了 Arduino 的基本语法。另外，通过之前的积累，学生对 Arduino 机器人已经产生了浓厚的兴趣，在动手操作与编程能力方面都有了显著的提升，对 Arduino 机器人的创意设计也有了更多的个人想法。

3. 教学目标

（1）知识与技能

了解 PM2.5 传感器和紫外线传感器的连接方法及所具备的功能；

学会在 Arduino IDE 软件中使用 PM2.5 传感器和紫外线传感器模块进行编程来解决实际问题；

了解校园气象仪在实际生活中的意义。

（2）过程与方法

在教师指导下，通过模仿制作出简易校园气象仪，理解创作 Arduino 机器人的一般过程与方法。

---

① 高迎新，任咏夏. 自动气象站及其在中小学校园中的应用[J]. 中国教育技术装备，2009（5）：1-2.

（3）情感态度与价值观

通过亲自制作简易校园气象仪，感受科学技术的生活应用价值，激发对 Arduino 机器人课程学习的兴趣。

（4）教学重点和难点

教学重点：PM2.5 传感器使用方法。

教学难点：PM2.5 传感器与 Romeo 控制板的连接。

（5）可选方案的设计与选择

基于以上搜集到有关校园气象站的资料及对教学内容和学情的分析，笔者根据气象数据输出的不同终端，初步设计了三种简易校园气象仪的方案（表 5-23）。

表 5-23　简易校园气象仪制作方案（预设）

方案名称	方案内容	器材	编程知识	备注
方案一：简易 LCD 显示	利用 PM2.5 传感器、紫外线传感器、温湿度传感器检测周围环境的 PM2.5、紫外线强度及温湿度，并将其检测出的值显示到 LCD 1602 显示屏上	Romeo V1.2、PM2.5 传感器、紫外线传感器、温湿度传感器、LCD 1602 显示屏	数学计算、库函数、数字口模拟口的读取	简单、易实现
方案二：物联网发布	利用 PM2.5 传感器、紫外线传感器、温湿度传感器检测周围环境的 PM2.5、紫外线强度及温湿度，并将其检测出的值实时显示到校园物联网平台上	Romeo V1.2、PM2.5 传感器、紫外线传感器、温湿度传感器、网络扩展板	数学计算、库函数、计算机网络、数字口模拟口的读取	程序复杂不易实现
方案三：校园 LED 显示	利用 PM2.5 传感器、紫外线传感器、温湿度传感器检测周围环境的 PM2.5、紫外线强度及温湿度，并将其检测出的值实时显示到校园 LED 显示屏上	Romeo V1.2、PM2.5 传感器、紫外线传感器、温湿度传感器、LED 显示屏	数学计算、库函数、数字口模拟口的读取	LED 点矩阵学生暂未接触过

注：除了表中列出的核心器材，还用到一些器材，如 USB 数据线、3P 线等。

综合三种方案的不同特点及学生的知识水平结构，该节课最终采用方案一作为教学的基本内容，主要原因是：①此次教学初步安排了一个课时，方案二和方案三涉及的教学内容过多，不仅超过了教学课时，还超过了学生的可接受能力范围。另外，通过上一节课"小鸡孵化装置"的学习，学生已经掌握了 LCD 1602 显示屏、温湿度传感器的使用方法，而且方案一只是在小鸡孵化装置的基础上进行了略微改动，容易实现。②方案一可以实现简易的校园气象仪的制作，并能够将采集的环境信息值显示到 LCD 1602 显示屏上，而方案二和方案三实际上是方案一的拓展或提升，学生在完成方案一的任务之后，可以将方案二和方案三作为拓展任务。

（三）硬件组成与搭建

简易校园气象仪需要用到的硬件器材有 Romeo 控制板、PM2.5 传感器、紫外线传感器、DHT11 温湿度传感器、LCD 1602 显示屏、USB 数据线及 3P 线。

1. PM2.5 传感器

该节课使用的 PM2.5 传感器是 DFRobot 出品的 Sharp GP2Y1010AU0F 空气质量传感器。该模块由红外线发射二极管和光电晶体管组成，并对角式地排列在模块中，能够检测到空气粉尘中的反射光。尤其是它可以有效地检测到非常细的颗粒像香烟烟雾。此外，该传感器的模拟输出电压与同标准灰尘密度成比例，其灵敏度为 $0.5V/0.1mg/m^3$。

2. PM2.5 传感器转接模块

该节课使用 Sharp GP2Y1010AU0F 空气质量传感器在应用上比较麻烦，使用时需要外部连接一些电阻、电容和杜邦线，为了防止学生在接线时出错损坏传感器，还需要用到 PM2.5 传感器转接模块。该转接模块可以很方便地将 Sharp GP2Y1010AU0F 粉尘传感器与和 Romeo 控制板连接起来，在连接的时候只需将 6 针的连接线连接到 PM2.5 传感器上，转接模块上标 D 的接口通过 3P 线接到 Romeo 控制板的数字口，标 A 的接口通过 3P 线接到 Romeo 控制板的模拟口上即可。

3. 紫外线传感器

该节课采用的紫外线传感器是 DFRobot 的 Gadgeteer UV 紫外线传感器，该传感器是一个测试紫外线总量的最佳传感器，它不需要使用波长滤波器，只对紫外线敏感，该传感器直接输出对应紫外线指数(UV INDEX)的线性电压，输出电压范围大约 0～1100mV(对应 UV INDEX 值为 0～11)。此外，该传感器模块简便易用，还有专门的 Gadgeteer 接口和 Arduino 3P 接口，其中 3P 彩色排针能够对应传感器连接线，防止插错。其中，红色对应电源，黑色对应 GND，蓝色对应模拟口。

4. 硬件搭建

1）将温湿度传感器连接到 Romeo 控制板的数字口，同时记录连接到 Romeo 控制板的针脚号，如温湿度传感器接到数字针脚 3 上面，如图 5-43 所示。

2）将 PM2.5 传感器通过转接模块接到 Romeo 控制板的数字口和模拟口上，同时记录连接到 Romeo 控制板的针脚号，如转接模块上标 D 的接口接到了数字口 10 上，标 A 的接口接到了模拟口 1 上面，如图 5-42 所示。

3）将紫外线传感器接到 Romeo 控制板的模拟口，同时记录连接到 Romeo 控制板的针脚号，如紫外线传感器接到模拟针脚 2 上面，如图 5-42 所示。

4）将 LCD 1602 显示屏接在 Romeo 控制板的 IIC 端口，在接线时，要注意显示屏的针脚要与控制器的端口相对应，如图 5-42 所示。

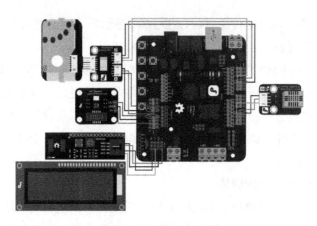

图 5-42　硬件搭建图

5）通过 USB 数据线将 Romeo 控制板和电脑连接起来，正确选择板卡型号 UNO 和端口号。

（四）程序编写

该节课采用的是文本式的编程环境 Arduino IDE。该简易校园气象仪涉及的编程知识比较简单，其中，PM2.5 传感器读取的值为模拟电压值，并非当前环境 PM2.5 的值，我们需要借助于公式（(PM2.5=0.17 * 模拟电压值 * (5.0 / 1024.0) −0.1)*1000）进行计算，这样计算出来的值才是当前环境的 PM2.5；紫外线传感器读取的值就是当前环境的紫外线强度，简易校园气象仪的参考代码如下：

```
#include <dht11.h>
#include <Wire.h>
#include <LiquidCrystal_I2C.h>
LiquidCrystal_I2C lcd(0x20,16,2);
dht11 DHT11;
int measurePin = 1; //PM2.5 转接模块上的模拟接口接在模拟针脚 1 上
int ledPower = 10;    // PM2.5 转接模块上的数字接口接在数字针脚 10 上
int samplingTime = 280;
int deltaTime = 40;
int sleepTime = 9680;
float voMeasured = 0;
float calcVoltage = 0;
float dustDensity = 0;
void setup() {
    pinMode(ledPower,OUTPUT);
    lcd.init();                       //初始化显示屏
    lcd.backlight();//显示屏背光
```

```
}
void loop() {
    int th1=DHT11.read(3);//温湿度传感器接在了数字口 3 上
    int tem=DHT11.temperature;        //读取 DHT11 的温度
    int hum=DHT11.humidity;           //读取 DHT11 的湿度
    lcd.setCursor(0,0);
    lcd.print("temp:");
    lcd.print(tem);
    lcd.print("C ");
    lcd.print("hum:");
    lcd.print(hum);
    lcd.print("% ");
    digitalWrite(ledPower,LOW); //
    delayMicroseconds(samplingTime);
      voMeasured = analogRead(measurePin);
    delayMicroseconds(deltaTime);
    digitalWrite(ledPower,HIGH);
    delayMicroseconds(sleepTime);
    dustDensity = (0.17 * voMeasured * (5.0 / 1024.0) - 0.1)*1000;
    lcd.setCursor(0,1);
    lcd.print("pm2.5:");
    lcd.print(dustDensity);
    lcd.print(" uv:");
    lcd.print(analogRead(2));//紫外线传感器接在了控制器的模拟口 2 上
}
```

（五）拓展应用

通过这一节课的学习，学生能够自己动手制作简易的校园气象仪，我们可以从不同的角度发挥学生的想象，如在校园气象仪的基础上，增加其他传感器如风向传感器、雨滴传感器等采集当前环境的风向、是否下雨等数据；也可以在此基础上增加一些监控装置，如将采集的数据信息实时传输到网络上，以便了解当前环境是否有所突变；也可以在此基础上增加一些报警装置。例如，当环境温度过低时，可以增加声光报警装置以便学生多穿衣服以防感冒等。

（六）教学实践

在此次教学中，笔者主要通过以下四个环节来完成教学：情境导入，引入新课；讲授新知问，边"搭"边"编"；作品展示，交流评价；拓展提升，课堂总结。

1. 情境导入，引入新课

在上课之前，笔者先给学生播放了一段雾霾版《北京北京》的视频，同时给学生抛出一个问题：处在这样的雾霾天气中，你有何感受？面对雾霾，我们能些什么？然后让学生以小组的形式展开讨论，并请小组代表发表组内见解，同时对学生的观点进行给予肯定或者纠正。此时以PPT的形式播放我们当前所处环境的图片，然后与学生总结得出：现在人类生存的环境越来越恶劣，尤其是大气的环境，建立完善的环境监测系统是非常必要的。那么，进一步的问题就是：如何能够知道我们所处环境的空气质量呢？此时学生的答案可能多种多样，如天气预报等，此时可以继续启发：能否利用Arduino知识制作一套监测空气质量的装置呢？如果学生回答不出来，可以给学生一些提示，如"传感器检测周围环境的温湿度等"。在引出"空气检测装置"之后，出示课题"简易校园气象仪"。

2. 讲解新知，边"搭"边"编"

首先先给学生介绍一下校园气象仪，然后向学生提问：如何采集环境信息。学生会回答：各种传感器。此时对学生的答案进行总结并向学生介绍通过温湿度传感器、风向传感器、紫外线传感器等可以采集环境的信息制作简易的校园气象仪；然后先给学生10分钟的时间利用温湿度传感器将当前环境的温湿度显示到LCD 1602显示屏上。

在学生完成任务之后，向学生介绍检测紫外线强度和PM2.5的传感器。紫外线传感器可以检测所处环境的紫外线，该模块是一种模拟传感器，需要接在Romeo控制板的模拟口上。紧接着向学生提出任务：将当前环境的紫外线值显示到LCD 1602显示屏上。这里关于紫外线传感器与Romeo控制板的连接及通过串口显示紫外线值的程序教师不再演示，只需提示学生该传感器的用法和之前学习的光线传感器的用法是相同的即可，而且传感器所读取的值就是当前环境的紫外线强度。在学生完成任务之后，接着向学生介绍检测PM2.5的空气质量传感器。该模块由红外线发射二极管和光电晶体管组成，并对角式地排列在模块中，能够检测到空气粉尘中的反射光；该模块在与Romeo控制板连接的时候，需要接到Romeo控制板的一个数字口和一个模拟口上；此外，该传感器的模拟输出电压与同标准灰尘密度成比例，其灵敏度为$0.5V/0.1mg/m^3$。此时继续向学生提出任务：将当前环境的PM2.5显示到显示屏上。为方便学生理解，笔者首先演示了PM2.5传感器与Romeo控制板的连接及相关程序，然后让学生自己搭建硬件，编写程序完成任务。完成任务的小组，可以进一步尝试如下问题的解决：除了将环境信息显示到LCD 1602显示屏上，还可以显示到哪里，如何实现，并将自己的想法记录下来；如何让全校所有师生都能了解到他们所处环境的空气质量值；上网查阅空气质量指数，根据指数评估我们所处环境的空气质量。

3. 作品展示，交流评价

这一环节主要是让学生展示自己的作品，并能够评价自己和他人的作品。此次教学，全班一共有30个学生，两个学生一组一共是15组，在这15个组中，一共有13个组完成了教学任务，其中有一个小组的学生还在其装置上面增加了声光报警装置，有一个小组的学生增加了按钮控制周围环境信息的显示。

笔者首先让完成任务的小组介绍了他们的作品和程序，然后通过共享浏览各小组作品，接着组织各小组进行作品讨论，评价其优缺点，并可提出问题。然后，笔者选取了其中一个小组的作品作为范例，从硬件连接、程序算法、实用性、创新性等多个角度对作品进行评价，并指导学生如何从这些角度对作品进行评价。在学生把握了评价尺度后，再让各小组打对其他小组的作品进行评价并推选出最佳作品。在小组互评的过程中，笔者适时提出了以下几个问题供学生思考：从其他小组的作品中学到了什么？有何体会？自己最大的收获是什么？

4. 拓展提升，课堂总结

在该节课结束时，笔者给学生提供了以下表格（表5-24），让学生根据自己的想法对原有的作品进行进一步完善，其想法不限制传感器类型、个数等。同时，鼓励学生利用已有知识或上网查阅资料等多种途径尝试实现自己的想法。最后，笔者对此次教学进行总结，并选择其中一组学生的作品置于教室内，便于学生实时观察当前环境的信息。此外，笔者还给学生布置了一个课后作业：如何将采集的环境信息实时传输到网络上，让更多的学生、教师及家长了解校园内的环境信息，并将其作为课后拓展任务之一。

表5-24　创意

创意维度	具体描述
监控装置	将气象仪检测出的值实时显示到网络上，让更多的人了解当前环境信息
	将气象仪检测出的值实时显示到校园LED大屏幕上
	……
报警装置	如果当前环境的紫外线强度过高、雾霾严重等，可以添加声光报警装置
	……
校园气象仪	在原有装置基础上，再增加风向传感器、雨滴传感器等
……	……

（七）教学反思

此次教学的主要意图是让学生在学习制作简易校园气象仪的过程中，让学生运用所学的科学知识解决日常生活的问题，提升学生的科技素养，消除学生与高科技的隔膜。在教学中首先笔者播放了一段雾霾版《北京北京》的视频及当前所处环境的图片，创设了有利于学生主动学习的情境，让学生积极参与到教学活动中，充分调动学生的学习情感和学习的主动性，并让学生思考如何了解当前所处环境的信息以引出校园气象仪，然后向学生介绍通过传感器技术采集环境的信息并通过显示屏显示出来，最后搭建硬件编写程序制作简易校园气象仪。实践中设计了"显示屏显示温湿度"和"显示屏显示紫外线值和 PM2.5"两个任务，第一个任务的目的是让学生复习旧知识，巩固和深化所学知识和技术；第二个任务的目的是完善学生的学生知识结构，并利用所学的知识技术制作一些有生活意义的机器人作品。之后通过为学生提供一些其他采集环境信息的传感器，让学生完善其校园气象仪；同时，也让学生思考如何将检测到的环境数据实时传到网络上，让更多的学生了解当前环境信息。除此之外，笔者还总结了课堂教学中一些失败的地方，如教学内容设计过多，由于时间关系，无法顾及班上的每一位学生，因此该节课建议采用两节课连上的方式；为学生提供一定上网查阅相关空气质量资料的时间，或者由教师给学生提供相关资料，让学生了解更多的气象知识，并能根据采集的数据预测未来天气变化趋势。

四、"'探究匀变速直线运动'教学设计与拓展"①

探究小车匀变速直线运动是高中阶段必修的物理实验，该实验对于掌握加速度等物理知识有重要的意义。传统物理实验需要借助电磁打点计时器、纸带等工具，并通过手动测量及手动计算来完成，不仅费时费力，而且也存在一定的人为误差。因此，利用 Arduino 和周边的电子模块，自己动手制作一个探究小车匀变速直线运动的实验装置，使用这款装置，无需手动测量及计算便可通过电脑得到所需数据及小车运动的 v-t 图像。

（一）选题背景

科学探究一直是国际基础教育改革所努力追求的方向。随着机器人的更加普及，越来越多的教育研究者开始从机器人本体知识教学的关注转为将机器人作为科学探究的一种工具或平台。该节课将尝试这样的一种教学思路，利用 Arduino 能够自动获取数据的优势，将超声波传感器与物理学科中的小车匀变速直线运动

---

① 该案例作者：张敬云（镇江市实验高级中学），谢作如（温州中学）。

进行整合,搭建探究小车匀变速直线运动的实验装置,试图让学生在探究小车匀变速直线运动规律的过程中,学会有关机器人的基础知识和基本技能,培养学生自主探究的意识和能力。

(二)方案设计

1. 教学内容和学生情况分析

该节课的教学内容是利用 Arduino 探究小车匀变速直线运动的规律,并学会超声波传感器的使用方法。该节课的教学对象是温州中学高一学生,学生已经对 Arduino 机器人产生了浓厚的兴趣,并已理解了 Arduino 机器人的输入输出,掌握了串口监视器的使用方法,熟悉了 Mixly 的基本模块。

2. 教学目标

1)掌握 Arduino 机器人中超声波传感器的使用及匀变速直线运动的基本公式;

2)通过自主设计探究小车匀变速直线运动规律的探究方案,体会科学的研究方法;

3)通过利用 Arduino 做科学探究的实验,培养学生良好的动手搭建模型、分析问题、解决问题的能力。

3. 教学重点和难点

该节课的教学重点是通过利用 Arduino 探究小车匀变速直线运动规律的实验,培养学生分析问题、解决问题的能力,难点是通过新、旧知识的整合,自主制订计划、设计探究实验方案。

4. 探究小车匀变速直线运动规律的方案设计

该节课的主要目的是让学生在理解小车匀变速直线运动原理的基础上,自主制定探究的实验方案进行实验,并且通过对收集到的数据的整理分析,画出 v-t 图像,得出实验结论。进而体验科学探究的一般过程,提高学生对机器人的深层认识。因此,综合考虑教学内容、教学目标及课堂时间等因素,该节课设计了如表 5-25 所示的实验方案。

表 5-25 利用 Arduino 探究小车匀变速直线运动规律的实验方案

方案描述	主要器材	编程知识
用板子搭一个斜坡,并在斜坡顶端放置超声波传感器,再将小车放在斜坡顶端,使小车无初速度下滑,每隔 0.2 秒的时间用超声波传感器记录小车到斜坡顶端的距离,再计算小车速度,并从串口输出,最后画出小车运动的 v-t 图像,分析数据,得出实验结论	Romeo V1.2、超声波传感器	循环结构

（三）硬件搭建

利用 Arduino 探究小车匀变速直线运动规律的实验用到的硬件器材有 Romeo 控制板、超声波传感器、USB 数据线等。

1. 超声波传感器

该节课使用的是 HC-SR04 超声波传感器，它是基于声呐原理，通过监测发射一连串调制后的超声波及其回波的时间差来得知传感器与目标物体间的距离值，测度的距离精确，性能比较稳定，盲区为 2cm。使用时将其在 Romeo 控制板上插好通电即可。

2. 硬件搭建

超声波传感器有 4 个针脚，分别是 VCC、GND、Echo 和 Trig，VCC 和 GND 分别接电源正极和接地，Echo 和 Trig 连接数字针脚，分别表示超声波的接收端和发射端，将其按照对应的位置接在 Romeo 控制板的针脚即可。本节课将 Trig 接在了 7 号数字针脚，Echo 接在了 8 号数字针脚（图 5-43），实物图如图 5-44 所示。

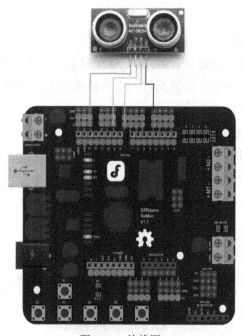

图 5-43　接线图

图 5-44　实物图

（四）程序编写

程序编写需解决两个问题，一是要记录小车每隔 0.2 秒时间运动的距离；二是根据检测到的距离计算出中间时刻的速度并通过串口输出。测出相隔同样时间的速度后，便可将数据通过 Excel 生成 v-t 图像，更加直观地分析小车速度随时间的变化规律。要注意的是，由于小车刚开始运动时不是很稳定，因此在将数据转化为图表时，有必要略过前几次计算出的速度及时间；而且在计算速度时，要注意单位的转化，具体程序如图 5-45 所示。

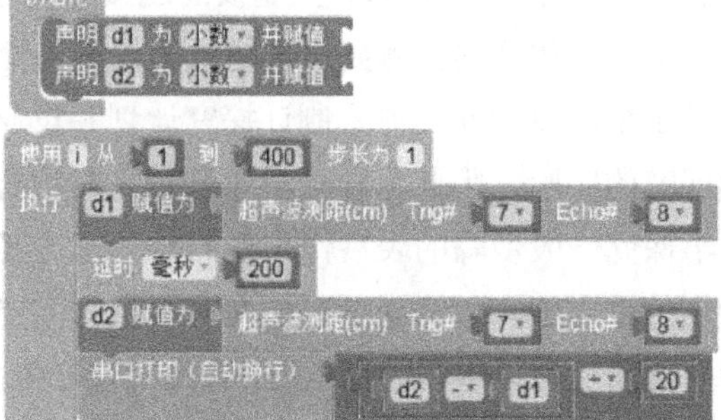

图 5-45　程序代码

（五）教学实践

在该节课的教学活动中，笔者主要通过以下四个环节来完成教学。

1. 抛出问题，引入新课

将器材带入教室，演示小车在斜坡上运动的过程，让同学观察，并抛出要思考的问题：小车做的是什么运动？可能会有同学脱口而出，小车做的是匀变速直线运动（物理课上学过）。这时老师就要继续提出质疑：我们能够看到小车运动的速度越来越快，但能够直接看出小车做的是匀变速直线运动吗？有同学反应很快，补充道，上节课我们已经设计实验探究过单摆周期，那么我们同样可以设计实验，拿出证据说明小车做的是匀变速直线运动。然后让学生进行分组合作，上网查找相关的资源并讨论。教师再以 PPT 的形式向学生展示物理实验中探究小车匀变速直线运动的实验装置，并引导学生思考这样做实验的不足之处。经过一番讨论后，教师对学生的意见进行总结：打点计时器打出的纸带，还需要人为地对其进行数据处理，不仅费时费力，而且还存在一定的人为误差。那么能否利用 Arduino 机器人自己制作一套实验装置，减少这样的误差呢？即这套装置应具备以下功能：自动检测小车到斜坡顶端的距离，自动计算小车速度并输出。

2. 讲解新知，制订计划

数据收集是科学探究十分重要又十分繁琐的环节，而机器人的最大优势便是数据的自动获取，因此向学生提问：可以利用哪种传感器实时检测小车到斜坡顶端的距离，又如何自动计算出小车的速度呢？同时向学生介绍一款新的传感器——超声波传感器，结合之前对传感器的学习，给出一定时间让学生通过相关网站的学习，自主完成传感器与 Romeo 控制板的连接并编写程序，然后通过对串口输出值的观察，体会当传感器检测到距离物体远近时的变化。

接着让学生分成小组，以合作的方式制订探究计划并设计实验。由于之前学生没有接触过科学探究的实验，因此为鼓励学生顺利完成实验任务，笔者为学生提供了一份有关科学探究一般步骤的表格作为他们的学习支架，如表 5-26 所示。在学生制订探究计划的过程中，教师也要时刻在各个小组间走动，以参与者、引导者的角色融入学生的交流讨论中。之后请小组选出代表汇报各小组的探究计划，并进入自我评价、学生评价和教师评价的环节。最后留出一定时间，让各小组对自己的探究计划进行修改和完善。

表 5-26　利用 Arduino 探究小车匀变速直线运动导引

科学探究的步骤	具体内容
提出问题	小车从斜坡顶端到底端的运动是匀变速直线运动吗？
形成假设	查找资料，形成自己的假设
制订计划和设计实验	1）所需器材；2）实验步骤
进行实验和收集数据	数据记录表
分析数据和得出结论	数据可视化、假设正确与否
评价与反思	对实验进行总结

3. 进行实验，收集数据

此环节主要是动手实践，按照制定好的实验步骤和分好的小组进行具体的实验操作，并对实验数据进行整理和收集。最后使用 Excel 将数据转化为 v-t 图象，通过对图像的分析，得出实验结论，从而验证或证伪假设。

4. 得出结论，评价交流

此环节的主要目的是培养学生对自己的研究成果进行科学的表达和阐述的能力，通过师生之间的评价交流，避免逻辑上的错误，增强实验结论的说服力，或者引发出新的问题来进行进一步探究。

实验装置的基本器材，比如斜坡和小车都是课前准备好的。只要小组完成了探究计划，编好了代码，便可上台测试他们的实验方案，然后根据收集到的数据绘制小车运动的 v-t 图像，最后向全班同学汇报他们获得的数据和分析结论。一共有 30 个学生选修该课程的，5 个学生为一组，一共 6 组。在这 6 个组中，小车运动的 v-t 图像全部绘制完成，但只有第 1 小组根据数据整理导出的 v-t 图像完全符合小车做匀变速直线运动的规律，如图 5-46 所示，其他 5 组的 v-t 图像与假设有点出入，图 5-47 为第 2 小组的 v-t 图像。因为都是相隔同样的时间，所以这两个小组绘制的图像都是由计算机自动计算的速度数据导出的。

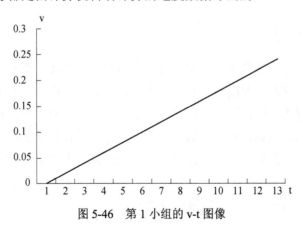

图 5-46　第 1 小组的 v-t 图像

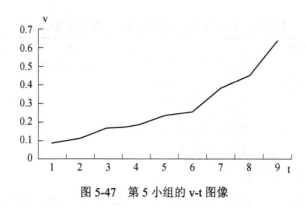

图 5-47　第 5 小组的 v-t 图像

经过学生的讨论和交流及对各组中实验结果的分析，最后得出：在实验误差允许的范围内，小车的 v-t 图像是一条倾斜的直线。观察这个图像，可以看出，小车的速度在不断增大，而且在相等的时间里速度的变化量是相等的，即小车的加速度保持恒定。因此，得出结论，小车做的是匀加速直线运动。

5. 拓展提升，课堂总结

为了加强学生对已有知识的迁移应用，可在完成小车匀变速直线运动的探究之后，向学生提出更多的思考：可以借助此次探究实验的思路来验证牛顿第一定律、探究自由落体运动甚至研究能量守恒定律吗？

最后对该节课进行总结：在探究小车匀变速直线运动的活动中，关键是要测出小车的瞬时速度，因此需对匀变速直线运动涉及的基本公式有较清晰的认识。通过科学探究的实验活动，我们掌握的不仅仅是几个知识点，而是一种解决问题、分析问题的能力。在以后的学习过程中，要有意识地将这种探究的思维方式进行积极应用，当然，也要认识到 Arduino 机器人在探究过程中提供的便利和帮助。

（六）教学反思

该节课主要是希望通过自主设计探究小车匀变速直线运动的实验方案，学生能认识到科学探究的一般过程和方法，认识到 Arduino 机器人不仅有趣好玩，而且可以应用于解决实际问题，从而激发学生学习机器人的兴趣，提高学生用科学的方法解决问题的意识。从学生的课堂反应来看，所有的学生都能够积极地参与到探究的活动中，虽然有的小组在课上得出的结论与假设不是很符合，但也都在很认真地反思误差的原因，甚至在课下仍然继续他们的探究活动，很是令人欣慰。

另外，此次教学仍有一些需要改进的地方：

1）减少讲解时间。再涉及如何测瞬时速度的问题时，老师占用了较多的讲解时间，其实根据学生已有的物理知识和经验，完全可以自主合作完成。因此，在下一轮的教学中，教师要认识到给学生讲解的时间越多，学生自主探究的机会就越少，要把时间留给学生。

2）关注学生的分工合作。虽然课堂上小组间的交流讨论看似很热烈，但有些也是无关紧要的话题。因此，在下一轮的教学中，教师也要关注学生的分工合作情况，做到明确分工，保证每个学生都有事可做、有问题要研究解决。

第四节　趣味交互类教学设计与反思

一、"'控制电路'教学设计与实践"①

趣味交互型机器人的编程主要使用 S4A 来完成，S4A 全称为 "Scratch for Arduino"，是由西班牙的 Citilab 公司基于 Scratch 衍生的二次开发软件。S4A 采用图形化的程序设计界面，通过组合模块来完成程序的编写。S4A 分为编程端和机器人端，其中机器人端使用 Arduino 主控板作为控制器。由于开源的 Arduino 板具有价格低廉、共享资源丰富、拓展性强等特点，因此较适用于机器人的教学过程。

在机器人教学过程中，以趣味交互型机器人作为教学项目，将相关的知识点融合到机器人项目的制作过程中，不仅可以使学生习得机器人相关的基础知识与基本技能，更能体会到以机器人为媒介进行人机互动的乐趣。

（一）方案设计

1. 学生情况分析

教学对象是高一学生，学生们虽然对机器人比较感兴趣，但编程基础薄弱，没有能力独立进行趣味交互型机器人项目的开发。该节课是学生学习 S4A 的第一节课，笔者呈现了一个相对简单的案例来供学生探究、了解 S4A。通过该节课的学习，学生体验趣味交互型机器人的开发过程，获得控制 S 端（Scratch 编程）软

---

① 该案例作者：韩蕾（南京师范大学教育科学学院研究生），钟柏昌。

件与搭建 A 端（Arduino 端）硬件的基本能力。

2. 教学目标

（1）知识与技能

熟悉 S4A 界面及各功能区；了解 Romeo 控制板的结构及数字传感器与 Romeo 控制板的连接方式；掌握循环语句、条件语句和造型切换模块的功能及使用方法；了解按钮的使用。

（2）过程与方法

掌握利用 S4A 开发趣味交互型机器人的一般过程。

（3）情感态度与价值观

感受趣味交互型机器人开发的乐趣，激发机器人开发的兴趣。

3. 可选方案的设计与选择

"控制电路"即通过 A 端来控制 S 端舞台中电路的连通与闭合。A 端连接传感器，S 端获取传感器的值，并通过判断值的大小来控制电路。难点在于传感器的选择与电路状态的改变方法。

通过对案例进行分析，笔者就 A 端的"电路开关"和 S 端的"电路状态切换"两方面设计了以下几种方案，如表 5-27 所示。

表 5-27 控制电路思路

类别	方案	方案描述	主要器材	编程知识
电路开关	方案一	在 A 端连接按钮，每按一次按钮电路状态就改变一次	Romeo 控制板、USB 数据线、按钮	循环语句、条件语句、"下一个造型"模块
	方案二	在 A 端连接倾斜传感器，当倾斜传感器的返回值为 1 时电路打开，为 0 时电路闭合	Romeo 控制板、USB 数据线、倾斜传感器	循环语句、条件语句、"下一个造型"模块
电路状态切换	方案三	准备闭合电路与开路电路的图片素材，并将其作为电路角色的造型，通过判断 A 端传感器的值切换不同造型，以达到切换电路状态的效果	Romeo 控制板、USB 数据线、按钮或倾斜传感器	循环语句、条件语句、"下一个造型"模块
	方案四	将去掉开关的电路图片素材作为舞台背景，把开关作为角色，通过判断 A 端传感器的值来改变开关角色在舞台中的位置，以达到切换电路状态的效果	Romeo 控制板、USB 数据线、按钮或倾斜传感器	循环语句、条件语句、"旋转"模块

比较"电路开关"中的两种方案，方案一使用的是按钮，方案二使用的倾斜传感器，这两种元件都属于数字传感器，在程序编写上不存在差异。当倾斜传感器向一端倾斜时，其输入值为 1；向另一端倾斜时，其输入值为 0。因此，在控制

的过程中每切换一次电路状态需要向两侧各倾斜一次；并且倾斜传感器体积小、不容易固定，因此选择方案一。对比"电路切换状态"中的两种方案，方案三将闭合电路与开路电路作为电路角色的造型，只需切换角色造型就可实现电路闭合与断开的效果。同时，在处理素材图片时，需要注意两张图片的亮度差异与小灯泡两种状态时的变化。方案四将去掉开关的电路图片作为舞台背景，闭合电路时开关角色的位置处于闭合位置，断开电路时开关角色的位置处于断开位置。方案三较方案四更能体现电路状态改变后的明暗效果，并且只涉及一个角色造型的切换，不需要改变舞台背景，操作简便，故选择方案三。

（二）硬件搭建

"控制电路"需要用到的器材主要包括 Romeo 控制板，USB 数据线和按钮。使用 USB 数据线连接控制板与计算机主机，将按钮接到控制板上的数字针脚 3 上。

（三）程序编写

将硬件搭建好后进行程序的编写，该节课采用的编程环境为图形化编程环境S4A。

首先，S 端获取 A 端传感器的值，即判断按钮是否按下。在 动作 中选择 sensor Digital2 pressed? 模块，获取按钮的状态。按钮每按一次，电路就切换一次，即当按钮按下时切换电路角色的造型。选择 控制 中选择条件语句 如果 模块，

当按钮按下时执行语句 下一个造型。在程序执行期间，

要重复地进行判断，在 控制 中选择 重复执行 模块。在舞台中不需要呈现传感器信息显示板，因此在程序最开始添加 hide board 模块。控制电路程序设计如图 5-48 所示。

图 5-48 控制电路程序设计

（四）拓展应用

由于按钮有弹簧，因此按下时有可能因为弹簧的抖动而使一次 A 端的按钮动作造成 S 端获取到多次按钮的输入值。为了使电路的控制更顺畅，需要在程序设计时为按钮进行消抖。可使用延时模块，S 端获取一次按钮按下的动作后即停止

判断，延时一段时间后继续判断。学生可参考此种解决思路，也可思考其他的方法，优化该案例。

（五）教学实践

在教学实践过程中，由以下四部分组成，分别是引入主题，激发兴趣；体验案例，探究新知；创新设计，拓展应用；交流心得，课堂总结。

1. 引入主题，激发兴趣

完成一个机器人作品，不仅要有硬件的搭建，还要有程序的编写。该节课主要开发的是趣味交互型机器人，趣味交互型机器人是指以开发有趣、好玩的机器人联机交互系统。使用的软件端为 S4A，硬件端为 Arduino。

为了激发学生的兴趣并促进学生对趣味交互型机器人的进一步了解，教师可采用视频的形式向学生展示经典的 S4A 案例。

2. 体验案例，探究新知

由于该节课是趣味交互型机器人设计与开发课程的第一节课，因此教师首先讲解 S 端与 A 端的连接方式、S4A 界面的使用及各区域的功能。

只有 S4A、Arduino 控制板与计算机三者连接后，才能进行案例的开发。在学习案例之前，教师介绍三者的连接方式。首先讲解 Arduino 控制板与计算机的连接方式，右击计算机—管理—设备管理器，以手动的方式为 Arduino 安装驱动。然后讲解 S4A 与 Arduino 的连接方式，打开编程软件 Arduino IDE，写入 S4A Firmware 固件文件。写入成功后打开 S4A，此时 S4A 即可找到 Arduino 的端口，实现二者的实时通信。

S4A 编程界面即各部分名称如图 5-49 所示，主要功能区的作用如下：

1）模块区：显示编程过程中用到的各类型的程序模块。

2）脚本去：将模块区的程序模块拖拽到此区域便可进行脚本的编辑，并且在这一区域显示角色的造型与声音对象。

3）角色区：对案例中所有的角色对象进行编辑。

4）舞台区：显示案例中的角色及传感器信息显示面板。

5）工具栏：复制、剪切、放大和缩小舞台中的角色。

6）控制按钮：启动与停止程序。

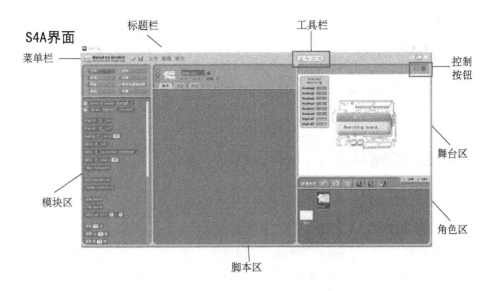

图 5-49　S4A 编程界面及各部分名称

学生探究案例的阶段分三部分进行，分别是玩一玩、想一想和改一改。

（1）玩一玩

该案例中，S 端一直检测 A 端按钮的状态，按钮被按下就切换 S 端角色的造型，达到控制电路开关的效果。教师提供"控制电路"案例给学生，其中包括"控制电路"程序、Romeo 控制板、USB 数据线与按钮。学生尝试操作程序，观察案例如何运行。教师观察学生行为，发现学生使用过程中的主要问题。

（2）想一想

教师提出以下问题引导学生思考：

问题一：思考示例中每个模块的功能。

问题二：可否去掉模块 hide board ？

问题三：改变按钮所接的针脚后对应的程序应该如何修改？

问题四：可否去掉模块 重复执行 ？

教师组织学生进行小组合作，对提出的问题进行讨论，并形成初步的假设。

（3）改一改

教师：组织学生修改案例来验证假设。观察学生行为，对学生遇到的问题给予解答。请小组同学回答教师预留的四个问题，并就该节课中的重难点进行详细的讲解。

讲解问题一：

1) 模块：点击 后执行程序。

2) 模块：程序执行时隐藏传感器信息显示面板。

3) 模块：重复执行循环语句。

4) 模块：读取针脚 3 的数值。

5) 模块：当条件满足时执行。

6) 模块：切换到下一个角色造型。

解答问题二：使用 模块，在程序运行时，端口监视界面隐藏；也可不使用该模块，在角色区中右击电路角色，选择"hide sensor board"，传感器信息显示面板即隐藏。

解答问题三：S4A 将 Arduino 控制板上的数字和模拟针脚根据功能分区，按钮属于数字传感器，按照 S4A 中的分类只能接到控制板上的数字针脚 2 和数字针脚 3 上。该案例中将按钮接到数字针脚 3 上，若将其接到数字针脚 2 上时，只需

单击 模块针脚选项的下拉三角，选择

（Digital2）即可。

解答问题四：使用循环语句，循环体中的语句将重复执行。程序中的条件语句用于判断传感器的状态，并且根据状态的不同执行不同的语句。在启动程序后需要一直侦测按钮的状态，因此程序中使用重复执行模块，当按下 按钮后程序停止。语句之间的嵌套可以使程序更简洁、高效。

3. 创新设计，拓展应用

以该节课呈现的案例为例，分目标、操作、方法、选择规则四个部分系统地讲解基于 GOMS 的趣味交互型机器人开发方法，如表 5-28 所示。

表 5-28 "控制电路"的开发过程

项目功能	用户通过控制按钮来转换电路图的状态		
	User——S 端	User——A 端	S 端——A 端
系统交互行为（G）	S 端呈现电路图，用户通过识别界面显示的图片判断电路是否断开	用户控制按钮是否按下	A 端连接按钮模块，S 端获取 A 端传感器的状态来控制造型的切换

续表

项目功能	用户通过控制按钮来转换电路图的状态		
	User——S 端	User——A 端	S 端——A 端
操作（O）	收集电路图断、闭合时的图片素材，并适时切换图片	A 端连接按钮	S 端编写脚本获取 A 端按钮模块是否被按下，并根据按钮状态切换角色的造型
方法（M）	网上搜索实物电路图图片素材，利用 Photoshop 软件编辑素材，S 端利用 下一个造型 模块切换造型	S 端支持 2 和 3 两个数字输入口，该案例连接 3 号数字口	使用 sensor Digital3 pressed? 模块判断 A 端按钮是否被按下，同时使用 如果 模块根据按钮的状态切换造型
选择规则（S）	素材背景简单容易处理	S 端支持 A 端数字输出、输入，模拟输出、输入，根据需要选择不同的针脚	程序简洁、高效

　　教师提出案例中的缺陷部分：在操作的过程中会发现这样一种现象，按一次按钮，S 端电路会连续切换多次造型，也就是 S 端会认为操作者进行了多次的按按钮操作。那为什么会出现这种现象，如何解决这一问题呢？

　　教师总结学生的解决思路，并解答按钮抖动现象产生的原理及解决方法。

　　教师引导学生进行作品创作，可以在该案例基础上进行拓展，拓展思路：①将程序中简单的电路更改为并联电路；②在 Arduino 控制板上安装 LED 灯，当电路闭合时小灯亮，当电路断开时小灯灭；③也可以在该节课学习的基础上设计新的项目，提供给学生项目计划表，以小组为单位开发机器人项目。

4. 交流心得，课堂总结

　　不同于传统的机器人，趣味机器人有其独特的特点，请学生结合该节课案例总结回答。教师点评学生的回答并将趣味交互型机器人的特点归纳为以下四点：

　　1）用户与计算机之间实现实时交互。

　　2）机器人与计算机共同处理数据。

　　3）以实现人机交互为目标组织机器人相关知识点。

　　4）趣味交互型机器人无法脱机运行。

　　通过该节课的学习，学生初步了解了 S4A 的使用及趣味交互型机器人的开发方法。之后的课程会进行更加高阶的学习，案例的复杂性和趣味性也会越高。随着学习的深入学生能够启发创意思维，创作出属于自己的作品。

（六）教学反思

　　趣味交互型机器人更加关注趣味性与交互型，并且相比于传统机器人注重硬件的搭建，趣味交互型机器人更加侧重于程序的编写。因此，在教学过程中所涉及的案例会缺少硬件的学习与构建。该节课中硬件只使用了 Romeo 控制板与按钮，在案例设计过程中可以思考如何更好地构建硬件部分，比如将按钮的外形包装成家用开关或者在 Romeo 控制板上接入实物电路并使其与 S 端电路的状态保持同步。基于此，在学生的实际开发过程中也需要注意学生硬件搭建能力的培养。

二、《我是音乐家》教学设计与实践[①]

传感器相当于机器人的触角，是其获取外界信息的主要途径。机器人将传感器的输入值反馈给控制器，控制器接收并分析信息，同时根据不同的分析结果执行相应的行为。该节课引入模拟传感器，数字传感器的输入值为 0 或 1，而模拟传感器的输入值为模拟量，并且其接线方式与程序控制均不同于数字传感器。

学习传感器的相关知识能够帮助学生更加系统地了解机器人，提高学生设计及制作机器人的能力。该节课呈现了《我是音乐家》的案例，通过模拟乐器的方式使学生进一步了解趣味交互型机器人的基础知识，熟悉趣味交互型机器人案例设计及开发过程，激发学生学习兴趣使其获得利用机器人进行实验模拟的乐趣。

（一）方案设计

1. 学生情况分析

教学对象为高一年级学生，该节课在第一课的基础上提供了交互较复杂的案例——《我是音乐家》。在《我是音乐家》案例中，A 端连接传感器，S 端根据传感器输入值的不同播放不同音调的声音，并显示不同的画面。学生们在学习完第一个项目之后对趣味交互型机器人有了一定的了解，对机器人的开发过程也有了一定的认知。从这节课开始，学生接触模拟传感器，并尝试开发交互更复杂、效果更丰富的作品。

2. 教学目标

（1）知识与技能

了解模拟声音传感器的使用方法；熟悉 S 端读取模拟传感器值的方法；掌握条件语句的嵌套。

（2）过程与方法

了解利用 S4A 模拟乐器的方法。

---

① 该案例作者：韩蕾（南京师范大学教育科学学院研究生），钟柏昌。

（3）情感态度与价值观

通过模拟乐器发声，体会机器人模拟现实的过程，感受机器人开发过程中的乐趣。

3. 可选方案的设计与选择

《我是音乐家》案例即在 A 端连接合适的传感器，S 端接收传感器的值并进行判断，根据判断结果播放不同的声音，同时显示不同的画面。难点在于如何选择合适的传感器并利用其形象地表现乐器演奏的过程。

通过对该案例进行分析，笔者就"传感器选择"和"乐器模拟"两方面设计了以下四种方案，如表 5-29 所示。

表 5-29　"我是音乐家"案例思路

类别	方案	方案描述	主要器材	编程知识
传感器选择	方案一	在 A 端连接声音传感器，操作者向传感器吹气，S 端获取传感器的数值，并通过判断声音大小来播放不同的音符	Romeo 控制板、USB 数据线、声音传感器、纸板、画笔	"value of sensor"模块、"设定乐器为"模块、"弹奏音符拍"模块、"切换到造型"模块、条件语句的嵌套
	方案二	在 A 端连接压力传感器，操作者按压传感器，S 端获取压力传感器的值并根据值的大小播放不同的音符	Romeo 控制板、USB 数据线、压力传感器、纸板、画笔	"value of sensor"模块、"设定乐器为"模块、"弹奏音符拍"模块、"切换到造型"模块、条件语句的嵌套
乐器模拟	方案三	测试传感器的值，将其值赋给变量，S 端播放声音的大小和声音条高度随变量的变化而变化	Romeo 控制板、USB 数据线、声音传感器或压力传感器、纸板、画笔	"value of sensor"模块、"设定乐器为"模块、"弹奏音符拍"模块、变量的建立与调用
	方案四	测试传感器在用户的操作下能获得的值域，将值域分区，每个区间对应一个音符。S 端判断传感器的值，当值在某一区间范围内时，播放相应的音符，并在舞台区展示不同的画面	Romeo 控制板、USB 数据线、声音传感器或压力传感器、纸板、画笔	"value of sensor"模块、"设定乐器为"模块、"弹奏音符拍"模块、"切换到造型"模块、条件语句的嵌套

对比"传感器选择"中的两种方案，方案一使用声音传感器，模拟的是吹奏乐器；方案二使用压力传感器，模拟的是弹奏乐器。两种传感器都属于模拟传感器，并且能够很好地获取、反映外界环境的变化。但是由于压力传感器价格较贵，而声音传感器成本低廉，因此选择方案一。比较方案三与方案四，因为 S 端音符弹奏模块值的范围为 48~72，而传感器输入值范围远大于这一范围，所以使用方案三进行程序编写需要将两个值域范围进行映射。在测试的过程中，每个学生测得的范围存在差异，因此映射函数不容易统一。使用方案三只需要测得传感器的输入值域并对其划分区间即可，程序编写较为简便。使用条件语句的嵌套，程序

编写时改变程序模块中的参数即可，设计思路更加清晰，便于学生理解。

（二）硬件搭建

完成《我是音乐家》案例所需要的器材主要包括 Romeo 控制板、USB 数据线和模拟声音传感器。使用 USB 数据线连接控制板与计算机主机，将模拟声音传感器接到控制板上的模拟针脚 5 上，如图 5-50 所示。可以利用纸板和画笔制作一个笛子的造型，并将声音传感器固定在笛子上，使乐器演奏更加形象，从而增强案例制作的趣味性。

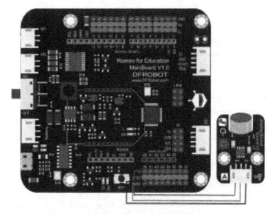

图 5-50　连接模拟声音传感器与控制板

模拟声音传感器是一款简单、易用的传感器，它能检测到外界环境中的声音，并将该声音转化为模拟信号，即通过反馈的电压值来表达检测到的声音大小。模拟声音传感器不仅能够检测声音，在使用的过程中还可以用吹气的方式代替声音，从而有效地避免课堂实验中声音之间的干扰。[1]图 5-51 中，模拟声音传感器的有黑、红、蓝三根线，使用时需将模拟声音传感器按照对应的颜色与 Romeo 控制板的模拟针脚连接起来。

图 5-51　模拟声音传感器模块

---

① 张禄，谢作如，钟柏昌.《声控风扇》教学实践与反思[J].教育研究与评论：技术教育版，2014（5）：56-60.

（三）程序编写

搭建好硬件后进行程序的编写，该节课采用的编程环境为图形化编程环境 S4A。

该节课程序设计分为两部分，其一检测传感器值的范围并划分区间，其二播放声音和切换造型。在传感器信息显示面板中可以获取控制板上针脚的值，尝试用最小的力度和最大的力度对着模拟声音传感器吹气，观察并记录面板上对应针脚的值，此时便能获取模拟声音传感器的值域。在该案例中，默认模拟声音传感器的值为 50～400，并以 50 为组距将值域分为 7 组。在 动作 中选择 value of sensor Analog5 模块来获取模拟针脚 5 的值，利用条件语句的嵌套来完成值域的分组表征，如图 5-52 所示。

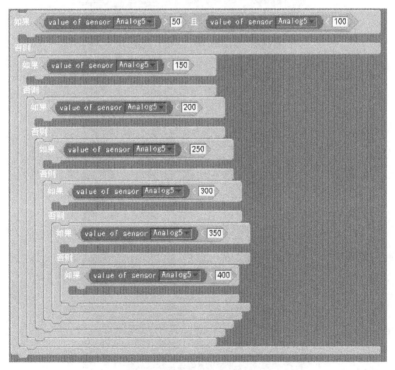

图 5-52　条件语句嵌套

S4A 提供了多种声音模块，可以导入声音文件进行播放，同时提供了很多种类的乐器声音。该案例中直接在 声音 中选择 设定乐器为 74▾ 模块，并将乐器设置为 74 号长笛。选择 弹奏敲声 48▾ 0.3 拍 模块来改变乐器声音值，根据传感器值的区间设置相应的参数。舞台区显示随声音改变的图片，来模拟音乐播放器的效果，在 外观

选择 切换到造型 016 模块来实现切换到指定造型的效果。在每一区间设定好声音与角色造型后，为程序增加"重复执行"模块来保证 S 端一直能够获取 A 端传感器的值并形成反馈，具体程序如图 5-53 所示。

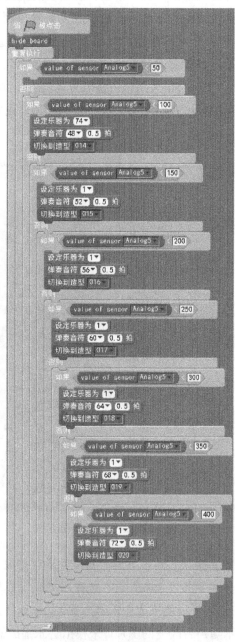

图 5-53　程序脚本

（四）拓展应用

由于 S 端播放声音会有延时，而操作者向模拟声音传感器吹气的动作是连续的，因此会造成二者之间不同步的情况。请学生思考如何解决该问题，优化机器人案例，使乐器模拟的效果更加真实、生动。除了在"听觉"的角度还可以在"视觉"的角度进行拓展，比如在案例中增加舞蹈或灯光等元素。

（五）教学实践

1. 引入主题，激发兴趣

在学习完第一个案例之后，学生对趣味交互型机器人的开发过程有了一定的了解。机器人是多学科融合的产物，使用机器人进行仿真能够生动地反映事物各部分之间的关系及工作机理。音乐是生活中必不可少的一个元素，该节课将利用 S4A 来模拟乐器。

2. 体验案例，探究新知

（1）玩一玩

教师提供《我是音乐家》案例给学生，其中包括《我是音乐家》程序、Romeo 控制板、USB 数据线、声音传感器、纸板（画笔自备）。学生尝试操作程序，观察案例如何运行。

该阶段可尝试以下操作：

1）对着模拟声音传感器吹气，观察传感器信息显示面板相应针脚的值。

2）观察 S 端声音及角色造型随传感器值变化的规律。

学生尝试操作该案例，教师观察学生行为，发现学生使用过程中的主要问题。

（2）想一想

引导学生思考以下问题：

问题一：思考示例中新知模块的功能。

问题二：如何根据学生个人的使用情况获取声音传感器输入值的范围？

问题三：如果/否则语句的作用是什么？

问题四：条件语句的嵌套在程序中的主要作用是什么？

组织学生进行小组合作，对发现的问题进行讨论，并形成初步的假设。

（3）改一改

组织学生以小组为单位修改案例，并验证假设。观察学生探究情况，对遇到困难的学生给予帮助。请小组学生回答教师预留的四个问题，点评学生的回答，解析该节课中的重难点知识。

解答问题一：

1) 模块：判断左右两侧容器内的量是否符合小于的逻辑关系。

2) 模块：获取指定传感器的输入值。

3) 模块：当条件满足时执行某一语句，不满足时执行另一语句。

4) 模块：指定模拟乐器类型。

5) 模块：设置音符的音调和节拍。

6) 模块：将角色切换到指定造型。

解答问题二：打开传感器信息显示面板，找到传感器对应的针脚号，观察数值的变化。用最小力度和最大力度向传感器吹气，记录相应的数值。

解答问题三：判断条件是否满足，根据判断结果执行相应语句。

解答问题四：利用条件语句的嵌套将传感器输入值分为不同区间，根据数值的不同来演奏不同音调的音符。

3. 创新设计，拓展应用

以该节课呈现的案例为例，分目标、操作、方法、选择规则四个部分讲解基于 GOMS 的趣味交互型机器人开发方法，如表 5-30 所示。

表 5-30 "我是音乐家"开发过程

项目功能	模拟乐器演奏		
	User——S 端	User——A 端	S 端——A 端
系统交互行为（G）	S 端播放声音；S 端根据音符的不同呈现不同的画面，模拟播放器显示效果	用户向传感器吹气	S 端获取 A 端传感器数据，判断数值大小，并根据判断结果显示不同的画面
操作（O）	使用 S 端的声音模块；收集音乐背景素材，将素材作为角色造型，根据需求进行造型的切换	A 端连接能够接收声音信号的传感器	S 端编写脚本，获取 A 端传感器数据，将 A 端数据分为合适的区间
方法（M）	使用 模块模拟乐器的声音；网上搜索"音乐背景"图片素材，利用 Photoshop 软件编辑素材，将素材导入 S 端作为角色的造型	A 端连接声音传感器，接在 5 号针脚	使用 模块来获取声音传感器的值，在传感器监测面板观察传感器输入值的变化，合理分配数值区间，利用 模块的嵌套来判断播放哪个音符或切换哪一个造型

续表

项目功能	模拟乐器演奏		
	User——S端	User——A端	S端——A端
选择规则（S）	素材背景简单、容易处理	S端支持A端数字输出、输入，模拟输出、输入，根据需要选择不同的针脚	程序简洁、高效

拓展思路可参考：①舞台中添加"舞蹈演员"的角色，当音乐响起的时候跳舞，当音乐停止的时候静止。②在A端安装LED灯，不同音符对应不同的LED灯，当某一音符想起时其对应的LED灯亮。③S4A不仅提供了很多声音素材，也支持使用计算机中的声音文件和录音功能，学生可以尝试使用这些功能来开发出更有趣的"声音互动"机器人。④可以在该节课习得知识的基础上设计新的项目。

4. 交流心得，课堂总结

教师点评学生在课堂中的表现，对表现优秀的学生进行表扬，鼓励进度较慢的学生。总结该节课知识点，对学生在学习中出现的共性问题进行讲解，梳理趣味交互型机器人开发思路，并帮助学生建立独立设计和开发的信心。

机器人模拟现实不是单纯的仿真，而是利用机器人对已有事物进行创意设计，开发更具创意和趣味性的交互系统。在设计和开发的过程中学生不仅能够学习机器人本位知识、被模仿对象的操作机制和原理，还能开拓思维，建立独特、全面看待问题的视角。

（六）教学反思

趣味性高、交互性强的案例能够激发学生学习的兴趣，促使学生进行合作探究。学生能够在教师的引导下进行项目学习，对趣味交互型机器人的了解也更加深入，并且基本能够解决教师预留的问题。

该节课可以就以下几点进行提升：

1）开展该节课教学需要学生配备耳机或扬声器，在上课前教师应该检查设备是否可用。部分设备在学生使用时出现异常，导致学生无法得到机器人的声音反馈。在前期准备阶段，教师应该准备充足的备用设备，以供不时之需。

2）该节课案例是对乐器的模拟，给学生提供简单的乐谱，让学生按照乐谱吹奏想必能使案例更具趣味性。

三、《飞机坦克大战》教学设计与实践[①]

多角色的复杂交互是趣味交互型机器人的主要特点，也是使用 S4A 制作游戏型案例的主要内容。处理各角色之间的交互需要设计者在设计初期对整个案例有较全面的把握，构建条理明晰、操作性强的设计思路。学生独立设计并制作多角色交互的创意游戏案例也是检验其学习效果、开发能力的重要指标。

该节课呈现了《飞机坦克大战》案例，该案例包含的角色有坦克、飞机、坦克炮弹和飞机炮弹。每个角色之间都存在交互行为，伴随着这些交互行为，角色的外观和游戏分值均会发生改变。学生伴随着各种各样的游戏成长，游戏型的案例能够在很大程度上调动学生学习机器人的积极性，并且更能体现 S4A 的优势。

（一）方案设计

1. 学生情况分析

教学对象是高一学生，对游戏有着浓厚的兴趣并且对游戏式案例的接受度较高。该节课是趣味交互型机器人设计和开发课程的第三个案例，在学习过前两个案例后学生已初步具备了关于机器人的基本知识与基本的开发能力，能够独立分析趣味交互型机器人的运作方式及脚本中各模块的作用。该案例侧重 S 端的角色交互和程序设计，与之前的案例之间存在难度梯度，能够提升学生独立编写脚本的能力。

2. 教学目标

（1）知识与技能

掌握倾斜开关的功能及使用方法；掌握在 S4A 中添加新角色的方法；掌握角色位置设定、变换功能的模块（包括 移动10步 模块、 面向90▾方向 模块、 移到 x: 11 y: -97 模块、 移到 模块、 将x坐标增加 10 模块、 将y坐标增加 10 模块、 碰到边缘就反弹 模块）及使用方法；掌握侦测模块（包括 碰到 模块、 到 的距离 模块）和广播模块（包括 广播 ▾ 模块和 当接收到 ▾ 模块）的使用方法。

（2）过程与方法

熟悉利用 S4A 开发互动小游戏的一般过程。

---

① 该案例作者：韩蕾（南京师范大学教育科学学院研究生），钟柏昌。

（3）情感态度与价值观

通过利用 S4A 独立开发小游戏来感受机器人带来的乐趣，激发学生学习、探索机器人的兴趣。

3. 可选方案的设计与选择

《飞机坦克大战》案例，即在 A 端连接传感器，操作者使用传感器控制坦克的运动方向和发射炮弹。飞机不断从舞台上方飞过，并且随机地向下投放炸弹。坦克的任务是尽可能多地向飞机发射炮弹并打中，每打中一次飞机即得一分。如果飞机炮弹打中坦克，游戏终止。

对案例进行分析，笔者就 A 端的"坦克控制"方式和 S 端"飞机坦克对抗"两部分设计了以下几种方案，如表 5-31 所示。

表 5-31 "飞机坦克大战"设计思路

类别	方案	方案描述	主要器材	编程知识
坦克控制	方案一	使用摇杆控制坦克的运动方向，通过摇杆上的按钮控制坦克发射炮弹	Romeo 控制板、USB 数据线、摇杆	动作模块、控制模块、外观模块、侦测模块、数字和逻辑运算模块、变量模块的综合应用
	方案二	使用倾斜传感器控制坦克的运动方向，通过按钮控制坦克发射炮弹	Romeo 控制板、USB 数据线、倾斜传感器、按钮、硬纸盒、手工刀、画笔、胶带	动作模块、控制模块、外观模块、侦测模块、数字和逻辑运算模块、变量模块的综合应用
飞机坦克对抗	方案三	飞机随机向下投落炸弹，坦克要躲避炸弹并向飞机发射炮弹，打掉飞机，打掉的飞机越多得分越多	Romeo 控制板、USB 数据线、摇杆（倾斜传感器、按钮）	动作模块、控制模块、外观模块、侦测模块、数字和逻辑运算模块、变量模块的综合应用
	方案四	飞机随机出现在舞台上空，坦克向飞机发射炮弹，打落一定数量的飞机后完成任务，坦克获胜	Romeo 控制板、USB 数据线、摇杆（倾斜传感器、按钮）	动作模块、控制模块、外观模块、侦测模块、数字和逻辑运算模块、变量模块的综合应用

对比"坦克控制"中的两种方案，方案一使用摇杆控制坦克，方案二使用倾斜传感器和按钮模拟摇杆功能控制坦克。摇杆集多个功能于一身，方便、快捷，能控制坦克向上、下、左、右四个方向移动，兼具四个按钮可实现多个功能。方案二中的倾斜传感器只能实现坦克的左、右两个方向的运动，通过按钮控制坦克炮弹的发射。由于倾斜传感器体积较小，控制坦克方向时比较敏感，两个方案都能完成任务。坦克只需在水平方向上移动，并且相比于摇杆，倾斜传感器和按钮成本较低，使用硬纸盒等工具把两个传感器组装成类似游戏摇杆的造型更能启发

学生思考如何进行创新设计。因此，选择方案二进行坦克控制。比较《飞机坦克对抗》中的两个方案，方案三是积分制，方案四是通关制。在积分制下，每个小组可以进行对抗赛，看哪一组能够得到最高分。这种活动形式增加了教学的乐趣，更能激发学生兴趣，促使其投入案例的学习中。因此，选择方案三实现飞机坦克对抗。

（二）硬件搭建

《飞机坦克大战》案例所需器材主要包括 Romeo 控制板、USB 数据线、倾斜传感器、按钮、硬纸盒、剪刀等。使用 USB 数据线连接控制板与计算机主机，将按钮接在控制器的数字针脚 2，倾斜传感器接在数字针脚 3 上。使用硬纸盒等将按钮和倾斜传感器组装在一起，设计成便于使用的摇杆造型，倾斜传感器可置于纸盒内侧，按钮固定在纸盒外侧，如图 5-54 所示。

倾斜传感器（图 5-55）基于钢球开关的数字模块，利用钢球的特性，在重力作用下钢球向低处运动，来实现开关闭合或断开。因此，倾斜传感器可以视为一种开关模块，比水银开关更安全。

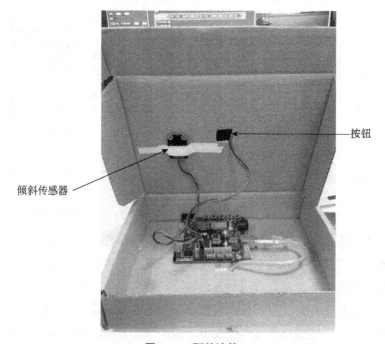

图 5-54　硬件连接

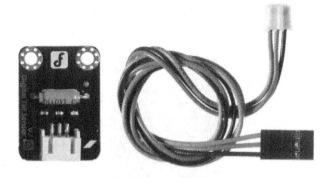

图 5-55　倾斜传感器

（三）程序编写

S 端共有 7 个角色，分别是坦克、飞机左、飞机右、坦克炮弹左、坦克炮弹右、飞机炮弹左和飞机炮弹右，本节介绍坦克、飞机左、坦克炮弹左、飞机炮弹左四个角色的程序编写，另外三个可直接迁移参考。该案例的程序编写可分为以下两部分。

1. 设置各个角色的初始位置及非交互状态下的运动路径

A 端连接倾斜传感器和按钮分别控制坦克水平方向上的运动和炮弹的发射。设置变量"方向"，获取倾斜传感器的值；设置变量"发射"，获取按钮的值。当"方向"值为 False 时，坦克向右行驶；当"方向"值为 True 时，坦克向左行驶（图 5-56）。

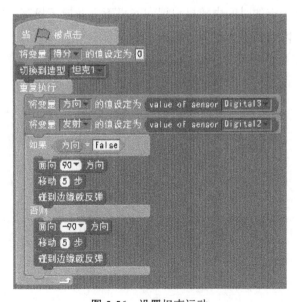

图 5-56　设置坦克运动

启动程序后飞机移动到指定位置，并朝着一定的方向飞行，碰到边缘后反弹（图 5-57）。

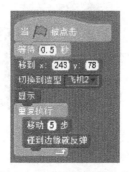

图 5-57 设置飞机左运动

程序启动后坦克炮弹移动到固定的位置隐藏，当接收到调用指令后再开始运动，如图 5-58 所示。

图 5-58 设置坦克炮弹左初始状态

飞机炮弹在一定的时间内随机出现在飞机下方并向下投落，碰到坦克或边缘切换停止运动并切换到爆炸造型，如图 5-59 所示。

图 5-59 设置飞机炮弹左运动

2. 编辑各角色之间的交互行为

当坦克向左运动时按下按钮发射坦克炮弹左并广播"向左发射炮弹"，向右运动时按下按钮发射坦克炮弹右并广播"向右发射炮弹"，设置变量"得分"初始值为 0。侦测飞机炮弹是否碰到坦克，若碰到广播"炸到坦克了"，坦克接收到广播后，切换到爆炸造型。坦克与各角色交互程序如图 5-60 所示，飞机炮弹与各角色的交互程序如图 5-61 所示。

图 5-60　坦克与各角色之间的交互　　　　图 5-61　飞机炮弹与各角色之间的交互

由于 S4A 无法实现双向侦测，因此当坦克炮弹与飞机的距离小于 50 时，即判定两者相撞。当坦克炮弹"撞到飞机右"后发送广播"炸到飞机右"，"撞到飞机左"后发送广播"炸到飞机左"，只要撞到飞机变量"得分"的值就增加 1。当飞机左接收到广播"炸到飞机左"后停止运动并切换到爆炸造型，等待 1 秒后继续从右向左运动。坦克炮弹左与各角色交互程序如图 5-62 所示，飞机左与各角色交互程序如图 5-63 所示。

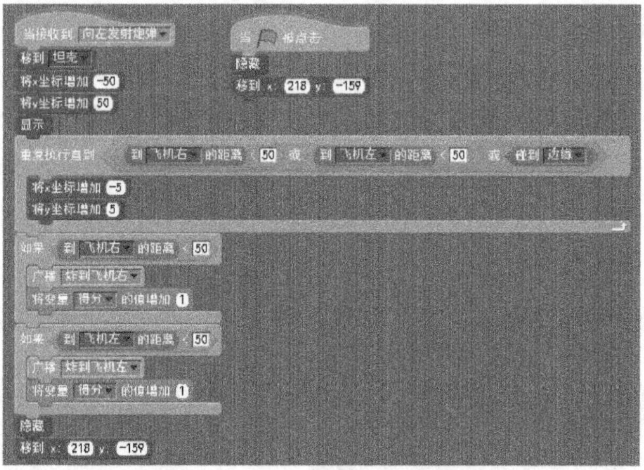

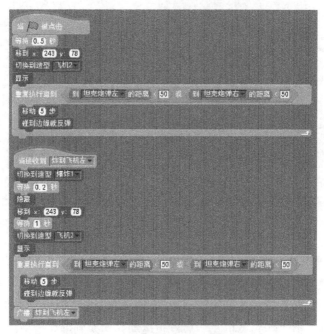

图 5-62　坦克炮弹左与各角色之间的交互

图 5-63　飞机左与各角色之间的交互

　　启动程序后，舞台背景设置为开阔的草地作为飞机坦克对抗的场地，当接收到"炸到坦克了"广播后切换到背景"GameOver"并停止所有程序，如图 5-64 所示。

图 5-64　舞台程序脚本

（四）拓展应用

大多数游戏都会设置生命值，即限定失败的次数，在生命值范围内游戏失败后可以"复活"继续游戏。该案例没有对操作对象设置声明值，游戏失败后只能重新开始。同学们可以参考网上的游戏，从生命值这一要素出发对案例进行拓展；也可以为游戏增加声音、采用多人对抗模式来丰富游戏的功能。

（五）教学实践

1. 引入主题，激发兴趣

学生已经接触过交互简单的入门级案例《控制电路》和生活化的案例《我是音乐家》。这两个案例学生基本都获得了开发趣味交互型机器人的先备知识与操作技能，接下来将挑战学习趣味性高、交互性强的游戏型案例《飞机坦克大战》。

2. 体验案例，探究新知

（1）玩一玩

教师提供《飞机坦克大战》案例给学生，其中包括"飞机坦克大战"程序、Romeo 控制器、USB 数据线、倾斜传感器、按钮、硬纸盒（手工刀、画笔、胶带等自备）。组织学生参考样本使用硬纸盒等工具将倾斜传感器和按钮等组装为类似摇杆的造型。学生尝试操作程序，观察案例如何运行，教师观察学生行为，发现学生使用过程中的主要问题。选出两组进行比赛，看哪一组学生得分高，组织这种活动来增强课堂趣味性。

（2）想一想

教师提出以下问题引导学生思考：

问题一：思考示例中新知模块的功能。

问题二：如何改变小车行驶方向？

问题三：如何控制飞机炮弹和坦克炮弹打出时的位置？

问题四：为何侦测坦克炮弹与飞机的距离而不是判断二者碰撞？

问题五：主要靠什么模块实现角色之间的交互？

问题六：如何设置游戏难度？

组织学生进行小组合作，对发现的问题进行讨论，并形成初步的假设。

（3）改一改

组织学生以小组为单位修改案例，并验证假设。观察学生探究情况，对遇到困难的学生给予帮助。请小组学生回答教师预留的四个问题，点评学生的回答，解析该节课中的重难点知识。

解答问题一：

1）[将变量 得分 的值设定为 0]模块：设置变量"得分"的值。在[变量]中选择[新建一个变量]可建立一个新的变量。

2）[面向 -90▼ 方向]模块：设置角色的朝向。

3）[移动 5 步]模块：角色在舞台中移动。

4）[碰到边缘就反弹]模块：角色碰到边缘后朝相反的方向运动。

5）[广播 向左 发射炮弹▼]模块：发送广播，任一角色都能够接收到广播。

6）[当接收到 炸到坦克了▼]模块：接收到某条广播时启动下面连接的模块。

7）[移到 x -179 y 124]模块：移动角色到舞台中某一指定的坐标处。

8）[等待 1 秒]模块：停止一定的时间后再执行下面的模块。

9）[到 坦克炮弹左 的距离]模块：某一角色到另一角色的距离。

10）[移到 坦克]模块：角色移动到另一角色的坐标处。

11）[将变量 得分 的值增加 1]模块：将变量的值增加某一数值。

12）[在 5 到 8 间随机选一个数]模块：在两个数之间随机生成一个数值。

13）[碰到 边缘]模块：侦测角色是否碰到鼠标指针、边缘或另一角色。

14）[切换到背景 GameOver]模块：切换舞台的背景。

15）[全部停止 ●]模块：停止所有脚本运行。

解答问题二：A 端连接倾斜传感器控制坦克的运动方向，小车会一直处于运动状态中，即向左运动或向右运动。

解答问题三：程序启动后飞机炮弹和坦克炮弹隐藏在舞台某一特定位置，当发射坦克炮弹时，首先将其移动到坦克角色处，再相应地移动一定位置使其处于弹筒位置，飞机炮弹同理。

解答问题四：S4A 中无法实现双向侦测，比如角色"飞机左"使用 `碰到 坦克炮弹左` 模块侦测是否碰到坦克炮弹左，那么角色"坦克炮弹左"再使用 `碰到 飞机左` 模块则无法实现侦测是否碰到飞机左。

解答问题五：在该案例中主要使用广播模块获取其他角色的指令信息，实现各角色之间的交互，在复杂角色案例的开发过程中广播模块至关重要。

解答问题六：可以通过设置坦克移动的步数、飞机炮弹出现的时间和下落的速度、坦克炮弹移动的速度改变游戏难度。

3. 创新设计，拓展应用

以该节课呈现的案例为例，分目标、操作、方法、选择规则四个部分讲解基于 GOMS 的趣味交互型机器人的开发方法（表 5-32）。

表 5-32　趣味交互型机器人的开发方法

项目功能	模拟飞机坦克大战游戏，坦克击落飞机，飞机炸毁坦克		
	User——S 端	User——A 端	S 端——A 端
系统交互行为（G）	S 端显示战场画面，用户识别画面中各角色的位置及状态	用户控制倾斜传感器的开关和按钮	S 端获取 A 端倾斜传感器的状态改变坦克运动的方向；控制按钮发射坦克炮弹
操作（O）	用户判断飞机和飞机炮弹的位置，坦克该向左行驶还是向右行驶，并判断是否发射炮弹	A 端连接倾斜开关、按钮模块	S 端接收倾斜传感器和按钮模块的状态，当倾斜传感器输入值为 true 时，坦克向左走；当倾斜传感器输入值为 False 时，坦克向右走；当按钮输入值为 true 时，发射炮弹
方法（M）	上网搜索相关素材，利用图片编辑工具编辑素材；使用 `面向 90 方向` 模块控制小车运动方向；`将y坐标增加 10` 模块控制小车左右运动的速度；广播模块实现各角色的交互；细化每个角色具体的行为，编写程序脚本	倾斜开关连接 3 号数字针脚；按钮模块连接 2 号数字针脚	利用 `sensor Digital2 pressed?` 模块获取传感器状态；利用 `如果 否则` 模块来判断执行哪一条运动语句
选择规则（S）	素材色彩搭配和谐，容易处理	S 端支持 A 端数字输出、输入，模拟输出、输入，根据需要选择不同的针脚	程序简洁、高效

引导学生进行作品创作，可以在该案例的基础上进行拓展，拓展思路：①给坦克设置生命值。②为游戏加入音效。③在 A 端增加一块控制板来控制飞机，形成双人对抗模式。④也可以在该节课学习的基础上设计新的项目，比如大鱼吃小鱼。

4．交流心得，课堂总结

教师点评学生在课堂中的表现，对表现优秀的学生进行表扬，鼓励进度较慢的学生。总结该节课知识点，对学生在学习中出现的共性问题进行讲解，梳理趣味交互型机器人开发思路，并帮助学生建立独立设计和开发的信心。

该节课案例在开发难度上有了一定的提升，锻炼了学生的开发能力。在开发过程中会遇到各种各样的问题，从一个简单的设计想法到能够与同学们进行分享的完整案例，无不包含了设计者对设计方案的不断推翻与重塑，对程序的不断测试与调试。学生在案例开发过程中，应该尝试使用多种方法来解决问题，从而形成最优方案。

（六）教学反思

现阶段的高中生对游戏并不陌生，使用贴近学生经验的游戏型案例能够在很大程度上激发学生学习的兴趣。《飞机坦克大战》案例中各角色交互复杂、知识点丰富，作为项目化学习的案例，能够承担学生的探究任务。除此之外，就教学过程中出现的问题笔者总结了以下几点可优化的教学过程。

1）该案例相较于之前的项目难度较大，各角色之间的交互复杂，程序设计需要考虑多因素及细节。因此，学生在学习的过程中问题较多，教学设计应该更加细化以便于学生理解。

2）对于认知任务较多的教学内容可以借鉴翻转课堂的形式，提前准备好学案供学生学习，课上主要解答学生疑问，预留更多的时间供学生进行拓展探究。

3）该节课学生作品分享活动中会根据组间评价选出最佳作品。学生的积极性明显提高，并且主动利用课下时间解决问题、推进开发进度。因此，在教学过程中应该合理应用同伴间评价来促进学生学习效果。

第六章
机器人教育实验研究

‖‖‖‖‖‖‖‖‖‖‖‖‖‖‖‖‖‖‖‖‖‖‖‖‖‖‖‖‖‖‖‖‖

　　围绕机器人的普及教育，在前述理念和教学案例的基础上，我们在中学开展了多项机器人教学实验。限于篇幅，本书仅呈现了其中两项较具代表性的研究，以飨读者。

第一节　Arduino 机器人的聚类化项目教学研究[①]

　　由于机器人课程常常需要学生合作设计、构造和操控机器人项目作品[②]，国外机器人课堂中广泛应用的教学方法是实验法和项目教学法，尤其项目教学法被很多教育学者认为是非常适用于机器人的教学方法。[③]但是，单纯的项目教学法在知识体系的系统性和教学效率上存在缺陷。因此，根据我们前期提出的聚类化教学思想[④]，结合机器人课堂教学，构建了聚类化项目教学模式，以试图为机器人课堂教学提供一种新的借鉴。

　　① 本节内容节选自我指导的研究生张禄的硕士毕业论文。毕业学校：南京师范大学，论文为《Arduino 机器人的聚类化项目教学行动研究》，2015 年硕士学位论文。

　　② Khanlari A. Effects of robotics on 21st century skills[J]. European Scientific Journal，2013（27）：26-36.

　　③ Beer R，Chiel H，Drushel R. Using autonomous robotics to teach science and engineering. Communications of the ACM，1999，42（5）：85-92.

　　④ 钟柏昌，李艺. 信息技术课程内容组织的三层架构[J]. 电化教育研究，2012（5）：17-21.

一、概念界定

（一）Arduino 机器人

Arduino 是一个开放源代码的单芯片电脑，它使用了 Atmel AVR 单片机，采用了基于开放源代码的软硬件平台，构建于开放源代码 simple I/O 接口板，并且具有使用类似 Java、C 语言的 Processing/Wiring 开发环境。Arduino 机器人则是通过这个软硬件平台设计出的智能机器人。该选题选择 Arduino 机器人作为开发平台，主要是由于 Arduino 的硬件便宜、方便购买，拥有开放源代码，支持众多的创意设计等几大特点，从而为机器人进课堂、普及机器人教育作一些有益的尝试。

（二）项目教学

项目教学，又称基于项目的学习（Project-based Learning）是以学习研究学科的概念和原理为中心，通过学生参与一个活动项目的调查和研究来解决问题，以构建属于他们自己的知识体系，并能运用到现实社会中去。[①]支持项目教学的理论基础主要是建构主义学习理论、布鲁纳的发现学习理论和杜威的实用主义教育理论[②]，其特色是以项目为主线、以教师为主导、以学生为主体，并有可视化、多样化的成果产出。该选题试图在项目教学的基础上使学生设计并开发 Arduino 机器人的产品，自主进行知识建构。

（三）聚类化项目教学

聚类又可理解为类聚，即根据事物具有的某种相似的属性，将其聚集为一类。聚类化项目教学就是依据某种线索组合一系列项目，形成具有内在联系、具有螺旋上升和发散结构的教学单元，循序渐进地开展项目化教学。根据已有研究[③]，大致有三种聚类方式：以相似的功能聚类、以相似的目标聚类、以相似的技术思想聚类。该选题在聚类思想的指导下进行设计与实施机器人教学，试图使学生学习螺旋上升式，最终实现学生创造能力的培养。

---

① 黎加厚. 信息技术课程改革与实践[DB/OL]. http://www.ictedu.cn/show.aspx?id=88&cid=37 [2013-12-2].
② 刘景福, 钟志贤. 基于项目的学习（PBL）模式研究[J]. 外国教育研究, 2002（11）：18-22.
③ 钟柏昌, 李艺. 信息技术课程内容组织的三层架构[J]. 电化教育研究, 2012（5）：17-21.

二、相关研究

有学者提出，中小学机器人教学就应该采取拓宽知识的教学内容和综合与设计的教学方法，而教学组织要特别注重学生的动手制作，教学方法应该侧重综合设计，而不是放在问题的分析上，教学组织采取探究式学习，提倡设计过程的规范化，用于提高学生的综合设计能力。[①]有的研究表明，机器人教育需要教学方式的创新，教学应以教师引导为主，使学生拥有更多的探索空间；教学过程适合小组合作，强调学生的积极参与；教师应重视课堂中的学习评价，为学生提供更多的反馈与修正机会。[②]在教学策略的选用上，必须综合考虑这几个方面：开放性的教学思想、多样性的学习方式、综合性的教学模式。[③]有的研究认为，根据建构主义教学理论，机器人教学中可采用抛锚式教学法，通过学生的自主学习和协助学习，来完成对所学知识的意义建构[④]，但这是针对高校机器人的教学而言。有的研究提出了在中小学机器人教育中采取思维拓展、课堂组织、协作学习、行动实践——"四位一体"的教学模式。[⑤]有的一线教师提出了三案三段教学模式，三案即导学案，包括预习案、探究案、巩固案，三段包括预习展示、探究发现、巩固评价。[⑥]有的研究提出了机器人教学活动的原则：以学生为中心，重视学生的参与、探究、发现，教师作为指导者、帮助者，在教学中要有坚实的教育理念支持，机器人教学活动要"寓教于乐"。[⑦]有的研究根据项目教学法，建议在机器人教学中采取五步教学方法：基础知识讲解、项目选择、项目实施、项目测评及多渠道相关资源提供[⑧]，虽然也是针对高校机器人教育，但对中小学机器人教育教学也有一定的借鉴意义。

整体而言，相关研究表明项目教学在机器人课堂教学中具有重要地位，强调学生手脑并用，知能并举。当然，目前的研究也存在着一些问题和不足，例如，单纯的项目教学法在知识体系的系统性和教学效率上缺少针对性的解决策略，且更多探讨局限于理论建构，鲜有实证研究。在普及机器人教育的趋势下，本节研

① 艾伦. 对中小学机器人教学定位的思考[J]. 中国教育技术装备，2009（24）：4-5.
② 王海芳，李峰，任友群.关于中小学机器人教育的思考与分析[J]. 全球教育展望，2009（4）：81-84.
③ 李鸣华，机器人教育的教学设计[J].中国电化教育，2007（8）：98-101.
④ 毛湘宇，杜平安. 基于建构主义理论的机器人实践教学模式研究[J]. 实验科学与技术，2012（6）：79-81，85.
⑤ 刘琼. 中小学机器人教育模式设计与应用研究[D]. 河北师范大学硕士学位论文，2012.
⑥ 吴金菊，杨丰秋. 基于三案三段教学模式的机器人教学探究[J]. 中国教育技术装备，2013（5）：5-8.
⑦ 葛文双，傅钢善，史婷. 我国中小学机器人教育发展中的问题分析[J]. 中国教育信息化，2008（8）：4-7.
⑧ 饶增仁，靳天玉，郑平，等. 教学机器人创新实践教学研究[J]. 实验室科学，2013（3）：165-167.

究旨在通过行动研究，探讨 Arduino 机器人的聚类化项目教学这种新教学模式的思路和可行性，为机器人教学中的活动组织和相关的研究提供一种新的思路。

三、研究方法与流程

（一）文献研究法

通过查阅国内外与中小学机器人教育教学相关的资料，分析国内外机器人教育与研究的现状及趋势，查阅项目教学、最近发展区和行动研究相关理论，形成对本节研究的理论指导。

（二）问卷调查法

根据文献的研究，自行设计问卷，调查并分析当前我国机器人教学的现状和需求。使用威廉斯创造力倾向测量表与根据黄世杰开发的计算机态度量表改编而来的机器人态度量表，在学生学习机器人前后对其进行问卷调查，通过数据分析评估学生学习前后的创造力倾向和态度等方面的变化。其中，威廉斯创造力倾向量表共 50 题，包括冒险性、好奇性、想象力、挑战性四项，根据得分判断创造力倾向；本节研究根据黄世杰的计算机态度量表改编的机器人态度量表，共有 30 道题，包括使用机器人的焦虑、使用机器人的信心、对机器人设备的价值观、对机器人的喜爱、使用机器人的价值、使用机器人的执著六个因素。

（三）行动研究法

本节研究在学校中实施教学时采用行动研究法，笔者担任浙江省温州中学机器人选修课的教师，参与机器人课程的教材编写、课堂教学等实际工作。在行动研究中，采取"计划—行动—观察—反思"的循环模式。在具体实施过程中，根据教学项目的特点，结合实际课堂的教学方法，初步计划行动研究的教学细则，如时间安排、活动安排等。由于时间和精力有限，行动研究以 9 周 18 课时为一轮循环，主要实施两轮循环。第一轮循环按照既定的教学内容（教材《Arduino 创意机器人入门》，包括"智能 LED""智能风扇""智能小车"三章）实施教学。在教学过程中，要时时观察并作相关记录。教学结束后，对教学过程中的不足及一些细节问题进行反思，并作出修改或调整。然后根据修改的计划实施第二轮循环的教学，同时进行反思与调整。

（四）准实验研究

本节研究对结果和数据的处理采用的是准实验研究，包括两方面：一是对学生作品进行评价，学生每节课的作品都将被记录下来，通过对学生作品的分析检验学生的知识掌握情况，通过学生作品的对比检验行动研究的效果；二是对学生的创造力倾向和机器人态度进行评价，通过行动研究的一轮循环内的前后测数据分析，检验本节研究方案的可行性，通过行动研究循环间的数据变化对比，检验行动研究的效果。

基于以上对研究内容和方法的讨论，本节研究确立了基本的研究流程，如图 6-1 所示。

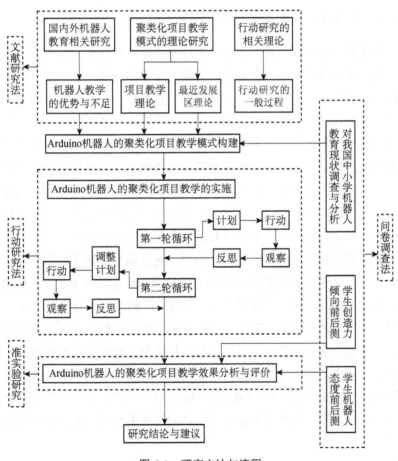

图 6-1　研究方法与流程

四、聚类化项目教学的初步构建

机器人教学强调学生手脑并用、知行并举，而聚类化项目教学正是从手与脑的角度去设计的。聚类化项目教学的实施过程，注重项目化和聚类化这两大特点。项目化就是将机器人教学内容以项目的形式呈现，强调学生的实践创作和解决实际问题的能力，理论依据为项目教学理论；聚类化则是根据教学项目的内在联系，依据某种线索组合一系列项目，形成具有内在联系、具有螺旋上升和发散结构的教学单元，强调在学生完成项目的过程中自主完成知识建构，理论依据为最近发展区理论。

（一）项目教学及其相关理论基础

项目教学强调学生动手能力和解决实际问题能力的培养，基本采用"做中学"的方式，通过探究并完成项目获得解决问题的知识和技能。

项目教学由内容、活动、情境、结果四大要素构成。内容是来源于现实生活和真实情景中的，涉及多学科知识的交叉，包含学生感兴趣的且有能力探究并解决的知识。活动是学生使用一定的工具和方法解决面临的问题而采取的探究行动，活动应具有挑战性、建构性和个性化的特点。情境是支持学生进行探究学习的环境，可以是真实的学习环境，也可以是虚拟的环境，情境能够促进学生间的合作，同时利于学生使用并掌握技术工具。结果是在学习过程中或学习结束时学生通过探究行动学会的知识和技能，并有可视化、多样化的成果产出。

项目教学的实施过程一般包括六个阶段：选定项目、制订计划、活动探究、作品制作、成果交流和活动评价。[①]将项目教学应用于信息技术的相关研究中，上述六个阶段的实施均取得了不错的效果。比如，一些研究中得出了如下结论：能充分调动学生学习的积极性，能促进学生综合素质和能力的提高[②]；有助于提高学生自主学习的能力和创新能力，能够进行因材施教并解决学生个体差异，有利于培养学生交流协作能力和发展其高阶思维能力，有利于学生非智力因素方面的发展[③]；学生在创建网站的实践中掌握了信息的获取、分析、加工、交流和创新等技能，形成了知识体系，完成了知识建构，培养了自主学习、合作学习和问题解决

① 刘景福，钟志贤. 基于项目的学习（PBL）模式研究[J]. 外国教育研究，2002（11）：18-22.
② 曹新跃. 基于项目的学习在小学信息技术教学中的应用研究[D]. 山东师范大学硕士学位论文，2011.
③ 张志霞. 项目教学在普通高中信息技术课教学中的应用研究[D]. 河北师范大学硕士学位论文，2011.

能力①，等等。

建构主义学习理论、布鲁纳的发现学习理论和杜威的实用主义教育理论构成了项目教学的理论基础，其特点是以项目为主线、以教师为主导、以学生为主体，并有可视化、多样化的成果产出。

1. 建构主义学习理论

建构主义认为，知识不是通过教师传授得到的，而是学习者在一定的情境下，借助其他人（包括教师和学习伙伴）的帮助，利用必要的学习资料，通过意义建构的方式而获得的。

建构主义学习理论认为情境、协作、会话和意义建构构成学习环境的四大要素，而与其相适应的教学模式为："以学生为中心，在整个教学过程中由教师起组织者、指导者、帮助者和促进者的作用，利用情境、协作、会话等学习环境要素充分发挥学生的主动性、积极性和首创精神，最终达到学生有效地实现对当前所学知识的意义建构的目的。"②建构主义中比较常见的教学方法有支架式教学、抛锚式教学、随机进入教学、项目教学等。

项目教学实质上是基于建构主义学习理论的探究性学习模式。它强调在一定的情境下，通过小组合作学习来解决现实生活中的实际问题，达到对所学知识的意义建构的目的。

2. 布鲁纳的发现学习理论

布鲁纳提出的发现学习，要求学生利用教材或教师提供的其他相关材料进行独立思考，自行发现知识，掌握概念、原理和规律的过程。布鲁纳指出："发现不限于那种寻求人类尚未知晓之事物的行为。正确地说，发现包括用自己的头脑亲自获得知识的一切形式。"③

布鲁纳的发现学习理论包括以下几种观点：一是学习的实质是主动形成认知结构；二是学习包括获得、转化和评价三个过程；三是强调学习的内部动机。④项目教学采用的不是被动接受式的学习，而是主动的发现式的学习。在学习过程中，学生对问题提出假设并通过合作探究验证假设，最终形成问题的解决方案。

3. 杜威的实用主义教育理论

针对"以课堂为中心，以教科书为中心，以教师为中心"的传统教育观点，

---

① 邬彤. 基于项目的学习在信息技术教学中的应用[J]. 中国电化教育, 2009（6）：96-98.

② 何克抗. 建构主义的教学模式、教学方法与教学设计[J]. 北京师范大学学报：社会科学版, 1997（5）：71-84.

③ 邵瑞珍. 教育心理学参考资料选辑[M]. 上海：上海教育出版社, 1990：190.

④ 肖少北. 布鲁纳的认知——发现学习理论与教学改革[J]. 外国中小学教育, 2001（5）：38-41.

杜威提出了实用主义教育理论，他的《民主主义与教育》一书中详细阐释了其教育思想体系，可概括为新三中心论。一是以经验为中心，杜威认为，"知识不是由读书或解惑而得来的结论"，"一切知识来自经验"。在《经验与教育》一书中提出，"教育即生活，教育是传递经验的方式"。二是以儿童为中心，实用主义反对传统教育忽视儿童的兴趣和需要的做法，主张教育应以儿童（或受教育者）为起点，"现在我们的教育中心在发生的一中变革是重心的转移。这是一种变革，一场革命，一场和哥白尼把天体的中心从地球转向太阳那样的革命。在这种情况下，儿童变成了太阳，教育的各种措施围绕着他们而组织起来"[①]。三是以活动为中心，杜威认为，崇尚书本的弊端是没有给儿童提供主动学习的机会，只提供了被动学习的条件。他提出："学校主要是一种社会组织。教育既然是一种社会过程，学校便是社会生活的一种形式。"[②]由此提出了"做中学"教育理论。

（二）聚类化教学及其相关理论基础

人类学习具有"聚类"特点，不管是新知识的获取还是原有知识的同化，都习惯以"类"为依据进行加工、存储和提取。教学设计与实施也理应体现这种逻辑，以某种聚类方式将相关学习内容连成组块，从而在局部上聚类知识内容，在宏观上形成课程内容的集合，逐步呈现给学习者，从而达到较好的教学效果。根据已有研究，大致有三种聚类方式：以相似的功能、相似的技术思想、相似的目标聚类；而从教学组织形式的角度看，基于项目的学习不仅符合这种有可视化成果产出的教学，而且具有广泛的包容性，能够根据需要选择任何一种聚类方式。例如，以相似的功能（实现台灯的自动开启和关闭）来聚类设计智能台灯项目，可以分别采用光敏、声控、温控等单一传感器或不同传感器组合来实现，将机器人的各种元器件及解决问题所需的相关学科知识逐一卷入项目的学习中，以此为例，还可设计出智能热水器、智能风扇、自动浇水花盆等创意项目，引导学生在举一反三的基础上产生自己的创意作品。[③]

与聚类化教学紧密相关的基础理论主要有最近发展区理论。最近发展区理论是由苏联著名心理学家维果茨基（Lev Vygotsky）于 20 世纪 30 年代提出来的，即"儿童的实际发展水平与潜在发展水平之间的差距。前者由儿童独立解决问题的能力而定，后者则是指在成人指导下或与能力较强的同伴合作时，儿童表现出来的

---

① 杜威.学校与社会•明日之学校[M]. 赵祥麟，任钟印，吴志宏译. 北京：人民教育出版社，1994：44.

② 赵祥麟，王承绪.杜威教育论著选[M]. 上海：华东师范大学出版社，1981：4.

③ 钟柏昌."四位一体"的中小学机器人教育框架设计[J]. 教育研究与评论（技术教育），2014（4）：52-58.

解决问题的能力"①。

在最近发展区理论的启发下，美国涌现出许多教学模式，比如有支架式教学、互惠式教学、合作型教学、情景性教学等②，这些教学模式虽有不同，但勾画的知识观、学习观、教学观根本性变革的蓝图是一样的，突出表现③为：①知识的建构性，知识是学生积极建构的，而非对外部客观世界的被动反映；②知识的社会性，知识是内含在团队中的；③知识的情景性，认知与学习的互动特性和实践的重要性；④知识的默会性，知识的默会性与明确性相对立，利用情景性原则设计出真实的学习环境，有可能使学习者"偷窃"到他们所需要的知识；⑤知识的复杂性，知识是主观的、不稳定的、结构不良的，复杂知识的主要特征就是结构的开放性、不良性、建构性、协商性和情景性。

最近发展区理论蕴含的思想是：儿童在最近发展区内学习，效果会更好；儿童的发展主要是通过与成人或更有经验的同伴的合作获得的。作为教师，首先应先了解学生所处的发展阶段及面对的各类问题；然后利用自己的经验，帮助学生达到最高发展水平。④

五、聚类化项目教学的要素设计

由于聚类化项目教学依据的是项目教学理论和最近发展区理论，是一种改进型的项目教学，仍具有项目教学的四大要素：内容、活动、情境、结果。本节研究在构建时重点关注了内容与活动这两个方面。

（一）内容要素

聚类化项目教学的内容应符合以下几点：问题是现实生活中的，使学生对问题充满兴趣；知识具有完整性和系统性，难度呈螺旋上升，并尽量避免知识点的重复学习，使学生有能力进行探究并保证一定的效率；项目要控制子项目的数目，使学生对项目保持兴趣；采取基础项目加拓展项目的模式，在保证所有学生学习基本知识的同时，满足部分学生的求知欲和深度学习的需求。

① Seth C. The zone of proximal development in Vygotsky's analysis of learning and instruction [A]. In Alex K & Boris G. Vygotsky's Educational Theory in Cultural Context [C]. New York：Cambridge University Press，2003：39-65.

② 麻彦坤. 最近发展区理论在当代美国教学模式中的应用[J]. 外国教育研究，2005（9）：60-64.

③ 莱夫，温格. 情景学习：合法的边缘性参与[M]. 王文静译. 上海：华东师范大学出版社，2004：12.

④ 常凤，周本伟. 维果茨基"最近发展区"理论在新课程教学中的应用[J]. 新课程研究（基础教育），2009（1）：25-27.

（二）活动要素

聚类化项目教学的活动，即信息技术课程内容组织三层架构理论中的技术活动。三层架构指以技术工具为基础、以技术活动为核心、以技术思想为归宿的信息技术课程内容组织线索。作为三层架构的核心，技术活动的设计尤其重要。据已有研究，大致有三种聚类方式：以相似的功能聚类，以相似的目标聚类，以相似的技术思想聚类。以相似的功能聚类是通过设计某些问题解决活动，将技术工具所具有的相似功能集合在一起，达到功能操作和问题解决的融会贯通；以相似的目标聚类即使用不同的技术工具解决相同的问题，可以以解决相似的问题目标为依据聚类不同的技术工具及其使用方法；以相似的技术思想聚类是将具有相同技术思想的技术工具挖掘出来，以丰富多样的技术活动表达出来，可以达到举一反三的功效。

根据传统的项目教学，本节研究中对聚类化项目教学中主要环节及师生活动进行了初步设计（图 6-2）。本节研究是在项目教学的六个阶段基础上增加了一个阶段，即作品拓展。作品拓展是建立在作品制作之后的，可以是学生制作基础任务的作品后的自行拓展，也可以是通过成果交流和作品评价后产生的新想法，总之，作品拓展的增加是为了更好地培养学生的创造能力和发散思维，而鼓励学生积极思考、发挥想象。

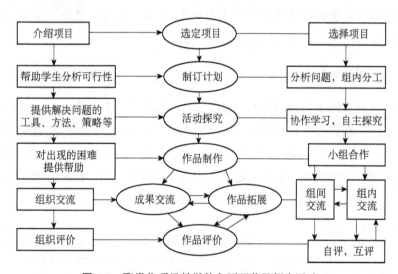

图 6-2　聚类化项目教学的主要环节及师生活动

（三）情境要素

情境是支持学生进行探究学习的真实的或虚拟的环境，要能够促进学生间的合作，并利于学生使用并掌握技术工具。为降低成本以便于推广普及机器人教育，本节研究选择普通的计算机教室作为学生学习的真实环境。

（四）结果要素

结果是在学习过程中或学习结束时学生通过探究行动学会的知识和技能，并有可视化、多样化的成果产出。对于机器人课程，最终产出可视化的作品是理所当然的，但为了鼓励和培养学生的创新能力和发散思维，本节研究在活动设计中特别增加了作品拓展，以便于学生能够有多样化的成果产出。

六、聚类化项目教学的项目设计

聚类化项目教学的项目设计是在聚类化项目教学的构建中形成的理论指导下进行的设计。本节研究选择的问题都是现实生活中的，以引起学生兴趣。为使知识具有完整性和系统性，本节研究特以中国教育技术协会信息技术教育专业委员会编写出版的《基础教育信息技术课程标准（2012 版）》以下（简称《课程标准》）为指导，设置知识点，《课程标准》中的机器人模块包括"结构与功能""设计与制作"两部分内容，"结构与功能"主要是机器人的基本概念、硬件和软件等方面的知识，"设计与制作"主要是针对基本知识的综合运用能力。根据这些指导，本节研究初步设计的项目包括台灯项目、风扇项目、小车项目、自动浇水花盆项目、闹钟项目、校园气象站项目、小鸡孵化装置项目、激光测距测高仪项目、水质监测机器人项目等。由于"Arduino 创意机器人"课程的总课时为 18 课时，为了与之相适应，本节研究选择了上述项目中的三个项目（台灯项目、风扇项目和小车项目）作为课程教学内容，其他项目希望作为学生下一阶段的学习内容，可作为课外的研究性学习或者《Arduino 创意机器人入门》的下册。

在项目的具体设计中，为使知识难度呈螺旋上升，本节研究分别从项目之间和项目内部进行了设计。

对于项目之间，按照台灯项目、风扇项目、小车项目的先后顺序分别设置三章，为智能 LED、智能风扇、智能小车。智能 LED 一章只涉及 Arduino 机器人的基础知识，包括 Arduino 编程环境、数字口和模拟口的输入输出、串口监视器等软件知识，Romeo 控制板、LED、按钮、传感器等硬件知识，程序设计基础知识（常量、变量、选择结构、循环结构等）。智能风扇一章则是在智能 LED 的基础上增加了选择结构和循环结构的嵌套、映射函数等程序设计的知识，直流电机、声音传感器、超声波传感器、舵机、红外遥控等硬件知识，以及多传感器组合控制的复杂原理。智能小车一章则是在智能风扇的基础上由单电机的控制增加到双电机的控制，由静态控制改变为动态控制，将前面两章所学知识进行综合运用。

对于项目内部，也是按照软硬件知识的螺旋上升设计的。每个项目包括三个子项目，共 6 课时。另外，为培养学生的创新能力和发散思维，激发学生的兴趣，在每个项目结束时（也就是第三个子项目中）均设计了综合创意环节，此环节的实施情况视实际教学而定，在每一课时中也设置了基础任务和拓展任务的组合，基础任务是面向全班所有学生的，而拓展任务是针对能力较高的或对项目和学习内容感兴趣的学生，课程项目的拓扑结构示意图见图 6-3。

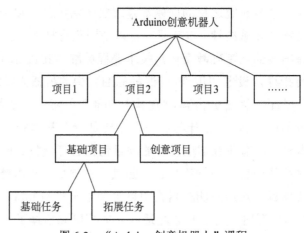

图 6-3　"Arduino 创意机器人"课程

在聚类化项目教学的项目设计中，为了使学生对学习更感兴趣，尽量涉及愉悦感与功用性、优越感、消遣性、相投性四个因素，并避免无味性、厌倦感、无助感三个因素[①]。本节研究根据这些要求设计出的"Arduino 创意机器人"项目的具体设计见表 6-1。

---

① 夏凌翔，张世宇，王振勇. 高中生学习兴趣结构的探索性因素分析[J]. 辽宁师范大学学报，2002（6）：58-60.

表 6-1 "Arduino 创意机器人"项目设计

项目名称	子项目	课时		涉及知识点（不包括已学）	聚类线索	
					相似的功能	相似的目标
智能LED	点亮LED	第1课	走进Arduino的世界	Arduino编程环境、Romeo控制板	LED 闪烁功能	实现对LED 的控制
		第2课	闪烁LED	LED、数字口的输出、延时函数		
	按钮控制的LED	第3课	按钮控制的LED	按钮、数字口的输入	LED 开关功能	
		第4课	聪明的按钮	变量、选择结构、逻辑运算符		
	创意LED	第5课	呼吸灯	循环结构、PWM	LED 亮度变化功能	
		第6课	光控LED	光线传感器、串口监视器		
		第7课	LED综合创意	无		
智能风扇	智能风扇	第1课	声控风扇	声音传感器、电机	风扇开关功能	实现对风扇的控制
		第2课	换挡风扇	选择结构的变式		
	变速风扇	第3课	自动变速风扇	超声波传感器、映射函数	风扇变速功能	
		第4课	遥控风扇	红外遥控套件、字符串		
	创意风扇	第5课	摇头风扇	舵机、循环结构的变式	风扇摇头功能	
		第6课	自动跟踪风扇	数字防跌落传感器、手势控制		
		第7课	风扇综合创意	无		
智能小车	简单小车	第1课	走直线小车	小车前进、后退	小车直行转弯功能	实现对小车的控制
		第2课	跳8字舞的小车	小车左转、右转（双轮差速驱动）		
	避障小车	第3课	避障小车	碰撞传感器、左手规则	小车避障功能	
		第4课	防跌落小车	无		
	巡线小车	第5课	巡线小车一	巡线传感器、巡直线	小车巡线功能	
		第6课	巡线小车二	巡路口（丁字路口、十字路口）		
		第7课	小车综合创意	无		

七、聚类化项目教学的实施过程

（一）行动研究的整体实施

1. 行动研究的学校分析

温州中学由笔者担任任课教师，是本行动研究实施的最主要学校，提供行动研究中学生课堂表现的观察、学生作品的记录、学生创造力倾向和机器人态度的数据收集等所有支持。

温州中学新疆部（温州市第八高级中学）由本研究团队其他成员上课，是本行动研究的主要学校，提供行动研究中学生课堂表现的观察、学生创造力和机器人态度的数据收集等支持。

温州市实验中学由本研究团队其他成员上课，是本行动研究的主要学校，该学校提供行动研究中学生课堂表现的观察等支持。

由于本研究团队及相关部门的宣传和推广，其他学校在本行动研究的开展过程中，有许多学校加入研究中。这些学校属于本行动研究的辅助学校，提供行动研究中学生课堂表现的观察等支持，以及提供行动研究中一些需要改进的建议。为此，笔者创建了专门的 QQ 交流群、开通了相关的博客，参与研究的学校教师通过在群里交流、博客留言、当面沟通等多种方式为本行动研究献计献策。

2. 行动研究的循环模式

本研究采用"计划—行动—观察—反思"的模式作为行动研究中的一个螺旋发展圈，即行动研究的一轮循环。计划是在改进前一轮循环的基础上形成本轮循环的计划；行动是对计划的具体实施；观察主要观察学生的课堂表现，记录学生的作品；反思主要是反思教学内容的知识量与难度，也要考虑影响教学质量的其他各种因素。

（二）行动研究的具体实施

行动研究中每个学校具体实施情况有所不同，温州中学、温州中学新疆部、温州市实验中学的具体实施情况见表 6-2。

表 6-2　行动研究中每个学校的具体实施情况

学校	研究时间	每周课时/课时	总课时/课时	选修人数/人		螺旋发展圈
				男	女	
温州中学	2014.2～2014.4	2	18	18	12	第一轮循环
	2014.5～2014.7	2	18	14	16	第二轮循环
温州中学新疆部	2014.3～2014.5	3	27	18	12	一轮循环
温州市实验中学	2014.2～2014.7	1	18	30		一轮循环

在行动研究正式实施之前，本节研究先对我国中小学机器人教育的现状进行了调查和分析，根据现状调查情况，由研究团队共同研究与课题相关的理论假设，确定出整个研究课题的最初计划，并编写了部分教材，在后面的研究中则是对教材边改进边编写剩余部分。

行动研究的循环过程主要包括备课、上课与反思。备课是由本研究团队集体备课，通过商讨研究得出理论上可行的方案，并形成教学设计、教学课件。上课则是本研究团队成员进行课堂教学，最初有其他成员帮忙记录学生作品，后面的课堂教学中则是上课教师独自完成整个过程。反思是对教学过程中观察到的问题进行研究讨论，同时对学生作品作出评价，然后根据反思得出的结论修订计划，形成下一轮循环的新计划。为检验学生对教学内容的掌握情况及发散思维和创新能力的发展状况，本研究将从作品的深度和广度进行评价，评价原则见表 6-3 和

表 6-4。其中，深度评价主要是查看学生项目的完成情况，以检验学生对教学内容的掌握情况；广度评价则注重学生发散作品的评价，以检验学生的发散思维和创新能力。所谓发散作品是除教学内容中的基础任务外，由学生完成的其他作品。

表 6-3　学生作品评价原则（深度）

分数/分	原则
0	未完成所有项目
1	只完成一个项目
2	完成所有项目
3	完成所有项目，且有发散作品但未制作完成
4	完成所有项目，且有发散作品并制作完成

表 6-4　学生作品评价原则（广度）

分数/分	原则	知识点增量（包含软硬件）
−2	难度−2	减少 2 个以上知识点
−1	难度−1	减少 1～2 个知识点
0	与教师所讲难度基本持平	知识点相同
1	难度+1	增加 1～2 个知识点
2	难度+2	增加 2 个以上知识点

另外，在整个行动研究过程中也伴随着研究数据的收集与处理。行动研究的每一轮循环开始前都会对选课学生进行实验前测，每一轮循环结束后也都对选课学生进行实验后测，实验前测和后测主要检测学生的创造力倾向和机器人态度。然后将这些数据整理后存入计算机中，利用社会科学软件包（SPSS 17.0）对数据进行统计分析。

八、聚类化项目教学的效果分析与评价

（一）学生作品分析

在温州中学实施行动研究的两轮循环中，在每一个子项目（2 课时）结束时，笔者都会记录学生的作品。这些作品不仅用于行动研究过程中，方便教师观察学生对教学内容的掌握情况，也可以通过粗略比较两轮循环中的教学效果，以检验行动研究中作出的调整的可行性与正确性。这里主要是粗略比较两轮循环中的学生作品，验证行动研究作出修订计划的可行性和正确性。

根据对项目教学（表 6-1）中学生作品的分析，比较第一轮循环和第二轮循环中学生作品的情况，若第二轮循环中学生作品普遍好于第一轮循环，则表明聚类化

项目教学的行动研究作出的调整具有一定的可行性和正确性。为确保数据比较更具科学性和说服力，在进行两轮循环之前均对学生作了初步了解，可以确定所有学生的"Arduino 创意机器人"的基础几乎都为 0，可以视为学生初始水平无太大差别。

按照学生作品评价原则表（表 6-3 和表 6-4）对学生作品进行评分量化，并从深度和广度两方面对学生作品作简要分析。深度方面，对每个子项目中所有学生的得分分布进行数据分析；广度方面，对每个子项目中学生发散作品的得分取平均分进行数据分析。

1. 智能 LED 项目的学生作品分析

智能 LED 项目是整个机器人课程的开始，重点是希望学生能够掌握 Arduino 的一些基础知识和基本技能，以便为后面内容的学习和更好地思考发散作品打好基础。

（1）智能 LED 项目中学生作品的深度分析

根据设计的项目，智能 LED 项目中包含点亮 LED、按钮控制的 LED、创意 LED 三个子项目，其学生作品情况分别见图 6-4、图 6-5、图 6-6。

由图 6-4 可知，在点亮 LED 子项目中，第二轮循环教学效果要稍好于第一轮循环，但是两轮循环在这一子项目中的内容和活动方面并无太大改动，究其原因，可能是笔者并非一线教师，在课程刚开始阶段教师和学生需要经历一个磨合期，而第二轮循环时已经积累了一定的经验，改善了教学效果。另外，两轮都有得 3 分的情况出现（有发散作品但未制作完成，类似于流水灯的作品），可能由于这个子项目是整个课程的第一个项目，是学生刚刚接触 Arduino，在这两个课时中学生还都处于适应和熟悉 Arduino 软硬件的过程。

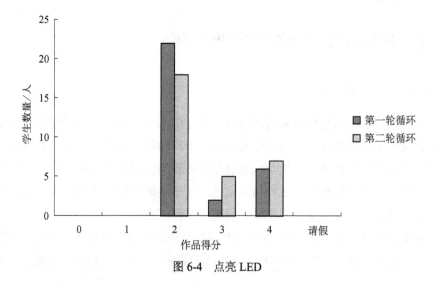

图 6-4　点亮 LED

由图 6-5 可知，在按钮控制的 LED 子项目中，第二轮循环教学效果明显好于第一轮循环，主要表现于第二轮循环中有很多单个按钮控制多盏灯的发散作品，但均未出现多个按钮控制多盏灯的发散作品。原因分析，这一子项目主要是按钮对 LED 的各种控制，难点主要有两个，一是涉及变量的讲解，第一轮循环中，直接讲一般程序设计中变量的定义和使用等，在第二轮循环中作出的改变是，对比数学中的函数（自变量和因变量）进行讲解，效果要好一点；二是按钮的抖动现象，按钮抖动是机械原因，消抖是实现稳定控制的方法，第一轮循环只简单提及按钮抖动，消抖作为拓展留在课下自学，第二轮循环中则将消抖放在了提高任务，并且是在课上时间由教师带领完成。因此，第二轮循环总体效果要好于第一轮循环。

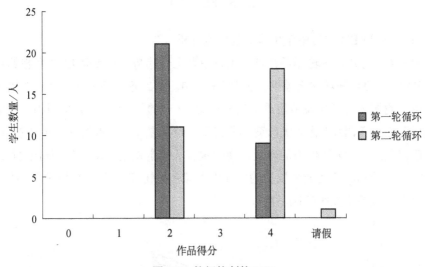

图 6-5 按钮控制的 LED

由图 6-6 可知，在创意 LED 子项目中，两轮循环教学效果几乎没有差别，学生发散作品多为按钮控制的呼吸灯、光控呼吸灯及其各种变式。这一子项目包括呼吸灯、光控 LED 和 LED 综合创意，内容虽多，但难度不大，重点是学生的创意。由于学生接触 Arduino 时间较短，改进方案可以是课上创意环节教师将提前准备好的各种创意（半成品）发给学生，作为学生创意的启发和引导。由于各种原因，第二轮循环并未作出这样的改变，希望以后实施中作出改变以查看效果。

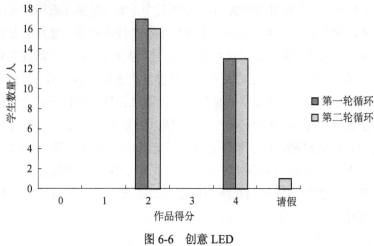

图 6-6　创意 LED

（2）智能 LED 项目中学生作品的广度分析

由图 6-7 可知，两轮循环在整个项目中呈上升趋势，在点亮 LED 和按钮控制的 LED 中，两轮循环并无差别。创意 LED 中，第二轮循环要好于第一轮循环，所以第二轮循环对学生发散思维的培养要比第一轮循环稍好。分析原因，在第二轮循环对创意 LED 未作太大改变的前提下，可能是第二轮循环中，对点亮 LED 和按钮控制的 LED 所作出的改变，使学生有了一定积累，从而起到对创意 LED 的影响。鉴于此，希望教师以后的实践中能够在按钮控制的 LED 阶段作出提示，鼓励学生尝试多个按钮控制多盏灯。

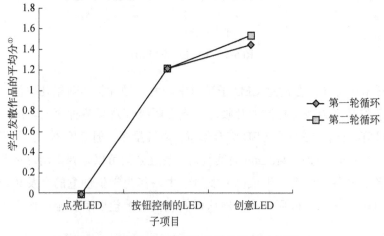

图 6-7　智能 LED 学生作品平均得分（广度）

————————

① 即所有发散作品总分除以发散作品学生数。

从以上分析可以得知，第二轮循环在智能 LED 项目的教学中，学生作品的深度和广度均比第一轮循环稍好，说明行动研究在这一项目中作出的调整具有一定的可行性和正确性。

2. 智能风扇项目的学生作品分析

在智能风扇项目中，比没有按照智能 LED 项目那样每个子项目作出不同改变，而是对整个项目都作出了同样的改变，即减少了上课时教师讲解知识的时间。比如，导入环节只简单复习前面知识等，这样以便于留给学生更多自由创作的时间，因此在本项目中的学生作品分析时看到了更多的发散作品（包括有想法但未完成的作品）出现。

（1）智能风扇项目中学生作品的深度分析

根据设计的项目，智能风扇项目中包含智能风扇、变速风扇、创意风扇三个子项目，其学生作品情况分别见图 6-8、图 6-9、图 6-10。

由图 6-8 可知，第二轮循环教学效果要明显好于第一轮循环，学生完成的发散作品多为多档的换挡风扇、光控风扇等。由于条件限制，学生也有一些想法未能完成，如温控风扇、声控窗帘、声控闹钟等。

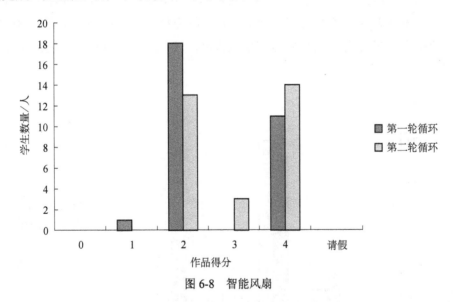

图 6-8　智能风扇

由图 6-9 可知，两轮循环教学效果相差不大，均有少数学生未能完成自动变速风扇（超声波控制），但是由于第二轮循环作出的改变，使得部分学生可以有较为充足的时间思考出一些发散作品（未完成的作品），如有光控窗帘、遥控同时控制灯和风扇、自动浇水花盆、超声波距离探测车等。

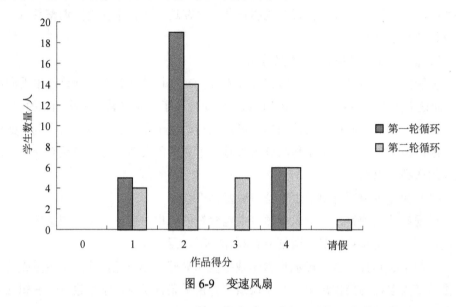

图 6-9 变速风扇

由图 6-10 可知，两轮循环教学效果相差不大，但是学生发散作品却有所区别，第一轮循环中发散作品只有趋光风扇、按钮控制风扇摇头、声音控制风扇摇头等，第二轮循环不仅也有这些发散作品出现，还有除湿风扇、模拟探照灯等作品。

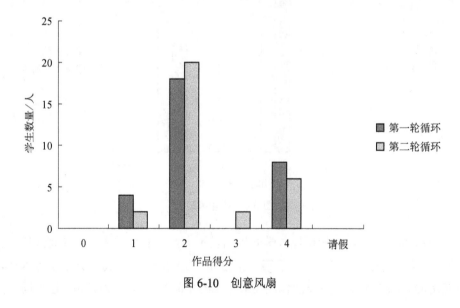

图 6-10 创意风扇

（2）智能风扇项目中学生作品的广度分析

通过对智能风扇项目中学生作品的深度分析，可以看出两轮循环中学生对教学内容的掌握情况并无太大差别，但由图 6-11 可以发现，第二轮循环中学生的发散作品得分要好于第一轮循环，表明第二轮循环作出的改变对培养学生发散思维和创新能力起到较为明显的作用。另外，两轮循环的总体趋势均为下降，这个原因可能是学生在学习了较多的 Arduino 知识后，对发散作品的要求提高，再加上各种人力、物力的条件限制，使得多数发散作品只处于雏形阶段，并未得到真正实现，在教学中表现为学生的部分发散作品并未完成。鉴于此，希望有条件的话，教师在以后的教学中，尽量多准备一些学生上课可能用到的器材，也可鼓励学生在生活中多作观察和思考，收集生活中有趣的发明制作和各种"电子垃圾"，以便上课使用，从而真正将学生的学习和生活结合起来。

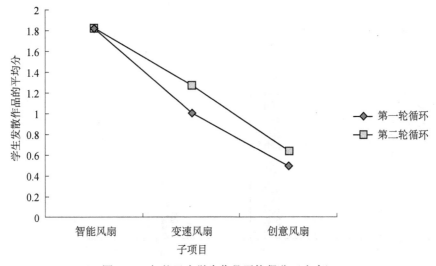

图 6-11　智能风扇学生作品平均得分（广度）

从以上分析可以得知，第二轮循环在智能风扇项目的教学中，学生作品的深度比第一轮循环稍好，广度明显比第一轮循环好，表明行动研究在这一项目中作出的调整（减少教师讲解时间，增加学生自由创作时间）对培养学生发散思维和创新能力起到较为明显的作用。

3. 智能小车项目的学生作品分析

智能小车项目是 Arduino 的综合应用部分，重点是希望学生能够应用前面所学基础知识和基本技能，实现更复杂的作品创作。智能小车项目完成了由前面两个项目的静态作品进阶到动态作品，借此打开学生发散创新的大门，以便学生可以在日常学习和生活中更好地发散和创新。

（1）智能小车项目中学生作品的深度分析

根据设计的项目，智能小车项目中包含简单小车、避障小车、巡线小车三个子项目，其学生作品情况分别见图6-12、图6-13、图6-14。

由图6-12可知，第二轮循环教学效果要比第一轮循环稍好，主要表现在学生发散作品数量要多于第一轮循环。分析原因，第一轮循环在讲解小车行走时，并未讲解小车走直线时的限制条件，即在理想状态下，双轮速度一样则走直线，现实中由于两轮摩擦系数或其他因素影响导致两轮速度一样时并不能走直线，这样使得很多学生在研究这个问题，而未能抽出时间思考发散作品，第二轮循环中将这个问题明确了之后，学生都理解了原理，便不再纠缠于此，有了更多时间进行发散。

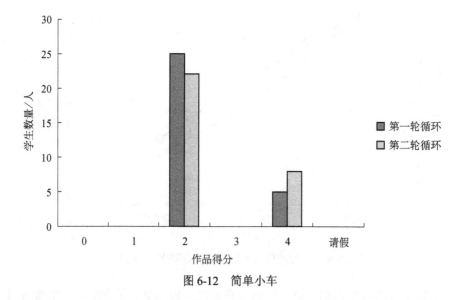

图6-12　简单小车

由图6-13可知，两轮循环教学效果相差不大，两轮循环共四个发散作品，且都是超声波避障小车，另外教学中均有个别同学未完成防跌落小车，分析原因，主要是防跌落传感器的安装位置与成功率密切相关，而非程序设计方面的原因。第二轮循环虽然增加了对防跌落传感器安装的提示，但是显然还不够。建议教师在以后的教学中，可以尝试将防跌落传感器的安装完全讲给学生，如果为了留给学生更多的自由创作时间，甚至可以课前替学生将传感器安装好。

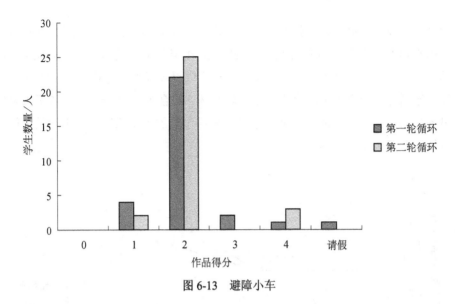

图 6-13 避障小车

由图 6-14 可知，两轮循环教学效果完全一样，这可能是由于巡线小车项目是整个课程的最后一个内容，在完成常规教学内容之后，教师还要带领学生对整个课程进行总结，因此几乎没有时间使学生思考发散作品。

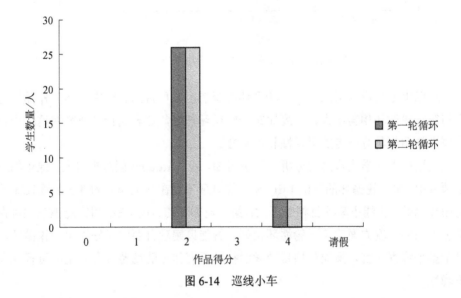

图 6-14 巡线小车

（2）智能小车项目中学生作品的广度分析

由前文可知，第二轮循环简单小车中发散作品数量多于第一轮循环，但发散作品多体现于小车行走的轨迹方面，如有跳 S 舞的小车、走矩形的小车等，而第一轮循环中发散作品有按钮控制的小车、避障小车等，显然质量高于第二轮循环，因此图 6-15 中表现为平均得分高。分析原因，可能是由于教师在上课中强调了蜜蜂跳 8 字舞这一自然现象，学生对小车跳舞产生更多兴趣。另外，图 6-15 中显示的第二轮循环巡线小车平均分高于第一轮循环，结合图 6-14 分析，在该子项目未作出改变的前提下，可能由于整个第二轮循环作出的改变已经对学生发散思维和创新能力有了一定的提高。

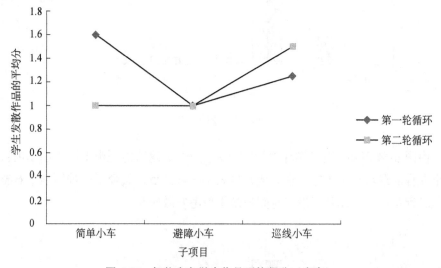

图 6-15 智能小车学生作品平均得分（广度）

从以上分析可以得知，第二轮循环在智能小车项目的教学中，学生作品的深度与第一轮循环相差不大，广度比第一轮循环稍好，这表明行动研究在这一项目中作出的调整具有一定的可行性和正确性。

通过以上对学生作品的分析与评价可知，在"Arduino 创意机器人"课程的三个项目中，第二轮循环的智能 LED 和智能风扇项目在学生作品的深度方面比第一轮循环稍好，智能小车项目相差不大；第二轮循环的智能 LED 和智能小车项目在学生作品的广度方面比第一轮循环稍好，智能风扇项目要明显好于第一轮循环。对于整个课程而言，聚类化项目教学的行动研究作出的调整具有一定的可行性和正确性。

（二）学生创造力倾向分析

创造力是一个国家的核心竞争力，对人才的培养、国家的发展至关重要。创造力培养包括创造性认知行为和创造性情意行为，即性格上的冒险性、好奇心、想象力和挑战性等。[①]在本节研究中，将检验"Arduino 创意机器人"项目对学生创造力倾向的影响。在教育研究领域，创造力倾向本身无法直接测量，一般通过问卷调查进行测量。

1. 测量工具

本节研究使用了威廉斯创立倾向量表实施问卷调查（附录 2），该量表由林幸台和王木荣依据威廉斯（F. E. Williams）的创造力组合修订而成，在中小学生的研究中被广泛使用，具有较好的信度和效度。该问卷共有 50 道题，涉及好奇心、想象力、挑战性和冒险性四个维度，所有数据（共 120 份）均用 SPSS17.0 进行统计分析，得到问卷内部一致性 α 系数为 0.78，在可接受的范围之内。该量表采用三点计分，包含正向题和反向题，其中，正向题的"完全符合"计 3 分，"部分符合"计 2 分，"完全不符"计 1 分；反向题计分相反。通过测验可以得到四个维度得分和创造力倾向总分，得分越高，创造力水平越高。四个维度题目分布如下。

冒险性：包括 1、5、21、24、25、28、29、35、36、43、44 共 11 题。其中，29、35 为反向题。

好奇心：包括 2、8、11、12、19、27、33、34、37、38、39、47、48、49 共 14 题。其中，12、48 为反向题。

想象力：包括 6、13、14、16、20、22、23、30、31、32、40、45、46 共 13 题。其中，45 为反向题。

挑战性：包括 3、4、7、9、10、15、17、18、26、41、42、50 共 12 题。其中，4、9、17 为反向题。

2. 数据统计与分析

对学生创造力倾向的分析，主要是通过比较行动研究中每轮循环前后，学生创造力倾向的变化，检验 Arduino 机器人实施聚类化项目教学后的效果。

研究假设：对实验班级使用配对样本 t 检验进行分析，若学生创造力倾向的前后测存在显著差异，并且后测平均分高于前测，说明 Arduino 机器人实施聚类化项目教学对学生创造力倾向有显著性影响。

在实验中，以温州中学选择"Arduino 创意机器人"课程的 60 名高一学生为实验对象，行动研究中第一轮循环和第二轮循环分别有 30 名学生，实验结束后，整理并统计数据，结果见表 6-5。

---

① 盛红勇. 大学生创造力倾向与心理健康相关研究[J]. 中国健康心理学杂志，2007（2）：111-113.

表 6-5　学生创造力倾向的差异比较

行动研究	维度	测试类别	平均数	标准差	t 值	显著性（双侧）
第一轮循环	冒险性	前测	26.400 0	2.685 85	-2.427	0.022*
		后测	27.733 3	2.377 09		
	好奇心	前测	34.833 3	2.853 71	-3.177	0.004*
		后测	36.200 0	2.280 35		
	想象力	前测	30.766 7	3.318 53	-2.545	0.017*
		后测	32.133 3	2.417 37		
	挑战性	前测	29.833 3	2.627 22	-1.698	0.100
		后测	30.600 0	1.922 64		
	创造力倾向	前测	121.933 3	9.055 13	-3.504	0.002*
		后测	126.500 0	5.348 22		
第二轮循环	冒险性	前测	26.366 7	2.592 87	-2.151	0.040*
		后测	27.366 7	2.157 32		
	好奇心	前测	34.700 0	2.628 10	-2.371	0.025*
		后测	35.933 3	1.998 85		
	想象力	前测	30.900 0	2.695 46	-2.636	0.013*
		后测	32.233 3	2.192 20		
	挑战性	前测	29.866 7	2.192 99	-2.154	0.040*
		后测	30.700 0	1.534 66		
	创造力倾向	前测	121.833 3	7.315 94	-3.844	0.001*
		后测	126.000 0	4.051 39		

注：*表示显著性（双尾）$p < 0.05$，说明存在显著性差异。

由表 6-5 可知，对实验班级使用配对样本 t 检验结果显示，第一轮循环和第二轮循环中创造力倾向的 t 值分别 -3.504 和 -3.844，显著性（双尾）分别为 0.002 和 0.001，均小于 0.05，后测平均分均高于前测平均分，说明研究假设成立，即 Arduino 机器人实施聚类化项目教学对学生创造力倾向有显著性影响。

第一轮循环的四个维度中，只有挑战性维度没有达到显著性水平（$p=0.100 < 0.05$），而第二轮循环的四个维度均达到显著性水平，本节研究中暂未对原因进行调查。

（三）学生对机器人的态度分析

计算机态度是人们对计算机的一中看法、感觉和行动，包括认知、情感和行为三方面含义。[1]中小学生计算机态度的研究早已受到研究者的重视，作为信息技术学科中的一个重要分支，尚未发现有研究者关注机器人态度的研究。因此，本节研究在分析学生机器人态度时以计算机态度的相关研究为主要依据。在本节研

---

① 黄世杰. 国中学生电脑态度量表发展研究[D]. 高雄师范大学硕士学位论文，2002.

究中，将检验"Arduino 创意机器人"项目对学生机器人态度的影响。在教育研究领域，机器人态度本身无法直接测量，一般通过问卷调查进行测量。

1. 测量工具

Loyd 和 Gressard 在研究高中生对计算机的态度时，将其分为计算机焦虑、计算机信心、计算机喜欢三个维度[①]，在后续研究中又加入了计算机有用性，是研究计算机态度较早、较为权威的划分，后来学者的研究一般都是在这个基础上建立起来的。黄世杰在 2002 年研究中学生计算机态度时，将其分为使用计算机的执著、使用计算机的价值、使用计算机的价值观、使用计算机的喜爱、使用计算机的焦虑、使用计算机的信心六个维度。本节研究以台湾彰化师范大学科学教育研究所黄世杰的"计算机态度量表（正式）"为依据制定调查问卷，后经南京师范大学教育技术系钟柏昌副教授和温州中学谢作如老师进一步修订，得到最终问卷（附录 3）。该问卷共有 30 道题，涉及执著、价值、价值观、喜爱、焦虑和信心六个维度，所有数据（共 120 份）均用 SPSS17.0 进行统计分析，得到问卷内部一致性 α 系数为 0.74，在可接受的范围之内。该量表采用五点计分，包含正向题和反向题，正向题的"非常同意"计 5 分，"同意"计 4 分，"无意见"计 3 分，"不同意"计 2 分，"非常不同意"计 1 分；反向题计分相反。通过测验可以得到六个维度得分和机器人态度总分，得分越高，机器人态度越好。六个维度题目分布如下。

执著：包括 1、6、19、21、30 共 5 题。

价值：包括 2、7、11、24、26 共 5 题。

价值观：包括 3、10、20、23、25 共 5 题。其中，10、23 为反向题。

喜爱：包括 4、12、14、16、29 共 5 题。其中，12、29 为反向题。

焦虑：包括 5、8、18、27、28 共 5 题。所有题均为反向题。

信心：包括 9、13、15、17、22 共 5 题。

2. 数据统计与分析

学生对机器人的态度分析，主要是通过比较行动研究中每轮循环前后，学生机器人态度的变化，检验 Arduino 机器人实施聚类化项目教学后的效果。

研究假设：对实验班级使用配对样本 t 检验进行分析，若学生机器人态度的前后测存在显著差异，并且后测平均分高于前测，说明 Arduino 机器人实施聚类化项目教学对学生机器人态度有显著性影响。

---

① Loyd B H，Gressard C P. Reliability and factorial validity of computer attitude scales[J]. Educational and Psychological Measurement，1984（2）：501-505.

在实验中，以温州中学选择"Arduino 创意机器人"课程的 60 名高一学生为实验对象，行动研究中第一轮循环和第二轮循环分别有 30 名学生，实验结束后，整理并统计数据，结果见表 6-6。

表 6-6 学生机器人态度的差异比较

行动研究	维度	测试类别	平均数	标准差	t 值	显著性（双尾）
第一轮循环	执著	前测	17.833 3	2.901 64	-1.6886	0.102
		后测	18.700 0	2.103 36		
	价值	前测	18.466 7	3.002 68	-0.512	0.612
		后测	18.633 3	2.785 22		
	价值观	前测	17.300 0	2.614 94	-0.477	0.637
		后测	17.566 7	2.207 88		
	喜爱	前测	19.633 3	2.413 80	-2.102	0.044*
		后测	20.366 7	2.355 97		
	焦虑	前测	17.733 3	3.805 02	-2.333	0.027*
		后测	18.800 0	1.901 00		
	信心	前测	17.833 3	3.705 39	-2.117	0.043*
		后测	19.066 7	2.434 43		
	机器人态度	前测	108.800 0	12.650 20	-3.092	0.004*
		后测	113.133 3	7.006 07		
第二轮循环	执著	前测	17.933 3	2.851 90	-2.056	0.049*
		后测	19.100 0	2.006 03		
	价值	前测	18.433 3	3.002 11	-0.369	0.715
		后测	18.566 7	2.459 09		
	价值观	前测	17.200 0	2.280 35	-0.410	0.685
		后测	17.433 3	2.373 46		
	喜爱	前测	19.233 3	2.269 49	-2.065	0.048*
		后测	20.233 3	2.128 35		
	焦虑	前测	16.966 7	3.378 26	-2.191	0.037*
		后测	18.266 7	1.964 04		
	信心	前测	17.633 3	3.337 18	-2.052	0.049*
		后测	18.766 7	2.373 46		
	机器人态度	前测	107.400 0	10.704 82	-3.796	0.001*
		后测	112.366 7	5.678 05		

注：*表示显著性（双尾）$p < 0.05$，说明存在显著性差异。

由表 6-5 可知，对实验班级使用配对样本 t 检验结果显示，第一轮循环和第二轮循环中机器人态度的 t 值分别 -3.092 和 -3.796，显著性（双尾）分别为 0.004 和 0.001，均小于 0.05，后测平均分均高于前测平均分，说明研究假设成立，即 Arduino 机器人实施聚类化项目教学对学生创造力倾向有显著性影响。

两轮循环的喜爱、焦虑和信心维度均达到显著性水平，从教学中也发现，课程刚开始时学生认为机器人是高科技的，只有高端研究人员才能设计与研究，对学习机器人显得信心不足，而随着课程的深入，机器人的神秘面纱也被掀开，学生进一步认识了解了机器人，对学习机器人产生了兴趣，也拥有了信心。

两轮循环的价值和价值观维度均没有达到显著性水平，这也是本节研究目前未能解决的疑惑，即如何通过学习使学生在价值与价值观方面改变对机器人的态度。希望通过以后的研究继续解决这些问题。

第一轮循环的执著维度没有达到显著性水平（$p=0.102>0.05$），而第二轮循环的执著维度达到显著性水平（$p=0.049<0.05$）。

九、教学反思及调整

由于本节研究在有限时间内仅作了行动研究的两轮循环，本部分将主要依据第二轮教学中发现的问题及以上对数据的分析进行反思，并尝试提出新的调整计划，以便在后续研究时有所依据。

（一）智能 LED 教学反思及调整

智能 LED 包括点亮 LED、按钮控制的 LED 和创意 LED。

作为课程开端的点亮 LED，在行动研究的前两轮的教学实践中，均将主要精力放在学生学习 Arduino 基础知识和基本认识上，从教学效果分析中也能发现学生掌握情况不错，有几组学生能够点亮 3 盏 LED，见图 6-16。针对这一子项目，笔者并未对课堂教学作出调整，而是增加了一项课下作业，希望学生能多关注一下身边台灯的各种样式，并试想最有创意的台灯的制作。作出这样的调整为后面创意 LED 作铺垫，因为在行动研究的前两轮中，学生的创意 LED 主要还是围绕 LED 各种闪烁进行发散创新，这里希望学生通过观察台灯，能够从其外形构造的角度进行发散创新，以便产生更多、更好的想法。

对于按钮控制的 LED，在行动研究前两轮的教学实践中，学生的发散作品主要是单个按钮控制多盏 LED，而且 LED 是串联的。针对于此，笔者希望后面的实践中能够借用由开关、电源、LED 三种元器件组成的简单物理电路图，激发学生分别从 LED 和按钮各自的串联和并联发散出更多作品。

关于创意 LED，根据前文的学生作品分析，可以是课上创意环节教师将提前准备好的各种创意（半成品）发给学生，作为学生创意的启发和引导。另外，教师也需要提示学生可从台灯外形构造的角度进行考量（点亮 LED 以作铺垫）。

图 6-16　点亮 3 盏 LED

（二）智能风扇教学反思及调整

　　智能风扇包括智能风扇、变速风扇和创意风扇。在整个项目中，学生对基础内容的掌握效果还是不错的，学生作品见图 6-17。但是由于条件限制，学生的发散作品（包括温控风扇、声控窗帘、声控闹钟、自动浇水花盆等）都源自生活，却无法实现。针对于此，笔者希望这些学生能够利用课下时间完成这些作品或者制作相应的模型。这些小的发明制作也许可以激发学生对生活的热爱，促使学生在生活中处处留心，并利用所学知识解决生活问题。

图 6-17　学生作品

关于子项目的调整，智能风扇暂时不作调整；变速风扇中自动变速风扇（超声波控制）是少数学生的障碍，建议在学生制作作品时为有困难的学生提供一些帮助；创意风扇中，教师尽量多准备一些学生上课可能用到的器材，也可以鼓励学生平时注意收集生活中的"电子垃圾"，以便上课使用，从而真正将学生的学习和生活结合起来。

（三）智能小车教学反思及调整

智能小车包括简单小车、避障小车和巡线小车。在整个项目中，学生对教学内容基本都能掌握，并且一直保持不错的兴趣。但是作为综合运用的小车项目，笔者认为似乎陷入了两个电机的控制中，在程序设计方面的难度已经足够，但整体结构方面却达不到综合运用的程度。因此，建议在后续行动研究中，加快基础知识的讲解，争取将最后的两节课都留给学生，为学生举办一个小比赛。比赛内容有两个：一是创意小车，比较小车的创意（分为结构和功能），由教师和学生共同评分；二是模拟 RoboRAVE 的比赛，让小车以指定的路线完成巡线、避障等任务。

十、结论与建议

（一）主要结论

本节研究提出了 Arduino 机器人的聚类化项目教学模式，并以温州中学为教学基地展开研究。主要采用行动研究方式，共实施了两轮循环（每轮循环 18 课时）。由于这种教学模式的研究和探索涉及内容较多，还需较长时间更加完善，本节仅对当前阶段完成的内容进行统计分析，得出如下结论：

1）通过对全体选课学生的作品分析得出，对"Arduino 创意机器人"课程而言，聚类化项目教学的行动研究作出的调整具有一定的可行性和正确性。

2）通过对学生创造力倾向分析得出，Arduino 机器人实施聚类化项目教学对学生创造力倾向有显著性影响。具体表现在冒险性、好奇心和想象力三个维度有显著性影响，在挑战性维度可能有显著性影响。

3）通过对学生机器人态度分析得出，Arduino 机器人实施聚类化项目教学对学生机器人态度有显著性影响。具体表现在喜爱、焦虑和信心三个维度上有显著性影响，在价值和价值观两个维度无显著性影响，在执著维度可能有显著性影响。

4）通过 QQ 群、博客等多种平台与开设"Arduino 创意机器人"课程的教师交流后得出，该课程对教师掌控课堂的能力、动手能力和解决问题能力都有较高的要求，但对学生来说难度适中，并且更注重学生发散思维与创新能力的培养。这表明 Arduino 机器人的聚类化项目教学模式得到了一定程度的认可。

总体来讲，通过行动研究得出当前阶段的 Arduino 机器人聚类化项目教学模式，提高了学生创造力，端正了学生学习机器人的态度，有助于培养学生创新能力。Arduino 机器人聚类化项目教学模式取得了较好的教学效果，希望能够为一般机器人的课堂教学提供一种借鉴。

（二）主要建议

本节研究旨在提出 Arduino 机器人的聚类化项目教学模式，针对 Arduino 机器人课程和聚类化项目教学提出如下建议。

1. 对 Arduino 机器人课程的建议

Arduino 机器人作为开源机器人，各种优势不必多说，但是用 Arduino 机器人实施课堂教学有明显的缺点，这将使得教师刚开始实施课堂教学时出现一些棘手问题。解决这些问题要求教师具备足够的相关知识和技能。现将本节研究中总结的一些较为常见的问题及解决方法如下：

1）安装失败问题。Arduino 在安装时会经常出现安装失败，一般是 ghost 版本或精简版的系统导致，解决方法是下载相应（32 位或 64 位）的系统文件（usbser.sys）放到文件夹下，32 位系统文件夹对应目录一般为 C:\WINDOWS\system32\drivers。

2）下载失败问题。将程序下载（也叫上传）到 Arduino 板子时出现的失败现象，常见的产生原因包括：Arduino 板子或 COM 口没选对，需要更改后重新下载；数字针脚 0 和 1 连接错误，或连接了其他扩展版，可以尝试拔掉扩展版，下载程序后再插上扩展版。

3）其他顽疾问题。对于其他顽疾问题，可以尝试拔掉 Arduino 板子的 USB 数据线重插或者重启电脑。

2. 对聚类化项目教学的建议

聚类化项目教学是将存在一定内部联系的项目组织在一起实施的教学，如果要采用聚类化项目教学模式实施教学，建议重点考虑如何设计每个项目，以使项目内容和难度适合学生学习，以及每个项目之间如何连接，以呈现螺旋上升结构。

（三）不足之处

经过近 6 个月的实践研究，本节研究取得了较大的进展和一定的成果，但由于笔者时间、精力及教学经验都比较有限，研究中仍存在许多不足之处：

1）国内外机器人聚类化项目教学模式的相关研究几乎没有，因此研究仅仅是提出一种新的教学模式，并验证这种教学模式具有一定的可行性，希望能够对以后的相关研究提供参考。

2）教学研究尤其是行动研究是一个长期的工作，研究仅实施两轮循环，且主要对温州中学的两个选课班进行调查研究与统计分析，样本存在一定的局限性。

3）由于笔者是以全日制在校研究生的身份进行教学，缺乏一线教师的经验，在教学过程中的某些具体环节的处理可能不够完善。

第二节　机器人课程中科学探究型教学模式研究①

科学探究是一个世纪以来国际基础教育改革所努力追求的方向，各国一直提倡学生科学探究能力的发展，我国的新课程标准也特别强调科学探究活动，究其目的，在于通过真实情境的探究过程生成科学知识、掌握技能、认识科学本质、培养必要的科学素养和创新精神。

当下，中小学机器人教育及其相关的创客教育已经成为教育工作者关注的焦点之一，随着机器人技术的不断普及，机器人进课堂也成为一种趋势。但是，从目前的机器人教学内容来看，机器人只是作为学习的对象，有关机器人技术的本体知识构成了机器人课程的核心或全部内容，以模拟实验或模拟再现生产生活中的科技产品作为主要教学方式。本书研究将这种教学模式称为模拟实验型教学。尽管这种教学对学习机器人的基础知识和基本技能是非常有效的一种方式，但显然不是机器人教学的全部。将机器人作为科学探究的一种工具和平台，开展科学探究活动，是中小学机器人教育的一个重要发展方向。

① 本节内容节选自笔者指导的研究生张敬云的硕士毕业论文，论文为《机器人课程中科学探究型教学模式研究》，南京师范大学 2015 年硕士学位论文。

一、国内外研究现状

（一）国外研究现状

在国外，将机器人应用于科学探究方面的研究比较丰富。例如，Heilo Altin 和 Margus Pedaste 在机器人学习方法的研究中明确指出，机器人作为探究性学习的支持性工具，可以提供即时的可视化和触觉反馈，能够增加学生探究性学习的吸引力，利用机器人来培养科学探究能力应该成为一个新的教育目标；此外，可以根据科学探究的学习方法，利用机器人来学习物理方面的科学知识，解决现实生活中的问题。[①]又如，Guen C. Nugent 等在机器人教育对学生 STEM 学习、态度和技能的影响研究表明，机器人教育能够提高学生学习的自我效能感和解决问题的能力。[②]还有 Eli M. Silk 等在设计技术活动教授数学的研究中，设计了一款机器人，并通过精心组织的活动将其应用于数学学科的教学实践中。[③]台湾学者梁耀东则利用教育实验，论证了将 Lego NXT 应用于数学学科的教学方式比传统的教学方式更有成效。[④]更多的研究表明，机器人教育能够提高学生的创造力、批判性思维能力、问题解决能力、作出决策的能力、沟通交流能力、团队合作的能力和自信心，而这些能力是进行科学探究活动的重要组成部分。[⑤⑥⑦⑧]

（二）国内研究现状

相比较而言，国内将机器人应用于科学探究的研究还极为欠缺。从目前的现状来看，国内仍然主要集中于对机器人本体知识的教学研究。在知网数据库中输

① Altin H，Pedaste M. Learning approaches to applying robotics in science education. Journal of Balfic Science Education，2013，12（3）：365-377.

② Nugent G C，Barker B，Grandgenett N. Robots in K-12 Education：A New Technology for Learning. Premier Reference Source. 2012：186-203.

③ Silk E M，Higashi R，Shoop R，Schlunn C D. Designing technology activities that teach mathematics. The Technology Teacher，2010：21-27.

④ 梁耀东. 乐高机器人在国小数学教学中的应用——以 Kolb 的学习理论为基础[D]. "国立"屏东教育大学硕士学位论文，2010.

⑤ Khanlari A. Effects of robotics on 21st century skills. European Scientific Journal，2013，9（27）：26-36.

⑥ Khanlari A. Students' perception of the effects of educational technology on their learning and characteristics. International Journal of Science and Applied Information Technology，2013，2（2）：58-61.

⑦ Nugent G，Barker B，Grandgenett N，Adamchuck V .Impact of robotics and geospatial technology interventions on youth STEM learning and attitudes. Journal of Research on Technology in Education，2010，42（4）：391-408.

⑧ Demetriou G A. Mobile robotics in education and research. In Z Gacovski（Ed），Mobile Robots-Current Trends，2011：27-48.

入"机器人"并含"科学"或"探究"等关键词，没有查找到相关文献。通过其他方式检索，发现温州中学谢作如老师有一篇《设计检测河水浊度传感器》的博文，描述了利用一个LED、光敏电阻和几个电阻设计浊度传感器，以检测和探究河水的浊度，相关实践也仅限于此，说明国内有关利用机器人培养学生科学探究能力的相关理论与实践还极为欠缺。

综上所述，现有研究表明，机器人教育不应只停留在本体知识的学习，还应重视将机器人作为探究性学习的支持工具，开展科学探究性学习。对此，国内相关研究极为匮乏，而国外已有研究也并不系统，也没有将科学探究型教学模式作为机器人教育的一种独立模式提出来，本书研究将弥补这一缺憾。

二、概念界定

（一）科学探究

不同的研究者对科学探究概念的界定不同。美国国家研究理事会在《国家科学教育标准》中指出，"科学探究指的是科学家们用来研究自然界并根据研究所获事实证据作出解释的各种不同途径"，同时"科学探究也指学生构建知识、形成科学观念、领悟科学研究方法的各种活动"[①]。孙建伟和孙燕青认为，"科学探究（science inquiry）原指科学家们研究自然界的科学规律时，所进行的科学研究活动。而学习探究作为一种科学学习方式，是学习者针对科学领域中的某个主题形成自己的问题，或者由教师提出要探索的问题，然后由学习者对问题进行分析，形成自己的假设，并通过科学实验和观察等检验自己的假设，直至解决问题，在探究活动的基础上建构起对科学知识的理解和有关的方法、技能"[②]。

本书将借鉴孙建伟等对科学探究的界定，即科学探究是学习者针对科学领域形成的或是由教师提出的一个科学问题，然后由学习者对问题进行分析、假设、验证假设，直到解决问题，并在这些活动过程中，构建知识、习得科学的研究方法和技能。

（二）基于机器人的科学探究型教学模式

本书研究提出基于机器人的科学探究型教学模式，是指从生活中的科学问题

---

① 美国国家研究理事会. 科学探究和国家科学教育标准——教育学的指南[M]. 罗星凯，等译. 北京：科学普及出版社，2001：35-38.

② 孙建伟，孙燕青. 建构性学习——学习科学的整合性探索[M]. 上海：上海教育出版社，2005：47.

出发，利用机器人建模，制定科学探究方案，开展科学探究实践，使学生在获得机器人本体知识的同时提高学生对科学探究的积极态度，习得科学知识和科学的思维过程和方法。

三、研究方法与流程

（一）文献研究法

通过查阅有关科学探究的相关资料，了解科学探究的本质、教学方法及理论基础；通过查阅国内外与机器人教育教学的相关资料，分析国内外机器人教育与研究的现状及趋势，形成对选题研究内容的指导。

（二）问卷调查法

采用科学探究型教学模式授课前后，使用 TOSRA（Test of Science Related Attitudes）量表对学生的科学探究态度进行问卷调查。TOSRA 即科学相关的态度测试，是弗雷泽（Fraser）基于克勒普弗（Klopfer）为进行科学教育而设计的情感行为量表而开发的，这是一个具有深厚理论基础的多维检测工具。研究人员设计这个测试的目的就是用来检查初中和高中生在态度变化中所取得的进展情况，当然在检查小组或班级的表现中也是非常有用的；根据黄世杰开发的计算机态度量表改编而来的机器人态度量表，对学生学习机器人的态度进行问卷调查，通过分析数据评估学生学习前后的变化，从而回答本课题的研究问题。

（三）行动研究法

本研究在学校实施教学时主要采用行动研究法，由笔者担任温州中学机器人选修课的教师，参与探究案例的设计、课程教学等工作，并在行动研究的过程中，采取"计划—行动—观察—反思"的循环模式，以实证的方式回答本课题研究的主要问题。

首先对教学的时间安排和活动作出计划，并在实施科学探究型教学之前，对学生学习机器人的态度及进行科学探究活动的态度进行前测。在教学过程中，时刻观察学生的学习情况并做好相关的记录。在一个探究主题结束后，对教学过程中的不足及一些细节问题进行反思，对教学方案作出修改或调整。然后进入第二个探究主题的教学，运用前一阶段优化的教学方案实施新一轮的教学，并根据新一轮学生的学习情况和数据分析，对教学方案进行再修改或调整。

　　基于以上对研究内容及方法的分析，研究确立了基本的研究流程，如图 6-18 所示。

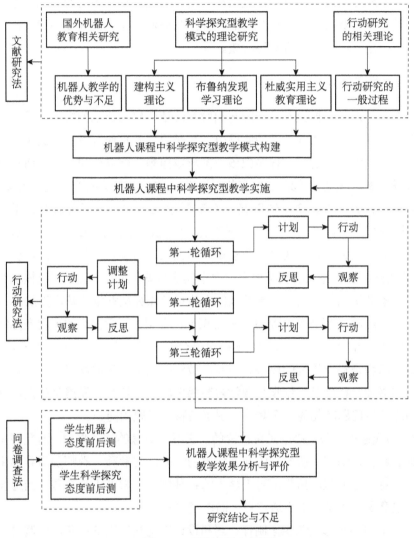

图 6-18　研究方法与流程

四、基于机器人的科学探究型教学设计模式

　　从教学设计的角度看，基于机器人的科学探究型教学模式需要考虑四类内容

的设计,即科学探究的情境设计、步骤设计、工具设计、评价设计。

（一）情境设计

根据建构主义理论,创设问题情境是科学探究活动中不可忽视的一个因素。问题情境不仅要真实,还需要具有启发性,从而激发学生在情境中发现问题、提出假设及确定解决问题的方案等欲望。

（二）步骤设计

一直以来,科学探究都是国际基础教育改革所努力追求的方向,因此科学探究型课程究竟该如何实施教学的问题也一直是很多教育研究者关注的焦点。国外学者认为,科学探究的基本程序应该包括形成问题、建立假说、设计研究方案、检验假说、表达或交流结果五个环节。[①]也有人将其概括为研究问题、收集数据、建立假说、检验假说、交流结果五个环节。[②]我国《全日制义务教育科学（7—9年级）课程标准（实验稿）》将科学探究的一般过程表述为:提出问题、进行猜想和假设、制订计划和设计实验、获取事实与证据、检验与评价、表达与交流六个环节。[③]从目前已经存在的科学探究的教学模式来看,其基本要素可以概括为六个部分,在本节研究中将其作为基于机器人的科学探究型教学的基本步骤。

1）提出问题。提出问题是进行科学探究的前提。科学探究的过程是围绕着所探究的问题展开的,只有当问题是明确且具体时,探究才能有条不紊地持续下去,可以说,问题是科学探究的核心。因此,教师要调动学生的积极性,激发学生探求新知的兴趣,帮助学生创设与教学内容相关的问题情境,发展学生发现问题、提出问题并将问题转化为一个具体、明确的科学问题的能力。

2）形成假设。假设必须是可检验的,它不是随意的胡乱猜想,而是根据学习者已有的经验、知识对所探究的问题作出的可能性的解释。教师要引导学生利用已有的信息进行大胆的猜想,对于学生的各种假设,教师不是直截了当地发表肯定或否定意见,而是让学生通过自己的探究去验证。

3）制订计划和设计实验。制订计划和设计实验是获取证据和验证假设的具体

---

① Trowbridge L W,Bybee R J,Powell J C. Teaching Secondary School Science. 7th Edition. Colubus,Ohio:Preentice-Hall Inc. 1996:207.

② National Research Council.Inquiry and the National Science Education Standards. Washington,DC:National Academy Press,2000:34-35.

③ 中华人民共和国教育部.全日制义务教育科学（7—9年级）课程标准（实验稿）[M].北京:北京师范大学出版社,2001:11-12.

计划环节，直接决定了探究过程的有序性和科学性。教师要引导学生根据探究的问题和假设，通过小组合作的方式共同讨论，集思广益，考虑影响问题的主要因素、选择合适的实验器材及确定科学的探究过程。

4）进行实验和收集数据。这个环节直接影响科学探究的结果。因此，一定要按照制订的计划和实验步骤来进行操作，并且要熟悉器材的使用及确保实验数据的正确记录。

5）分析数据和得出结论。处理数据是科学探究的一个很重要的环节，只有通过分析和处理数据学生才能对探究的问题有比较深刻的理解。常用的处理数据的方式是将数据转化为可视化的表征形式，如表格、曲线图等。因此，教师要注意如何引导学生正确地处理实验数据，从而得出实验结论。

6）评价与反思。学生应该能够向他人表述自己的研究成果，并且能够允许他人对自己的探究过程和成果提出不同的意见或表示怀疑，并能认真地思考他人的意见，改进或完善自己的探究方案。

（三）工具设计

毋庸置疑，数据的获取与收集是极其繁琐却又十分关键的一个环节。随着机器人教育的普及与发展，传感器的不断完善与改进，其强大的自动获取与收集数据的能力便成为支持科学探究活动的强有力工具。当然，机器人具有如此强大的功能，是跟它完整的系统分不开的。机器人是由传感器、控制器和执行器组成的。传感器负责获取与收集外界信息并发送到控制器，控制器接收信息并作出决定，并把命令发送到执行器，接着执行器便按照接收到的命名执行控制器的决定，并与外界进行交互。因此，基于机器人的科学探究活动，必须作好工具设计（设计好收集数据的机器人装置）。

（四）评价设计

基于机器人的科学探究型教学活动，理论上能够帮助学习者掌握一定的机器人知识、培养科学的分析问题和解决问题的思维方式、提高语言表达的能力及合作探究的精神。因此，本书研究将以科学探究的一般过程为主要依据，从机器人知识和技术、提出问题和形成假设、制订计划和设计实验、进行实验和收集数据、分析数据和得出结论及评价与反思六个维度对学习者的学习情况进行评价。具体内容如表6-7所示。

表6-7　评价量表

探究主题		小组成员	
评估指标		等级	分数
机器人知识和技术（25分）	A（0~8分）	基本了解机器人的概念、工作原理及传感器的作用	
	B（8~15分）	理解机器人的概念、工作原理及传感器的作用	
	C（15~25分）	掌握并能应用机器人的知识和技术	
提出问题和形成假设（15分）	A（0~5分）	1）提供的背景资料不可用 2）表达的问题不能通过简单的科学探究来研究	
	B（5~10分）	1）提供不完全相关的背景材料 2）表达的问题（假设）可获得数据的机会较少	
	C（10~15分）	1）在已有的经验基础上说明问题和假设的起因 2）简洁地表达问题（假设），这些问题或假设可以通过数据和科学探究来回答	
制订计划和设计实验（15分）	A（0~5分）	1）设计过程大致合理，有一些错误 2）给出与主题相关的实验计划，但只能解决提出的部分问题或假设	
	B（5~10分）	1）设计过程合理，有一些小错误 2）给出的实验设计有一定的操作性，能够解决提出的问题，尝试验证假设	
	C（10~15分）	1）设计过程合理，并与学生的已有科学知识有很好的联系 2）给出的实验设计有操作性，通过实验可以回答问题或验证假设	
进行实验和收集数据（15分）	A（0~5分）	1）没有根据设计的实验过程进行，且记录或观察的数据不完全 2）不能把数据转换为适当的形式	
	B（5~10分）	1）与计划的实验过程相符合，合理地记录或观察结果 2）在教师的帮助下把数据转换为适当的形式呈现	
	C（10~15分）	1）基本上与计划的实验过程相符合，正确地记录数据或观察结果 2）把数据转换为更易分析的形式呈现	
分析数据和得出结论（15分）	A（0~5分）	1）不是根据实验结果回答提出的问题和假设 2）得出的结论不尽合理	
	B（5~10分）	1）利用实验结果能够说明和解释提出的问题和假设 2）得出的结论比较合理，但没有提出进一步探究问题	
	C（10~15分）	1）利用实验结果明确恰当地说明和解释提出的问题或假设 2）得出的结论合理，并提出进一步探究的问题	
评价与反思（15分）	A（0~5分）	1）不能积极地进行交流讨论 2）不能很好地听取他人的意见	
	B（5~10分）	1）能够比较积极地交流讨论 2）能够认真地听取他人的意见	
	C（10~15分）	1）能积极地讨论并提出见解； 2）能够认真地听取他人的意见并改进自己的实验方案	

基于以上对情境设计、步骤设计、工具设计及评价设计的阐述，初步构建了基于机器人的科学探究教学的设计模式，用于指导本书研究教学案例的开发和实践，如图 6-19 所示。

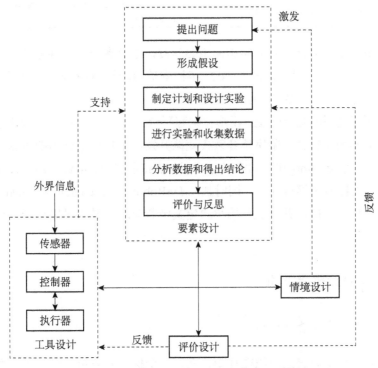

图 6-19　基于机器人的科学探究教学设计模型

五、教学实验的安排与实施

研究选择的探究问题都是与学习者的学习、生活紧密相连的，以激发学习者的学习兴趣。经过与团队成员及一线老师的交流讨论，本节研究初步设计的探究问题有：探究小车的匀变速直线运动，探究单摆周期，探究种子萌发的最宜土壤湿度，探究姆潘巴现象，探究不同材质杯子的保温效果。但考虑到探究实验的可操作性，本节研究选择了其中三个探究问题（表 6-8），其他的问题可作为课外的研究性学习进行探究。这三则案例代表了行动研究的三轮循环，每轮循环之后，再根据课堂对学生的观察及探究结果的分析进行改进。

表 6-8　基于机器人的科学探究教学安排

	探究问题	涉及知识点（不包括已学）	课时
问题一	探究小车的匀变速直线运动	超声波传感器、串口输出、循环结构	3
问题二	探究单摆周期	红外数字避障传感器、选择结构	3
问题三	探究种子萌发的最宜土壤湿度	土壤湿度传感器、显示屏、蜂鸣器、映射、顺序结构	3

　　温州中学是本书行动研究实施的主要学校，由笔者担任任课教师开展了上述 9 个课时的教学工作，具体时间为 2015 年秋季学期，研究对象为温州中学选修"机器人与科学探究"课程的 30 名高一学生。

　　本书研究使用的是 Arduino 图形化编程平台——Mixly，中文名为米思齐，由北京师范大学创客教育实验室傅骞教授团队开发，是目前最好用的机器人编程平台。Mixly 采用 Arduino_IDE 自身的编译器，支持所有 Arduino 主板，优化类型变量的处理，支持界面缩放处理，同时加入 DFRobot、Seeedstudio 和 MakeBlock 公司的传感器套装支持，并且支持用户自定义函数模块的导入导出功能，使得用户体验更加方便。

六、效果分析与评价

（一）学生学习情况分析

　　在实施的行动研究的三轮循环中，在每一个探究问题结束时，笔者都会让学生将各小组的记录表交上来，再结合笔者对学生探究过程的观察记录，可方便教师对教学内容的掌握情况，也可粗略地比较三轮循环中的教学效果，以检验在行动研究过程对某些细节作出调整的正确性及科学探究型教学模式的可行性。本部分是将三轮循环中学生的学习情况进行比较分析。需要说明的是，这里对学生学习情况的分析是以表 6-7 所示评价量表为标准，将学生的学习情况以得分的形式进行量化，如图 6-20 所示。

　　由图 6-20 可知，第二轮循环学生的学习情况要明显好于第一轮循环，尤其是进行实验和收集数据及交流与评价两个维度，可见在第一轮循环之后在讲解时间及学生的分工合作上作出的调整还是有效的。同时，第三轮循环学生的学习情况也要好于第二轮循环，虽然各个维度上的差别不是很大，但也不能否认在经过对学生探究过程观察之后作出调整的有效性。

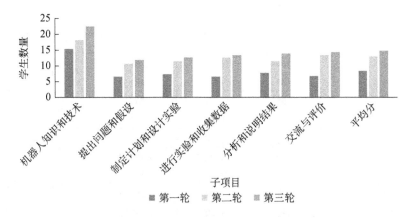

子项目

■ 第一轮 ■ 第二轮 ■ 第三轮

图 6-20 学生学习情况的差异比较

（二）学生学习机器人态度的分析

通过比较三轮循环教学前后学生的态度水平，分析学生学习机器人的态度变化。对学生学习机器人态度水平的测量，采用了本书附录 3 的态度量表，统计结果见表 6-9。

表 6-9 机器人态度的差异比较

行动研究	量表维度	测试	平均数	标准差	t 值	显著性（双尾）
第一轮循环	喜欢	前测	18.964 3	2.403 64	−1.355	0.036*
		后测	20.850 0	1.903 56		
	信心	前测	17.866 7	3.042 68	−0.095	0.046*
		后测	18.938 3	2.885 42		
	焦虑	前测	27.306 0	3.615 94	−2.447	0.042*
		后测	29.566 7	2.707 58		
	执著	前测	15.638 3	2.364 80	−1.562	0.354
		后测	16.656 7	1.854 97		
	价值	前测	18.736 3	3.478 02	−0.383	0.273
		后测	18.805 0	2.943 30		
	价值观	前测	18.853 3	3.539 72	−1.517	0.685
		后测	19.266 7	2.352 78		
	机器人态度	前测	117.364 9	12.632 89	−2.852	0.004*
		后测	124.083 4	7.467 20		
第二轮循环	喜欢	前测	19.933 3	2.854 30	−2.865	0.025*
		后测	20.580 0	2.637 03		
	信心	前测	18.584 3	3.053 21	−0.579	0.038*
		后测	19.676 7	2.756 49		
	焦虑	前测	28.274 0	1.956 32	−2.953	0.046*
		后测	29.643 3	1.853 46		

续表

行动研究	量表维度	测试	平均数	标准差	t 值	显著性（双尾）
第二轮循环	执著	前测	20.254 3	2.678 43	−1.064	0.258
		后测	21.653 3	2.604 52		
	价值	前测	17.656 7	3.704 26	−1.853	0.037*
		后测	18.295 7	2.743 84		
	价值观	前测	18.753 3	3.964 35	−1.962	0.254
		后测	19.166 7	2.758 94		
	机器人态度	前测	123.455 9	10.589 65	−3.642	0.002*
		后测	129.015 7	7.684 35		
第三轮循环	喜欢	前测	19.875 5	2.963 68	−1.647	0.102
		后测	20.765 0	2.169 53		
	信心	前测	19.754 7	3.366 33	−0.742	0.036*
		后测	20.875 3	2.267 74		
	焦虑	前测	28.964 7	2.645 54	−0.477	0.042*
		后测	30.159 3	1.963 46		
	执著	前测	20.946 3	2.369 92	−2.102	0.215
		后测	22.754 8	1.764 97		
	价值	前测	18.754 9	3.753 92	−2.333	0.024*
		后测	19.847 3	1.375 47		
	价值观	前测	18.874 3	2.478 94	−2.117	0.043*
		后测	20.954 7	1.756 84		
	量表整体分析	前测	127.170 2	10.664 70	−3.092	0.001*
		后测	134.356 4	6.747 07		

注：*表示显著性（双尾）$p<0.05$，说明存在显著性差异。

由表 6-9 可知，整体来说，对实验对象使用配对样本 t 检验的结果显示，三轮循环教学之后，后测平均分均高于前测，学生对学习机器人态度的 t 值依次为 −2.852、−3.642 和 −3.092，显著性（双尾）依次为 0.004、0.002 和 0.001，均小于 0.05，说明差异性显著，即在机器人课程中科学探究型教学对学生学习机器人的态度有积极影响。

三轮循环教学的"喜欢""信心"和"焦虑"这三个维度均达到显著性水平。在教学过程中也发现，学生刚开始认为机器人是高大上的科技，离自己的生活、学习距离很遥远，对学习机器人的信心和热情不足，但随着课程的深入学习，学生对机器人的了解也逐步加深，表现出极大的兴趣和信心。

第一轮循环的"价值"维度没有达到显著性水平，而第二轮和第三轮循环的"价值"维度达到显著性水平（显著性分别为 0.037 和 0.024，均大于 0.05）。说明利用机器人这个学习工具来辅助科学探究的教学方式起到了很好的效果，学生对利用机器人解决问题的意识越来越强，对机器人的价值也越来越清晰。

第二轮循环教学的"价值观"维度没有达到显著性水平，而第三轮循环的"价值观"维度达到显著性水平（$p=0.043<0.05$）。说明在经过三轮教学之后，学生对机器人的认识不再局限在只能解决自己遇到的问题本身，而是对机器人的价值有了一个更深刻的认识，体会到了学习机器人的必要性。

三轮循环中"执著"维度均未达到显著性水平，本节研究暂未对其原因进行调查，但也不能否认行动研究在第二轮循环和第三轮循环中所进行的调整。

（三）学生对科学探究的态度分析

1. 测量工具

英国学者贝尔纳（Bernard）认为科学不能用一个定义来把握，因为人们对科学的认识是会随着时代的不同、新的科学结论的出现而改变[①]。施瓦布（Schwab）也认为科学结论只有在他们各自代表的自然领域的探究环境中才能够被认识和理解，否则将会使人误入歧途[②]，他认为探究学习是学生通过自主参与获得知识的过程，在这个过程中学生学习科学知识，掌握科学概念和规律，形成探究能力，培养探索未知世界的积极态度[③]。在基础教育领域，科学探究一直受到国内外的高度重视。在众多的研究中，国外学者 Fraser 对科学相关的态度量表研究一直为很多研究者所引用。比如，美国北达科他州立大学的 Welch 在 2010 年发表的论文 "Using the TOSRA to assess high school students' attitudes toward science after competing in the FIRST robotics competition: An exploratory study" 和美国利伯缇大学的 Lyn Jewell 在 2011 年发表的论文 "The effects of the NXT robotics curriculum on high school students' attitudes in science based on grade, gender, and ethnicity" 中所实施的教学实验研究中，均使用了 Fraser 设计的对科学的态度量表，具有较高的信度和效度。因此，本书研究也将科学相关的态度研究作为科学探究态度的主要依据，检验在机器人课程中科学探究型教学对学生科学探究

---

① ［德］赖·莫泽克. 论科学[M] 孟祥林，等译. 武汉：武汉大学出版社，1997：59.

② Schwab J J. The teaching of science as inquire [J]. Bulletin of the Atomic Scientists，1955，14：374-379.转自徐学福.杜威与施瓦布的科学本质观与科学教育观比较[J]. 外国教育研究，2004，7：14-18.

③ 钟启泉. 现代教学论发展[M]. 北京：教育科学出版社，1998：363.

态度的影响。

为了能够检查初中和高中生进行科学教育之后的态度变化，Fraser 基于 Klopfer 的情感行为量表，在 1981 年开发设计了 TOSRA（Test of Science Related Attitudes），即科学相关的态度量表[①]。此量表一共有七个维度，分别为科学的社会意义、科学家的常态、采用的科学态度、科学课程的喜爱、科学活动的兴趣、科学探究态度、科学职业兴趣。针对本书研究的目的，笔者从七个维度选择了四个与机器人课程中科学探究型教学相关的维度进行问卷调查，分别为科学探究的态度、科学课程的喜爱、课外科学活动的兴趣及科学职业的兴趣。该问卷一共 40 道题，包含正向题和反向题，学生只需根据自己的实际情况，对每道题的陈述进行"非常同意""同意""没有意见""不同意"和"非常不同意"的勾选即可。同机器人态度量表的计分规则一样，正向题得分分别为 5、4、3、2、1 分，反向题的得分分别为 1、2、3、4、5 分。通过测验，可以得到科学探究、科学课程、课外科学活动及科学职业四个维度的得分总和，得分越高，科学探究态度越好；得分越低，科学探究态度越差。以下是各个维度题目的分布情况，具体详见本书附录 5。

科学探究：共 10 题，分别为 1、5、9、13、17、21、25、29、33、37，其中，反向题为 5、13、21、29、37。

科学课程：共 10 题，分别为 2、6、10、14、18、22、26、30、34、38，其中，反向题为 6、14、22、30、38。

课外科学：共 10 题，分别为 3、7、11、15、19、23、27、31、35、39，其中，反向题为 7、15、23、31、39。

科学职业：共 10 题，分别为 4、8、12、16、20、24、28、32、36、40，其中，反向题为 4、12、20、28、36。

2 统计结果与分析

通过比较三轮循环教学前后学生对科学探究的态度，分析学生对科学探究的态度变化。对学生科学探究态度水平的测量，采用了本书附录 5 的评价量表，具体统计结果见表 6-10。

① Anita G W. Using the TOSRA to assess high school students' attitudes toward science after competing in the FIRST robotics competition：An exploratory study[J]. Eurasia Journal of Mathematics，Science and Technology Education，2010，6（3），187-197.

表6-10 学生科学探究态度差异比较

行动研究	量表维度	测试	平均数	标准差	t 值	显著性（双尾）
第一轮循环	科学探究	前测	29.605 0	3.891 63	−2.168	0.037*
		后测	30.874 0	2.037 75		
	科学课程	前测	29.166 6	4.177 80	−1.291	0.042*
		后测	31.066 6	3.192 39		
	课外科学	前测	30.833 3	2.864 24	−2.608	0.478
		后测	32.566 6	3.724 72		
	科学职业	前测	24.266 6	2.839 78	−1.169	0.675
		后测	25.533 3	1.711 43		
	量表整体分析	前测	113.871 5	10.627 65	−2.076	0.004*
		后测	120.040 5	7.754 79		
第二轮循环	科学探究	前测	30.804 6	4.037 75	−1.984	0.014*
		后测	31.564 0	3.644 24		
	科学课程	前测	31.068 6	2.192 39	−2.607	0.032*
		后测	31.546 7	3.217 68		
	课外科学	前测	32.524 9	2.724 72	−3.998	0.268
		后测	32.866 7	1.174 91		
	科学职业	前测	25.503 2	3.711 43	−1.929	0.526
		后测	26.104 3	2.692 80		
	量表整体分析	前测	119.901 3	9.370 65	−2.469	0.003*
		后测	122.081 7	6.058 45		
第三轮循环	科学探究	前测	31.506 4	3.644 24	−1.708	0.004*
		后测	31.636 1	2.508 10		
	科学课程	前测	31.597 5	2.217 68	−2.228	0.025*
		后测	31.864 8	1.755 96		
	课外科学	前测	32.156 2	2.174 91	−1.639	0.037*
		后测	32.736 7	2.825 82		
	科学职业	前测	26.153 4	2.692 80	−2.708	0.564
		后测	26.275 3	3.405 37		
	量表整体分析	前测	121.413 5	7.058 45	−2.328	0.001*
		后测	122.512 9	5.992 24		

注：*表示显著性（双尾）$p < 0.05$，说明存在显著性差异。

由表6-9可知，整体来说，对实验对象使用配对样本 t 检验的结果显示，三轮循环教学之后，后测平均分均高于前测，学生对科学探究态度的 t 值依次为 −2.076、−2.469 和 −2.328，显著性（双尾）依次为 0.004、0.003 和 0.001，均小于 0.05。这说明差异性显著，即在机器人课程中科学探究型教学对学生科学探究的态度有积极影响。

三轮循环教学的"科学探究"和"科学课程"这两个维度均达到显著性水平。在教学过程中也发现，刚开始小组分工合作时的无序、讨论交流的匮乏、认为科学的枯燥乏味，随着教学的进行，也变得有序而热烈、有趣而沉醉。

第一轮循环的"价值"维度没有达到显著性水平，而第二轮和第三轮循环的"价值"维度达到显著性水平（显著性分别为 0.037 和 0.024，均大于 0.05）。这说明利用机器人这个学习工具来辅助科学探究的教学方式起到了很好的效果，学生对利用机器人解决问题的意识越来越强，对机器人的价值认识也越来越清晰。

第一轮循环和第二轮循环教学的"课外科学"维度没有达到显著性水平，而第三轮循环的"课外科学"维度达到显著性水平（$p=0.037<0.05$）。说明在经过三轮教学之后，学生不再满足于课堂的科学探究活动，而是对课外的科学活动也产生了浓厚的兴趣，即在机器人课程中科学探究型教学具有积极影响。

三轮循环中"科学职业"维度均未达到显著性水平，可能原因是高中生对自己的职业选择已经有了初步的想法，但本书研究暂未对其进行确认调查，同机器人态度分析一样，也不能否认行动研究在第二轮循环和第三轮循环中所进行的调整。

七、研究结论与不足

本书研究提出了基于机器人的科学探究型教学模式，并以温州中学高一年级学生为实验对象进行研究。研究主要采用行动研究的方式，一共实施了三轮循环，并在每轮循环前后借助问卷调查的方式，分析这种教学模式对学生学习机器人态度和科学探究态度的影响，得到以下结论：

1）在学习机器人态度上，经过基于机器人的科学探究型教学对学生学习机器人的态度产生了积极的影响，具体表现在喜欢、信心、焦虑、价值和价值观五个维度有显著性影响，然而在执著维度无显著性影响。

2）在对科学探究的态度上，经过基于机器人的科学探究型教学对学生科学探究的态度产生了积极的影响，具体表现在科学探究、科学课程和课外科学三个维度有显著性影响，然而在科学职业维度无显著性影响。

综上所述，通过三轮的行动研究表明基于机器人的科学探究型教学模式能够提高学生学习机器人的积极态度和对科学探究的积极态度，有助于培养学生自主分析问题、解决问题的能力，可以作为机器人课程基本教学模式之一。

本书旨在通过行动研究的方式评估基于机器人的科学探究型教学模式，对学习机器人态度及科学探究态度等方面的影响。但由于机器人作为选修课程每周的课时较少，以及笔者的时间和教学经验都比较有限，本书所得结论有待进一步确认。

附　　录

附录1　《创意小风扇》学习记录表

组号：	小组成员：		
摇头风扇	舵机接线：棕色线——（　　　　） 　　　　　红色线——（　　　　） 　　　　　橙色线——（　　　　） 程序：		
自动跟踪风扇	数字防跌落传感器接线：红色线——（　　　　） 　　　　　　　　　　　绿色线——（　　　　） 　　　　　　　　　　　黑色线——（　　　　） 程序：		
创意小风扇	所选小风扇名称： 程序： 自己设计的创意小风扇名称： 原理及创意之处： 程序：		
总结（小组成员讨论得出）	1）这节课学到的知识 机器人硬件方面： 程序方面： 2）这节课还有哪些疑惑？		

附录2 创造力倾向调查问卷

亲爱的同学：

您好！为了了解您在机器人学习中的情况，促进机器人教学活动的顺利进行，欢迎您参加这项有关机器人的问卷调查。此次调查仅作为研究之用，不记名。请各位同学根据您的实际情况填写。非常感谢您的合作！

在下列句子中，如果你发现某些句子所描述的情形很适合你，则请在题后的"完全符合"的选项内打钩；若有些句子只是在部分时候适合你，则在"部分适合"的选项内打钩；如果有些句子对你来说，根本是不可能的，则在"完全不符"的选项内打钩。请注意：

1）每一题都要做，不必花太多时间去想。

2）所有题目都没有"正确答案"，就你读完每一句的第一印象作答。

3）虽然没有时间限制，但尽可能地争取以较快的速度完成，越快越好。

4）切记：凭你自己的真实感受作答，在最符合自己的选项内打钩。

5）每一题只能打一个钩。

序号	题目	完全符合	部分符合	完全不符
1	在学校里，我喜欢试着对事情或问题作猜测，即使不一定猜对也无所谓			
2	我喜欢仔细观察我没有见过的东西，以了解详细的情形			
3	我喜欢变化多端和富有想象力的故事			
4	画图时我喜欢临摹别人的作品			
5	我喜欢利用旧报纸、旧日历及旧罐头盒等废物来做成各种好玩的东西			
6	我喜欢幻想一些我想知道或想做的事			
7	如果事情不能一次完成，我会继续尝试，直到完成为止			
8	做功课时我喜欢参考各种不同的资料，以便得到多方面的了解			
9	我喜欢用相同的方法做事情，不喜欢去找其他新的方法			
10	我喜欢探究事情的真相			
11	我喜欢做许多新鲜的事			
12	我不喜欢交新朋友			
13	我喜欢想一些不会在我身上发生的事			

序号	题目	完全符合	部分符合	完全不符
14	我喜欢想象有一天能成为艺术家、音乐家或诗人			
15	我会因为一些令人兴奋的念头而忘了其他的事			
16	我宁愿生活在太空站，也不愿生活在地球上			
17	我认为所有问题都有固定答案			
18	我喜欢与众不同的事情			
19	我常想要知道别人正在想什么			
20	我喜欢故事或电视节目所描写的事			
21	我喜欢和朋友在一起，和他们分享我的想法			
22	如果一本故事书的最后一页被撕掉了，我就自己编造一个故事，把结果补上去			
23	我长大后，想做一些别人从没想过的事			
24	尝试新的游戏和活动，是一件有趣的事			
25	我不喜欢受太多规则限制			
26	我喜欢解决问题，即使没有正确答案也没关系			
27	有许多事情我都很想亲自去尝试			
28	我喜欢唱没有人知道的新歌			
29	我不喜欢在班上同学面前发表意见			
30	当我读小说或看电视时，我喜欢把自己想成故事中的人物			
31	我喜欢幻想200年前人类生活的情形			
32	我常想自己编一首新歌			
33	我喜欢翻箱倒柜，看看有些什么东西在里面			
34	画图时，我很喜欢改变各种东西的颜色和形状			
35	我不敢确定我对事情的看法都是对的			
36	对于一件事情先猜猜看，然后再看是不是猜对了，这种方法很有趣			
37	玩猜谜之类的游戏很有趣，因为我想知道结果如何			
38	我对机器感兴趣，也很想知道它的里面是什么样子，以及它是怎样转动的			
39	我喜欢可以拆开来玩的玩具			
40	我喜欢想一些新点子，即使用不着也无所谓			
41	一篇好的文章应该包含许多不同的意见或观点			
42	为将来可能发生的问题找答案，是一件令人兴奋的事			
43	我喜欢尝试新的事情，目的只是为了想知道会有什么结果			
44	玩游戏时，我通常是有兴趣参加，而不在乎输赢			
45	我喜欢想一些别人常常谈过的事情			
46	当我看到一张陌生人的照片时，我喜欢去猜测他是怎么样的一个人			
47	我喜欢翻阅书籍及杂志，但只想大致了解一下			
48	我不喜欢探寻事情发生的各种原因			
49	我喜欢问一些别人没有想到的问题			
50	无论在家里还是在学校，我总是喜欢做许多有趣的事			

附录3 机器人态度调查问卷

亲爱的同学：

您好！这是一份研究温州市中学生学习机器人态度与学习成绩相关研究之问卷，目的是要探讨目前温州市中学生学习机器人态度的情况，以及就其情况提出建议。

问卷不记姓名，您所填写的资料仅作为学术论文研究之用，对外绝对保密，请您放心。你所填写的数据很宝贵，恳请您能抽空填答，如实反映宝贵意见。祝您学习愉快！

一、基本数据

1）就读学校名称：＿＿＿＿＿＿＿＿＿＿＿＿＿＿＿＿＿＿

2）班级：＿＿＿＿＿＿＿＿＿＿＿＿＿＿＿＿＿＿＿＿＿

3）性别：□男　□女

4）班级：□初一　□初二　□初三　□高一　□高二　□高三

5）学习机器人年限：□1～3 年　□4～9 年　□10～16 年　□17 年以上

6）家里有机器人可供学习用：□是　□否

7）学校其他科目有使用机器人辅助教学：□是　□否

8）你对学校机器人教学质量很满意：□是　□否

9）每周上机器人课的节数：□1 节　□2 节　□3 节　□4 节或以上

二、机器人态度

序号	题目	非常同意	同意	无意见	不同意	非常不同意
1	一看到机器人，我就会被它吸引					
2	学习并应用机器人可以增强我的学习能力					
3	现代家庭都应该有与机器人相关的设备					
4	我喜欢上机器人课					

序号	题目	非常 同意	同意	无意见	不同意	非常 不同意
5	机器人实验让我觉得焦虑					
6	学习机器人总是让我欲罢不能					
7	在求学过程,有很多方面可以用机器人知识和技术解决问题					
8	我没有学习机器人的天分					
9	我应用机器人的能力比别人强					
10	使用机器人实在不容易					
11	花钱更新机器人软件和硬件是值得的					
12	我不喜欢机器人					
13	我有自信利用机器人学习					
14	机器人学习有趣又刺激					
15	我具有学习机器人的能力					
16	上机器人课蛮轻松自在的					
17	我相信能在机器人课上获得好成绩					
18	与别人谈论机器人时,我会觉得有压力					
19	我期待每个星期的机器人课					
20	机器人对我的未来有帮助					
21	机器人很有用处,所以我要学习机器人					
22	我能利用机器人工作					
23	想到要使用机器人,我的心情就沉重					
24	我期望用机器人帮助我学习而不是教师的灌输					
25	机器人与我的生活关系密切					
26	家里有与机器人相关的设备,对我很重要					
27	我害怕使用机器人					
28	机器人对我有威胁感					
29	学习机器人相当浪费时间					
30	一开始使用机器人,我就停不下来					

附录 4 《利用 Arduino 探究单摆周期》学习记录表

组号	
小组成员	
提出问题	
形成假设	
制订计划和设计实验	
编写程序	
进行实验和收集数据	
分析数据和得出结论	
评价与反思	

附录 5 科学探究态度调查问卷

亲爱的同学:

您好! 这是一份与科学相关的态度问卷,目的是要研究温州市中学生对有关科学的态度情况,以及就其情况提出建议。

问卷不记姓名,您所填写的资料仅作为学术论文研究之用,对外绝对保密,请您放心。您所填写的数据很宝贵,恳请您能抽空填答,如实反映宝贵意见。祝您学习愉快!

一、基本数据

1) 就读学校名称: _____

2) 班级: _____

3) 性别: □男 □女

4) 班级: □初一 □初二 □初三 □高一 □高二 □高三

5) 学习机器人年限: □1～3 年 □4～9 年 □10～16 年 □17 年以上

6）家里有机器人可供学习用：□是　□否

7）学校其他科目有使用机器人辅助教学：□是　□否

8）你对学校机器人教学质量的很满意：□是　□否

9）每周上机器人堂的节数：□1节　□2节　□3节　□4节或以上

二、科学相关的态度

序号	题目	非常同意	同意	无意见	不同意	非常不同意
1	我喜欢通过做实验发现为什么有些现象会发生而不是被告诉					
2	科学课很有趣					
3	我想加入科学俱乐部					
4	毕业后我不想成为一个科学家					
5	做实验得出结论不如从老师那里直接获得信息好					
6	我不喜欢科学课					
7	在家中看有关科学的电视节目会让我觉得无聊					
8	毕业后，我想和从事科学的人一起工作					
9	我喜欢做实验而不是阅读实验					
10	学校每周应该有更多的科学课					
11	我想让科学书或一套科学设备作为我的礼物					
12	毕业后，我不喜欢在科学实验室工作					
13	我愿意同意其他人的观点而不是做实验来证明我自己的观点					
14	科学课让我觉得很无聊					
15	我不喜欢在假期读有关科学的书					
16	在科学实验室工作将会是一个有趣的谋生方式					
17	我喜欢自己做实验而不是从老师那里直接获得信息					
18	科学课是学校课程中最有趣的课程之一					
19	我喜欢在家做科学实验					
20	从事科学职业将是枯燥和无聊的					
21	我愿意通过问一个专家来发现问题而不是做实验					
22	科学课就是浪费时间					
23	课下和朋友讨论科学会很无聊					
24	毕业后，我想要教科学					
25	我愿意通过做实验解决问题而不是被告诉答案					
26	我真的喜欢上科学课					
27	在假期期间，我想有一份在科学实验室的工作					
28	科学家的工作将会很无聊					

续表

序号	题目	非常同意	同意	无意见	不同意	非常不同意
29	比起自己做实验，通过问老师得知答案更好					
30	科学课上的材料是无趣的					
31	在收音机上听科学的节目会很无聊					
32	科学家的工作将会很有趣					
33	我喜欢做关于一个主题的实验而不是在科学杂志上阅读关于这个主题的实验					
34	我期待科学课					
35	在周末我喜欢去科学博物馆					
36	我不想成为科学家是因为它需要太多的教育					
37	相比从实验中得出结果，被直接告诉科学事实更好					
38	我更享受没有科学课的学校时光					
39	我不喜欢读关于科学的报纸上的文章					
40	毕业后，我想成为科学家					